“互联网+”应用型院校“十三五”规划会计专业核心课程教材

根据最新会计准则、新会计法、全面营改增和增值税新税率等税收政策编写

财经法规与会计职业道德

训练题库

会计专业精品教材编委会 编

立信会计出版社
LIXIN ACCOUNTING PUBLISHING HOUSE

图书在版编目(CIP)数据

财经法规与会计职业道德训练题库 / 会计专业精品教材编委会编. —上海：立信会计出版社，2017.3(2022.8重印)

ISBN 978-7-5429-5420-6

Ⅰ.①财… Ⅱ.①会… Ⅲ.①财政法—中国—资格考试—习题集 ②经济法—中国—资格考试—习题集 ③会计人员—职业道德—资格考试—习题集
Ⅳ.①D922.2-44 ②F233-44

中国版本图书馆CIP数据核字(2017)第052067号

策划编辑　赵新民
责任编辑　王斯龙

财经法规与会计职业道德训练题库

CAIJING FAGUI YU KUAIJI ZHIYE DAODE XUNLIAN TIKU

出版发行　立信会计出版社
地　　址　上海市中山西路2230号　　邮政编码　200235
电　　话　(021)64411389　　传　　真　(021)64411325
网　　址　www.lixinaph.com　　电子邮箱　lixinaph2019@126.com
网上书店　http://lixin.jd.com　　http://lxkjcbs.tmall.com
经　　销　各地新华书店

印　　刷　苏州市古得堡数码印刷有限公司
开　　本　787毫米×1092毫米　1/16
印　　张　13.75
字　　数　325千字
版　　次　2017年3月第1版
印　　次　2022年8月第8次
书　　号　ISBN 978-7-5429-5420-6/D
定　　价　36.00元

preface 前言

“会计基础”“财经法规与会计职业道德”“会计电算化”是会计类专业的核心课程。“互联网＋”应用型院校“十三五”规划“课证融通”教材《会计基础》《财经法规与会计职业道德》《会计电算化》及其配套训练题库自从出版以来，得到了广大师生的厚爱和认可。近期会计税收政策变化很大，国家对会计人员要求也有调整，所以本套教材内容需要进一步修订以满足广大师生的需求，为此我们组织相关专家按照最新政策，并以此为基础编写了这套新的教材。

本套教材有以下特色。

一、严格依据新政策，用心编写新教材

本套教材严格按照最新会计准则、新会计法、全面营改增、增值税新税率等最新会计税收政策编写。在编写过程中，作者态度认真，本着对学生负责的态度，用心编写。在教材中体现应用型院校所要求的专业课程知识体系和能力要求。并且，本教材在重印时会随着会计税收政策的修订而及时修订，并在相关配套资源中体现。本次重印根据截至2018年8月1日的最新会计税收政策修订，加入“新会计法”“增值税新税率”等知识点。

二、理实一体、学做合一

为培养应用型人才，教材在讲解知识的同时，配有大量例题和案例，并且加入点拨指导、特别提示、举例说明、答疑解惑、知识链接、知识拓展、归纳总结等模块，使得全书形成统一协调的知识体系，有利于学生全面、系统地掌握所学知识。本套教材案例及课后练习题丰富，再加上配套的训练题库，有助于学生真正做到理实一体、学做合一。

三、网络教学，扫码听课

本套教材的每个知识点后都附有一组二维码，学生只需要用手机或者 iPad 扫描二维码，就可以学习相关知识点的视频讲解，让学生不仅能够免费进行视频听课学习，而且可以充分利用碎片化时间，提高学习效率。

学生若通过电脑上网进行视频听课学习，则登录网站 http://www.kaoyaya.com/new/mm/media/booksp/prefix/lls一/id/6657/，或者登录网站 http://i.youku.com/u/UMjAxNzYwMjY4/playlists。

其中，《财经法规与会计职业道德训练题库》由梁文涛任主编，苏杉、贾瑞敏、孙竹林、王敏任副主编，编委会其他成员任参编。

在本套教材的编写和出版过程中，得到了立信会计出版社的大力支持与帮助，在此表示特别的感谢。我们也参考、借鉴了大量相关教材和网站信息，在此向其作者表示由衷的感谢。由于作者水平所限，本套教材定会存在不当之处，竭诚欢迎广大读者批评指正。

本套教材的联系邮箱：kuaijicongye2016@163.com；任课教师专用 QQ 群号：437997599（仅供任课教师加入，加入时，请说明单位、姓名）。

编委会

Contents 目录

第一章

会计法律制度

【本章学习知识体系】

- 会计法律制度
  - 一、会计法律制度的概念与构成
    - (1) 会计法律制度的概念(★)
    - (2) 会计法律制度的构成(★)
  - 二、会计工作管理体制
    - (1) 会计工作的行政管理(★★)
    - (2) 会计工作的自律管理(★)
    - (3) 单位内部的会计工作管理(★★)
  - 三、会计核算
    - (1) 总体要求(★★★)
    - (2) 会计凭证(★★★)
    - (3) 会计账簿(★★★)
    - (4) 财务会计报告(★★★)
    - (5) 会计档案管理(★★★)
  - 四、会计监督
    - (1) 单位内部会计监督(★★★)
    - (2) 会计工作的政府监督(★★★)
    - (3) 会计工作的社会监督(★★★)
  - 五、会计机构与会计人员
    - (1) 会计机构的设置(★★★)
    - (2) 会计工作岗位设置(★★★)
    - (3) 会计工作交接(★★★)
    - (4) 会计专业技术资格与职务(★★)
  - 六、法律责任
    - (1) 法律责任的概念(★★★)
    - (2) 不依法设置会计账簿等会计违法行为的法律责任(★★★)
    - (3) 其他会计违法行为的法律责任(★★★)

【分节习题必会】

第一节　会计法律制度的概念与构成

一、单项选择题

1. 下列各项中,属于会计法律的是(　　)。

A.《企业会计准则》　　B.《中华人民共和国会计法》(以下简称《会计法》)

C.《总会计师条例》　　D.《企业财务会计报告条例》

2. 下列各项中，法律效力仅次于《会计法》的是(　　)。

A.《企业会计制度》　　B.《辽宁省会计管理条例》

C.《企业财务会计报告条例》　　D.《会计基础工作规范》

3. (　　)是指由国务院制定并发布，或者国务院有关部门拟定并经国务院批准发布，调整经济关系中某些方面会计关系的法律规范。

A. 会计法律　　B. 会计部门规章

C. 地方性会计法规　　D. 会计行政法规

二、多项选择题

1. 下列各项中，属于我国会计法律的有(　　)。

A.《会计法》　B.《审计法》　C.《注册会计师法》　D.《证券法》

2. 下列属于会计部门规章的有(　　)。

A.《会计法》　　B.《总会计师条例》

C.《企业会计准则——基本准则》　　D.《财政部门实施会计监督办法》

3. 下列关于我国会计法律制度的制定、发布机关表述中，错误的有(　　)。

A.《会计法》是由全国人民代表大会制定的

B.《总会计师条例》是由国务院财政部门发布的

C.《注册会计师法》是由全国人民代表大会及其常务委员会制定的

D.《企业会计制度》是由国务院制定的

4. 下列各项中，属于经济关系的有(　　)。

A. 供销关系　　B. 债权债务关系

C. 税款征纳关系　　D. 管理与被管理关系

三、判断题

1. 会计法律制度指的就是全国人大及其常委会制定的《会计法》。(　　)

2. 会计法律制度是指国家权力机关和行政机关制定的，用于调整会计关系的各种法律、法规、规章和规范性文件的总称。(　　)

第二节　会计工作管理体制

一、单项选择题

1. 根据《会计基础工作规范》的规定，单位负责人的直系亲属不得在本单位担任会计工作岗位的是(　　)。

A. 出纳　　B. 会计机构负责人

C. 稽核　　D. 会计档案保管

2. 下列各项中，不属于我国《会计法》所指的单位负责人的是(　　)。

A. 独资企业的投资人　　B. 公司制企业的副总经理

C. 法定代表人　　D. 公司制企业的董事长

3. 主管总会计师协会的单位是（　　）。

A. 全国人大　　B. 地方人民政府

C. 国务院财政部　　D. 地方各级财政部门

4.（　　）应当对本单位的会计工作和会计资料的真实性、完整性负责。

A. 法人　　B. 会计机构负责人

C. 单位负责人　　D. 总会计师

二、多项选择题

1. 根据《会计基础工作规范》的规定，应实行会计人员回避制度的有（　　）。

A. 国有企业　　B. 股份有限公司

C. 有限责任公司　　D. 国家机关

2. 单位负责人是指（　　）。

A. 单位法定代表人

B. 法律、行政法规规定的代表单位行使职权的主要负责人

C. 总经理

D. 单位的总会计师

3. 下列不属于会计机构负责人或会计主管人员的任职条件有（　　）。

A. 具有会计从业资格证书

B. 具有单位负责人行政职务

C. 会计师以上专业技术职称资格或从事会计工作 3 年以上工作经历

D. 注册会计师以上专业技术职称或 5 年以上工作经历

4. 关于会计机构的设置，下列说法中，正确的有（　　）。

A. 各单位应该根据会计业务的需要设置会计机构

B. 一个单位在经营管理上的要求越高，对会计信息的需求也会相应增加，对会计信息系统的要求也越高，从而决定了该单位设置会计机构的必要性

C. 各单位原则上应当精简，不应设置会计机构

D. 从有效发挥会计职能作用的角度来看，实行企业化管理的事业单位，大、中型企业和业务较多的行政单位、社会团体和其他组织，应设置会计机构

5. 政府对会计市场的管理，包括（　　）。

A. 会计市场的准入管理　　B. 会计市场的退出管理

C. 过程的监管　　D. 前期管理

三、判断题

1. 国有大、中型企业或者国有资产占主导或控股地位的大中型企业必须设置总会计师。凡设置总会计师的单位，可以再设置与总会计师职责重叠的行政副职。（　　）

2. 老赵为某国有单位的财务经理，他将其女儿安排在本部门担任存货会计，他的这一行为违背了会计人员回避制度。（　　）

3. 担任总会计师，应当取得会计师任职资格后，主管一个单位或者单位内一个重要方面的财务会计工作时间不少于 3 年。（　　）

第三节　会计核算

一、单项选择题

1. 下列说法中,正确的是(　　)。

A. 会计档案销毁清册需要保管30年

B. 固定资产卡片需要在固定资产报废清理后保管15年

C. 银行存款余额调节表需要保管5年

D. 库存现金日记账需要永久保存

2. 按照规定,财务会计报告上需要单位有关负责人签章,正确的做法是(　　)。

A. 签名　　B. 盖章　　C. 签名并盖章　　D. 签名或盖章

3. 下列关于会计档案管理要求的说法中,不正确的是(　　)。

A. 县级以上地方人民政府财政部门和档案行政管理部门管理本行政区域内的会计档案工作,并对本行政区域内会计档案工作实行监督和指导

B. 当年形成的会计档案,在会计年度终了后,可由单位会计管理机构临时保管1年

C. 出纳人员不得兼管会计档案

D. 单位会计管理机构临时保管会计档案最长不超过5年

4. 对记载不准确、不完整的原始凭证,会计人员应当(　　)。

A. 拒绝接受,并报告领导,要求查明原因

B. 应予以销毁,并报告领导,要求查明原因

C. 拒绝接受,且不能让经办人员进行更正、补充

D. 予以退回,并要求经办人员按规定进行更正、补充

5. 当年形成的会计档案,在会计年度终了后,可由单位会计管理机构临时保管(　　)。

A. 半年　　B. 2年　　C. 1年　　D. 5年

6. 下列关于会计账簿说法中,错误的是(　　)。

A. 会计账簿包括总账、明细账、日记账、其他会计账簿和辅助账簿

B. 明细分类账是会计资料形成的基础环节

C. 登记会计账簿必须以经过审核的会计凭证为依据

D. 登记会计账簿必须按照“有借必有贷,借贷必相等”的记账规则进行

7. 下列不属于会计资料的是(　　)。

A. 会计凭证　　B. 经济合同　　C. 会计账簿　　D. 财务会计报告

二、多项选择题

1. 下列各项中,属于企业财务会计报告组成部分的有(　　)。

A. 资产负债表　　B. 年度财务计划

C. 审计报告　　D. 附注

2. 下列各项中,属于变造会计凭证行为的有(　　)。

A. 某公司为一客户虚开假发票一张,并按票面金额的10%收取好处费

B. 某业务员将购货发票上的金额100万元，用“消字灵”修改为120万元报账

C. 采购部门转来一张购货发票，原发票金额有误，出票单位已作更正并加盖出票单位公章

D. 企业某现金出纳将一张报销凭证上的金额5 000元涂改为7 000元

3. 下列企业会计档案中，保管期限为10年的有（　　）。

A. 月度、季度、半年度财务会计报告　　B. 银行存款余额调节表

C. 银行对账单　　D. 纳税申报表

4. 按照《会计法》的规定，某单位发生的下列事项中应当办理会计手续，进行会计核算的有（　　）。

A. 向银行借入3个月的短期借款　　B. 收到某单位投入的一项无形资产

C. 向工人发放工资　　D. 签订了一笔100万元货款的销售合同

5. 属于保管期满不得销毁的会计档案的有（　　）。

A. 正在建设期间的建设单位的有关会计档案

B. 银行存款余额调节表

C. 未结清的债权债务原始凭证

D. 超过保管期限但尚未报废的固定资产购买凭证

6. 会计档案的内容包括（　　）。

A. 会计凭证　　B. 会计账簿　　C. 财务会计报告　　D. 其他会计资料

7. 下列关于会计档案管理的保管期限表述中，正确的有（　　）。

A. 会计档案的保管期限分为永久、定期两类

B. 会计档案的定期保管期限分为10年和30年两类

C. 银行存款日记账应当保管10年

D. 企业的季度财务会计报告保管期限为10年

8. 为规范会计核算，我国会计法律制度从（　　）等方面对会计核算进行了统一规定。

A. 会计信息质量要求　　B. 记账本位币

C. 会计档案管理　　D. 编制财务会计报告

三、判断题

1. 企业实际发生的一切经济业务事项都需要进行会计记录和会计核算。（　　）

2. 每个企业都必须按一定的程序填制和审核会计凭证，根据审核无误的会计凭证进行账簿登记，如实反映企业的经济业务。（　　）

3. 单位保存的会计档案一律不得对外借出。（　　）

4. 会计档案是会计核算的专业材料，是记录和反映单位交易或事项的重要史料和证据。（　　）

5. 各单位应当定期将会计账簿记录与实物、款项实有数相互核对，以保证账账相符。（　　）

6. 任何单位不得以虚假的经济业务事项或者资料进行会计核算，一旦违反，即是严重的违法行为，将受到法律的严厉制裁。（　　）

第四节　会 计 监 督

一、单项选择题

1. (　　)应当保证会计机构,会计人员依法履行职责,不得以任何方式授意、指使、强令会计机构、会计人员违法办理会计事项。

A. 会计机构负责人　　B. 单位负责人

C. 分管单位会计工作的副职领导　　D. 监事长

2. 由注册会计师及其所在的会计师事务所依法对委托单位的经济活动进行审计、鉴证的一种外部监督,称为会计工作的(　　)。

A. 群众监督　　B. 政府监督

C. 单位内部监督　　D. 社会监督

3. 单位内部会计监督的主体是(　　)。

A. 政府审计部门　　B. 单位负责人

C. 社会会计中介机构　　D. 单位的会计机构、会计人员

二、多项选择题

1. 在下列各项中,属于注册会计师及其所在的会计师事务所可依法承办的审计业务有(　　)。

A. 审查企业会计报表,出具审计报告

B. 验证企业资本,出具验资报告

C. 办理企业合并、分立、清算事宜中的审计业务,出具有关的报告

D. 法律、行政法规规定的其他审计业务

2. 下列各项中,属于内部控制要素的有(　　)。

A. 风险评估　　B. 内部环境

C. 控制活动　　D. 信息与沟通

3. 下列各项中,属于财政部门实施会计监督检查的内容有(　　)。

A. 单位会计人员是否具备专业能力、是否遵守职业道德、是否具备任职资格

B. 会计核算是否符合《会计法》和国家统一的会计制度的规定

C. 是否按照税法的规定按时足额纳税

D. 会计档案的建立、保管、销毁是否符合法律规定

4. 下列选项中,属于财政部门对各单位实施监督检查的有(　　)。

A. 是否依法设置会计账簿

B. 会计资料是否真实、完整

C. 会计核算是否符合《会计法》和国家统一的会计准则制度的规定

D. 是否按照相关规定建立并实施内部会计监督制度

5. 单位内部会计监督制度的基本要求包括:记账人员与经济业务事项和会计事项的其他相关人员的职责权限应当明确,相互制约。前述的"相关人员"包括(　　)。

A. 审批人员　　　　B. 会计人员
C. 经办人员　　　　D. 财物保管人员

三、判断题

1. 县级以上人民政府财政部门为各单位会计工作的监督检查部门，对各单位会计工作行使监督职权，对违法的会计行为实施行政处罚。（　）

2. 对行政事业单位而言，单位财务部门负责人对本单位内部控制的建立健全和有效实施负责。（　）

3. 注册会计师审计不能替代或减轻单位负责人对会计资料的真实性、完整性承担的责任，仅对其出具的审计报告负责。（　）

4. 注册会计师承办会计咨询、服务业务，包括：代理申请工商登记；拟订合同、章程和其他业务文件；验证企业资本，出具验资报告。（　）

第五节　会计机构与会计人员

一、单项选择题

1. 会计人员在办理工作交接时，实行会计电算化的单位，交接双方应（　　）。
A. 将手工账余额与报表核对
B. 在电子计算机上实际操作确认
C. 将明细账与总账核对
D. 将手工账与电子计算机生成的会计资料核对

2. 会计机构负责人因工作调动或离职办理交接手续时，负责监交的人员是（　　）。
A. 主管单位派出的人员　　　　B. 单位负责人
C. 人事部门负责人　　　　D. 内部审计机构负责人

3. 下列各项中，属于初级会计专业职务的是（　　）。
A. 助理会计师　　　　B. 会计师
C. 注册会计师　　　　D. 高级会计师

4. 国家对高级会计师资格的取得实行（　　）。
A. 考试与评审相结合制度　　　　B. 评审制度
C. 考试制度　　　　D. 审评制度

5. 出纳人员可以兼管的工作是（　　）。
A. 稽查　　　　B. 低值易耗品明细账的登记
C. 会计档案保管　　　　D. 收入、费用、债权债务账目的登记

二、多项选择题

1. 会计工作岗位可以（　　）。
A. 一人多岗　　　　B. 一岗多人
C. 多岗多人　　　　D. 一人一岗

2. 会计专业技术资格分为（　　）。

A. 初级资格　　B. 中级资格　　C. 注册会计师资格　　D. 高级资格

3. 下列有关会计工作交接的说法中，正确的有（　　）。

A. 对于已经受理的经济业务尚未填制会计凭证的，应当填制完毕

B. 库存现金要根据会计账簿记录余额进行当面点交，不得有白条顶库

C. 公章、收据、空白支票、发票、科目印章以及其他物品等必须交接清楚

D. 应编制移交清册，交接完毕后，交接双方和监交人要在移交清册上签名或盖章

4. 会计人员移交前必须做好的工作包括（　　）。

A. 已经受理的经济业务，尚未填制会计凭证的应当填制完毕

B. 尚未编制的财务会计报告，应当编制完毕

C. 尚未登记的账目应当登记完毕，结出余额，并在最后一笔余额后加盖经办人印章

D. 编制移交清册

5. 下列各项中，不属于会计工作岗位的有（　　）。

A. 档案管理机构内会计档案管理

B. 会计机构内会计档案管理

C. 医院门诊收费、住院处收费、药品库房记账员

D. 单位内部审计、社会审计

6. 根据《会计法》的规定，下列各项中，单位出纳人员不得兼任的工作有（　　）。

A. 稽核

B. 会计档案保管

C. 费用账目登记工作

D. 银行存款日记账登记工作

7. 代理记账机构的设立条件有（　　）。

A. 为依法设立的企业

B. 专职会计从业人员不少于3名

C. 主管代理记账业务的负责人具有会计师以上专业技术职务资格且为专职从业人员

D. 有健全的代理记账业务内部规范

三、判断题

1. 会计师事务所及其分所可以依法从事代理记账业务。（　　）

2.《会计法》所指的会计主管人员就是通常所说的负责某个会计岗位的会计主办人员。（　　）

3. 会计工作岗位不允许多岗多人。（　　）

4. 实行会计电算化的单位，交接双方应在电子计算机上对有关数据进行实际操作，确认有关数据正确无误后，方可交接。（　　）

5. 会计人员移交点收时，银行存款账户余额要与银行对账单核对一致，如有未达账项，应调整账户记录。（　　）

6. 出纳人员不得兼管稽核、会计档案保管和收入、费用、债权债务账目的登记工作。（　　）

第六节 法律责任

一、单项选择题

1. 授意、指使、强令会计机构、会计人员及其他人员伪造、变造会计凭证、会计账簿、编造虚假财务会计报告，尚未构成犯罪的，由县级以上人民政府财政部门对违法行为人处以(　　)元的罚款。

A. 3 000～50 000　　B. 3 000～100 000

C. 5 000～100 000　　D. 5 000～50 000

2. 根据《会计法》规定，对不依法设置会计账簿的行为，县级以上人民政府财政部门在责令其限期改正的同时，可以对其直接负责的主管人员和其他直接责任人员，处以(　　)元的罚款。

A. 1 000～10 000　　B. 5 000～50 000　　C. 3 000～30 000　　D. 2 000～20 000

3. 某职工到上海出差，实际支付住宿费 1 300 元，却开出 2 500 元的发票到单位报销，后被查出，县级以上财政部门可以对该职工进行通报并处(　　)。

A. 5 000 元以上 10 000 元以下的罚款　　B. 3 000 元以上 50 000 元以下的罚款

C. 3 000 元以上 20 000 元以下的罚款　　D. 2 000 元以上 20 000 元以下的罚款

4. 行政处分的对象是(　　)。

A. 法人　　B. 公民　　C. 其他组织　　D. 国家工作人员

二、多项选择题

1. 根据《会计法》的规定，单位负责人对会计人员实行打击报复的，除对单位负责人依法进行处罚外，对遭受打击报复的会计人员还应(　　)。

A. 恢复原有职务　　B. 经济补偿

C. 恢复原有级别　　D. 恢复名誉

2. 单位负责人对依法履行职责、抵制违反《会计法》规定行为的会计人员实行打击报复的行为包括(　　)。

A. 降级　　B. 撤职

C. 调离工作岗位　　D. 解聘或者开除

3. 下列各项中，属于《会计法》中规定的行政处罚形式有(　　)。

A. 罚款　　B. 罚金

C. 责令限期改正　　D. 没收违法所得

三、判断题

1. 会计人员受到打击报复，被开除的，应当直接恢复其工作。(　　)

2. 单位任用无会计从业资格证书的人员从事会计工作的行为是违法的。(　　)

3. 行政责任包括行政处罚和行政处分两种方式。(　　)

【本章习题必练】

一、单项选择题

1. 下列对编制财务会计报告的表述中，不正确的是(　　)。

A. 财务会计报告应当依据会计账簿记录和有关会计资料编制

B. 财务会计报告的编制要求、提供对象、提供期限应当符合法定要求

C. 各单位的财务会计报告在上报有关部门前必须经注册会计师审核签字

D. 向不同的会计资料使用者提供的财务会计报告，其编制依据应当一致

2. 各单位是否需要设置会计机构主要取决于单位(　　)。

A. 营业收入的大小　　B. 职工人数的多少

C. 会计人员的多少　　D. 会计业务的需要

3. (　　)主管全国会计档案工作，共同制定全国统一的会计档案工作制度，对全国会计档案工作实行监督和指导。

A. 财政部和国家档案局

B. 县级以上地方人民政府财政部门和档案行政管理部门

C. 财政部和档案行政管理部门

D. 县级以上地方人民政府财政部门和国家档案局

4. 下列各项中，不属于财政部门对各单位实施会计监督检查内容的是(　　)。

A. 财务报告的编制程序、报送对象和报送期限是否符合有关规定

B. 会计档案的保管是否符合法定要求

C. 各单位是否存在设置虚假会计账簿的行为

D. 单位编制的财务计划和经营决策是否有利于企业的发展

5. 张某为甲公司的出纳，因工作调动办理工作交接时，通常情况下应由甲公司(　　)负责监交。

A. 单位负责人　　B. 财务部经理

C. 总会计师　　D. 财务部一般会计人员

6. 根据《会计法》的规定，对受打击报复的会计人员的补救措施不包括(　　)。

A. 恢复名誉　　B. 恢复原有级别

C. 恢复原有职务　　D. 赔偿经济损失

7. 记账凭证上不需要有(　　)的签名或印章。

A. 填制人员　　B. 单位负责人

C. 记账人员　　D. 稽核人员

8. 某单位会计人员夏某在填制记账凭证过程中发生了以下事项，做法不正确的是(　　)。

A. 一张记账凭证附原始凭证

B. 将若干张原始凭证进行汇总，根据汇总后的原始凭证汇总表填制记账凭证

C. 由于一张购货发票涉及了另一单位，应当将其他单位负担的部分，开给对方原始凭证分割单

D. 填制记账凭证时，因出现文字错误，应当重新填制

9.（　　）是会计资料最基本的质量要求，是会计工作的生命线。

A. 可比性　　B. 合法性

C. 及时性　　D. 真实性和完整性

10. 下列应由注册会计师承办的审计业务是（　　）。

A. 资产评估　　B. 提供税务咨询

C. 验证企业资本，出具验资报告　　D. 代理纳税申报

11. 下列各项中，属于行政处分形式的是（　　）。

A. 没收违法所得　　B. 暂扣或吊销许可证

C. 撤职　　D. 行政拘留

12.（　　）属于会计法律制度中层次最高的法律规范，是制定其他会计法规的依据，也是指导会计工作的最高准则。

A. 国家统一的会计制度　　B. 会计行政法规

C. 会计规章　　D. 会计法律

13. 采取涂改、挖补或者其他手段改变会计账簿的真实内容的行为属于（　　）会计资料。

A. 变造　　B. 伪造　　C. 编制虚假　　D. 窃取

14. 会计人员应当（　　）。

A. 取得注册会计师资格证书

B. 取得会计师资格证书

C. 取得经济师资格证书

D. 具备从事会计工作所需要的专业能力并遵守职业道德

15. 会计人员之间需交接手续，双方在移交点收时，做法不正确的是（　　）。

A. 现金要根据账簿记录余额当面点交

B. 有价证券数量与账簿记录核对

C. 实行会计电算化的单位，要将系统密码告知对方，能进行操作即可

D. 银行存款账户余额与银行对账单核对一致

16. 国家工作人员授意、指使、强令会计机构或会计人员隐匿、故意销毁依法应当保存的会计凭证、会计账簿、财务会计报告，尚不构成犯罪的，应当由其所在单位或者有关单位依法给予（　　）、撤职、开除的行政处分。

A. 警告　　B. 记过　　C. 降级　　D. 记大过

17. 下列各项中，不属于会计市场管理内容的是（　　）。

A. 会计市场的准入管理　　B. 会计市场的处罚管理

C. 会计市场的退出管理　　D. 会计市场的运行管理

18. 下列可作为会计核算原始凭证的是（　　）。

A. 经济合同　　B. 对账单

C. 购货发票　　D. 请货单

19. 一个单位是否单独设置会计机构，不用考虑的因素是（　　）。

A. 单位规模大小　　B. 经济业务繁简

C. 财务收支繁简　　D. 单位领导的意愿

20. 下列各项中，不属于企业内部控制应当遵循的原则的是(　　)。

A. 全面性原则　　B. 可比性原则　　C. 重要性原则　　D. 制衡性原则

21. 下列岗位中，属于会计岗位的是(　　)。

A. 医院药品库房记账员岗位　　B. 单位内部审计

C. 商场收银员岗位　　D. 财产物资的收发、增减核算岗位

22. 某单位会计小李在单位没有购进办公设备的情况下，编造一张虚假的购进办公设备的原始凭证，则小李的行为属于(　　)。

A. 提供虚假会计报告　　B. 伪造会计资料

C. 变造会计凭证　　D. 篡改事实

23.《会计法》要求，作为记账凭证编制依据的必须是(　　)的原始凭证和有关资料。

A. 经办人签字　　B. 金额无误

C. 审核无误　　D. 领导认可

24.(　　)有权对会计师事务所出具的审计报告进行监督。

A. 税务部门　　B. 财政部门　　C. 人民银行　　D. 证监会

25. 2017 年 10 月编制的第三季度财务报表至(　　)保管期满。

A. 2027 年 10 月 31 日　　B. 2027 年 12 月 31 日

C. 2047 年 12 月 31 日　　D. 需要永久保管

26. 根据《会计法》的规定，对任用会计人员不符合《会计法》规定的单位，县级以上人民政府财政部门责令其限期改正，并可以处(　　)的罚款。

A. 3 000 元以上 5 万元以下　　B. 2 000 元以上 2 万元以下

C. 2 000 元以上 5 万元以下　　D. 4 000 元以上 5 万元以下

27.(　　)是记录经济业务发生或完成情况的书面证明。

A. 收款凭证　　B. 付款凭证　　C. 会计凭证　　D. 转账凭证

28. 取得大学本科学历的人员报名参加全国会计专业技术中级资格考试的，应当具备从事会计工作满(　　)年的条件。

A. 5　　B. 3　　C. 4　　D. 2

29. 企业及时、准确地收集、传递与内部控制相关的信息，确保信息在企业内部、企业外部之间进行有效沟通的是(　　)。

A. 内部监督　　B. 控制活动　　C. 风险评估　　D. 信息与沟通

30. 财政部门可以依法对违反《会计法》行为的单位和个人作出行政处罚。该财政部门是指(　　)。

A. 县级以上人民政府财政部门　　B. 乡级以上人民政府财政部门

C. 市级以上人民政府财政部门　　D. 省级以上人民政府财政部门

31. 会计档案保管期限分为永久和定期两类，《会计档案管理办法》中规定的定期保管期限包括(　　)年。

A. 3　　B. 15　　C. 30　　D. 25

32. 对行政事业单位而言，(　　)对本单位内部控制的建立健全和有效实施负责。

A. 董事会　　B. 单位负责人　　C. 监事会　　D. 管理层

33. 由国务院发布的会计法律制度属于(　　)。

A. 会计行政法规　　B. 会计法
C. 会计部门规章　　D. 地方性会计法规
34. 财务会计报告的组成部分不包括(　　)。
A. 资产负债表　　B. 利润表　　C. 银行日记账　　D. 现金流量表
35. 下列选项中关于会计工作岗位表述不正确的是(　)。
A. 一人一岗　　B. 多岗多人　　C. 一人多岗　　D. 一岗多人
36. 企业银行存款余额调节表的保管期限是(　)年。
A. 20　　B. 10　　C. 3　　D. 15
37. 会计机构、会计人员发现会计账簿记录与实物、款项及有关资料不相符的，按照国家统一的会计准则制度的规定有权自行处理的，应当及时处理，无权处理的应当(　　)。
A. 予以退回
B. 要求更正
C. 立即向单位负责人报告，请求查明原因，作出处理
D. 拒绝办理

二、多项选择题

1. 下列属于会计市场管理的有(　　)。
A. 代理记账机构的设立
B. 会计人员是否依法办理会计业务
C. 对境外洋资格的管理
D. 制定国家统一的会计准则制度
2. 下列各项中，属于会计市场准入管理的有(　　)。
A. 会计从业资格的管理　　B. 会计师事务所设立的管理
C. 会计师事务所年度报备的管理　　D. 代理记账机构设立的管理
3. 下列各项中，属于财务会计报告至少应当包括的组成部分有(　　)。
A. 资产负债表　　B. 利润表
C. 附注　　D. 所有者权益变动表
4. 下列各项中，属于变造会计账簿行为的有(　　)。
A. 用涂改手段改变会计账簿的真实内容
B. 用挖补手段改变会计账簿的真实内容
C. 以虚假的经济业务事项编造不真实的会计账簿
D. 以虚假的原始凭证为依据编造不真实的会计账簿
5. 各单位应当建立财产清查制度，其主要内容包括(　　)。
A. 财产清查的范围　　B. 财产清查的组织
C. 财产清查的期限和方法　　D. 对财产清查中发现问题的处理办法
6. 财政部门实施会计监督检查的内容主要包括(　　)。
A. 是否依法设置会计账簿
B. 采用的会计年度、使用的记账本位币和会计记录的文字是否符合有关规定
C. 是否依法设置会计机构

D. 会计凭证、会计账簿、财务会计报告和其他会计资料是否真实、完整

7. 注册会计师审计与内部审计的区别主要在于（　　）不同。

A. 审计独立性　　B. 审计方式

C. 审计的职责和作用　　D. 接受审计的自愿程度

8. 出纳人员不得兼管的工作有（　　）。

A. 稽核　　B. 会计档案保管

C. 收入、费用、债权债务账目的登记　　D. 固定资产明细账的登记

9. 下列属于会计凭证类会计档案的有（　　）。

A. 原始凭证　　B. 银行存款余额调节表

C. 记账凭证　　D. 银行对账单

10. 下列行为中，（　　）属于尚不构成犯罪、由县级以上人民政府财政部门责令限期改正，可以对单位并处 3 000 元以上 50 000 元以下罚款的违法行为。

A. 不依法设置会计账簿　　B. 随意变更会计处理方法

C. 编制虚假财务会计报告　　D. 未建立并实施单位内部会计监督制度

11. 内部审计的主要内容有（　　）。

A. 财务审计　　B. 经营审计

C. 经济责任审计　　D. 管理审计

12. 我国的会计管理体制主要包括（　　）。

A. 会计工作的行政管理　　B. 会计工作的行业管理

C. 会计从业人员自我管理　　D. 单位内部的会计工作管理

13. 下列各项中，属于会计行政法规的有（　　）。

A. 国务院发布的《总会计师条例》

B. 省级人大常委会发布的地方会计管理条例

C. 国务院发布的《企业财务会计报告条例》

D. 财政部发布的《财政部门实施会计监督办法》

14. 商业银行提供虚假的或者隐瞒重要事实的财务会计报告受到的处罚，下列说法中，正确的有（　　）。

A. 银监会责令其改正

B. 没有违法所得的，处以 20 万元以上 60 万元以下罚款

C. 有违法所得的，没收违法所得，并处以违法所得 1 倍以上 5 倍以下罚款

D. 情节严重的，吊销其经营许可证

15. 下列各项中，属于对会计账簿的监督内容的主要有（　　）。

A. 是否按规定设置账簿

B. 是否符合法律、行政法规和国家统一的会计准则制度的要求

C. 是否涂改、变造会计记录

D. 是否存在账外设账的违法行为

16. 下列关于会计档案的表述中，不符合《会计档案管理办法》规定的有（　　）。

A. 会计档案保管期限分为 10 年、30 年

B. 银行存款余额调节表的保管期限为 30 年

C. 单位会计档案销毁后单位负责人应在会计档案销毁清册上签署意见

D. 会计档案的保管期限从本年度终了的最后一天开始计算

17.《会计基础工作规范》规定，事业单位的单位领导人的直系亲属不得担任本单位的（　　）。

A. 会计机构负责人　　B. 出纳

C. 会计档案管理人员　　D. 会计主管人员

18. 实行回避制度的单位，单位负责人的直系亲属不得担任本单位的（　　）。

A. 出纳　　B. 会计主管人员

C. 稽核　　D. 会计机构负责人

19. 甲公司张某主要负责合同签订、业务经办等事项，按照会计内部控制制度的要求，下列张某可以兼任的岗位有（　　）。

A. 合同审批　　B. 单位负责人

C. 商品保管　　D. 收入账目的登记

20. 会计工作政府监督包括（　　）。

A. 财政部门对各单位会计工作的监督

B. 人民银行对有关金融单位相关会计账簿的监督

C. 证券监管部门对证券公司有关资料实施的检查

D. 税务机关对纳税人记账凭证的检查

21. 隐匿或者故意销毁依法应当保存的会计凭证、会计账簿、财务会计报告，情节严重的，应当承担的法律责任有（　　）。

A. 处 5 年以下有期徒刑或者拘役

B. 并处或者单处 2 万元以上 20 万元以下罚金

C. 责令限期改正

D. 通报的同时可以对单位并处 5 000 元以上 10 万元以下的罚款

22. 会计凭证（　　），是会计核算的重要会计资料。

A. 是记录经济业务事项的发生或完成情况的书面证明

B. 如实反映企业的经济业务

C. 作为编制财务会计报告的依据

D. 是登记账簿的依据

23. 下列关于记账凭证填制的基本要求的说法中，不正确的有（　　）。

A. 记账凭证各项内容必须完整，并且应当连续编号

B. 一张发票所列支出需要两个单位共同负担的，应当向其他应负担单位提供发票复印件

C. 填制记账凭证时若发生错误，应当重新填制

D. 所有的记账凭证都必须附有原始凭证

24. 下列关于会计档案销毁的说法中，正确的有（　　）。

A. 单位档案管理机构负责组织会计档案销毁工作，并与会计管理机构共同派员监销

B. 电子会计档案的销毁还应当符合国家有关电子档案的规定，并由单位档案管理机构、会计管理机构和信息系统管理机构共同派员监销

C. 由单位负责人组织会计档案的销毁工作

D. 单位负责人无需亲自组织会计档案的销毁工作

25. 下列属于中级会计资格考试科目的有（　　）。

A. 经济法　　B. 财经法规　　C. 中级会计实务　　D. 财务管理

26. 下列关于原始凭证处理的表述中，不正确的有（　　）。

A. 会计机构、会计人员必须按照国家统一的会计制度的规定对原始凭证进行审核

B. 对记载不准确、不完整的原始凭证有权不予接受，并向单位负责人报告

C. 原始凭证记载的各项内容均不得涂改

D. 对不真实、不合法的原始凭证予以退回，并要求按照国家统一的会计制度的规定更正、补充

27. 下列各项中，属于会计档案的有（　　）。

A. 原始凭证　　B. 现金日记账

C. 年度工作计划　　D. 资产负债表

28. 下列各项中，属于出纳人员不得监管的工作有（　　）。

A. 稽核　　B. 登记银行存款日记账

C. 会计档案保管　　D. 登记收入总账

29. 以下属于企业内部控制目标的有（　　）。

A. 合理保证企业经营管理合法合规

B. 合理保证企业财务报告及相关信息真实完整

C. 合理保证企业资产安全

D. 有效防范舞弊和预防腐败

30. 根据会计法律制度的规定，代理记账机构可以接受委托，代表委托人办理的业务事项有（　　）。

A. 登记会计账簿　　B. 出具审计报告

C. 编制财务会计报告　　D. 向税务机构提供纳税资料

31. 下列关于移交人员和接管人员的责任的说法中，正确的有（　　）。

A. 移交人员应该对所移交的会计资料的真实性和完整性负责

B. 接管人员在交接时未发现所接管资料的真实性、完整性方面的问题，如果事后发现，应由移交人员负责

C. 接管人员对所接管的会计资料的真实性、完整性负责

D. 接管人员在交接时未发现所接管资料的真实性、完整性方面的问题，如果事后发现，应由接管人员负责；交接时发现的问题由移交人员负责

32. 下列属于私设会计账簿行为的有（　　）。

A. 某单位在法定账册之外设置小金库

B. 某单位设置了专门用于记载资金的银行存款日记账和现金日记账

C. 某单位将外单位给予的回扣单独设置账簿进行反映

D. 某单位在总账之外又针对税务检查设置了另外一套总账

33. 下列各项中，属于会计行政法规的有（　　）。

A.《企业财务会计报告条例》　　B.《总会计师条例》

C.《企业会计准则——基本准则》　　D.《注册会计师法》

三、判断题

1.《会计基础工作规范》允许各单位在按照国家统一会计制度要求的前提下，自行设置和使用会计科目。（　）

2. 县级以上地方各级人民政府财政部门管理本行政区域的会计工作。（　）

3. 根据《会计法》规定，各单位发生的各项经济业务事项应当在依法设置的会计账簿上统一登记、核算，不得违反《会计法》和国家统一的会计准则制度的规定私设会计账簿登记、核算。（　）

4. 对所有保管期满的会计档案，各单位都有权自行决定销毁。（　）

5. 定期保管的会计档案，其保管期限为从该项经济业务或者事项发生后的第一天算起。（　）

6. 内部审计的结果对本部门、本单位、投资者、债权人及其他利益相关者负责，出具的审计报告具有鉴证作用。（　）

7. 为提高会计工作效率，经单位会计机构负责人批准，出纳人员可以兼管会计档案保管和债权债务账目的登记工作。（　）

8. 因工作需要，甲接替乙担任公司的出纳，在办理交接手续时，财务经理刚好出差在外，在此情况下，财务经理可指定财务部门的某会计人员监交。（　）

9. 向不同的会计资料使用者提供企业财务会计报告的，其财务会计报告的编制依据、编制原则可以不一致。（　）

10. 委托代理记账机构办理会计业务，则应该由单位负责人对本单位会计资料的真实性、完整性负责。（　）

11. 各单位发生的各项经济业务应当在依法设置的会计账簿上统一登记、核算，不得违反规定私设会计账簿进行登记、核算。（　）

12.《会计法》要求建立的三位一体的会计监督体系是财政监督、审计监督和税务监督。（　）

13. 监销人在会计档案销毁前，应当按照会计档案销毁清册所列内容进行清点核对；在会计档案销毁后，应当在会计档案销毁清册上签名和盖章。（　）

14. 会计人员如果在填制记账凭证时发生错误，应当重新填制。（　）

15. 单位负责人必须保证对外提供的财务会计报告的真实、完整。（　）

16. 记账凭证基本要素包括：填制日期、所附原始凭证的张数、记账人员和会计主管人员的签名或盖章等。（　）

17. 财产清查制度是通过定期或不定期对各项财产物资进行实地盘点和对库存现金、银行存款、债权债务进行清查核实的一种制度。（　）

18. 记账人员可以暂时代管财物。（　）

19.《企业会计准则》由国务院制定并公布。（　）

20. 会计人员对违反《会计法》和国家统一的会计制度规定的会计事项，有权拒绝办理或者按照职权予以纠正。（　）

21.《会计法》对行政处分范围的规定，一般只限于与国家工作人员法律地位有关的荣誉、资格与职务等。（　）

22. 向不同的会计资料使用者提供的财务会计报告编制依据不一致，情节严重的，不得

再从事会计工作。（　）

23. 出纳人员不得兼任稽核、会计档案保管和收入、支出、费用、债权债务账目的登记工作，但在出纳业务不多的单位，可以兼记固定资产明细账。（　）

24. 各单位对外报送的财务会计报告，应当经过单位负责人、总会计师、会计机构负责人、会计主管人员和经办会计人员签名并盖章。（　）

25. 会计专业技术职务资格管理是由单位会计机构负责的。（　）

26. 各单位的预算、计划、制度等文件资料属于文书档案，也属于会计档案。（　）

27. 电子会计档案销毁时应当有单位信息系统管理机构派人监销。（　）

28. 内部审计的审计结果具有很强的客观性与公正性。（　）

29. 单位发生的各项经济业务或者事项应当在依法设置的会计账簿上统一登记、核算。（　）

30. 单位负责人对依法履行职责、抵制违反《会计法》规定行为的会计人员进行打击报复的行为，同样属于违法行为。（　）

31. 会计机构、会计人员对记载不准确、不完整的原始凭证有权予以退回，并要求经办人员按照国家统一的会计制度的规定进行更正、补充。（　）

32. 会计人员参加继续教育采用学分制，每年参加继续教育取得的学分不得少于 35 学分。（　）

33. 对实行会计人员回避制度的单位，单位负责人的直系亲属可以担任本单位会计机构负责人。（　）

34. 张三为某单位的财务经理，他将其女儿安排在本部门担任存货会计，他的这一行为违背了会计人员回避制度。（　）

35. 移交人员应对自己经办且已经移交的会计资料的真实性、完整性负责。（　）

36. 隐匿、故意销毁依法应当保存的会计凭证、会计账簿、财务会计报告的行为，将承担法律责任。（　）

37. 任用没有会计从业资格证书的人员从事会计工作的行为，属于违法会计行为。（　）

38. 记账人员与经济业务或会计事项的审批人员、经办人员、财物保管人员的职责权限应当明确，并相互分离、相互制约。（　）

39. 定期保管的会计档案，其保管期限为从该项经济业务或者事项发生后的第一天算起。（　）

40. 会计交接工作完成后，接替人员应另立账簿，并封存移交前的账簿。（　）

四、案例分析题

（一）甲公司是一家中外合资经营企业，本年①发生了以下事项：

（1）2 月 21 日，公司接到市财政局通知，市财政局要来公司检查会计工作情况。公司董事长兼总经理赵某认为，公司作为中外合资经营企业，不应受《会计法》的约束，财政部门无权来检查会计工作情况。

（2）4 月 5 日，公司会计科一名档案管理人员因生病需要临时交接工作，赵某委托单位

① 若没有特殊说明，本书中的“本年”均指 2018 年。

出纳员刘某临时兼管会计档案。

(3) 5月15日,公司从外地购买一批原材料,收到购货发票后,与实际支付款项进行核对时发现购货发票上的金额有错误,经办人员直接在原始凭证上进行了更改,并加盖了自己的印章,作为报销凭证。

(4) 6月2日,公司会计科科长退休,公司决定任命自参加工作以来一直从事行政工作的办公室副主任钱某为会计科科长。

(5) 公司发现中期财务会计报告将出现170万元亏损,为取得银行流动资金贷款,董事长授意钱某将财务会计报告进行调整,增加净利润230万元。

要求:根据上述材料,回答下列1~5问题。

1. 根据事项(1),公司董事长兼总经理赵某认为中外合资经营企业不受《会计法》约束的观点是否正确(　　)。

A. 正确。

B. 不正确。根据规定,省级以上人民政府财政部门为各单位会计工作的监督检查部门,对各单位会计工作行使监督权

C. 不正确。根据规定,市级以上人民政府财政部门为各单位会计工作的监督检查部门,对各单位会计工作行使监督权

D. 不正确。根据规定,县级以上人民政府财政部门为各单位会计工作的监督检查部门,对各单位会计工作行使监督权

2. 根据事项(2),下列表述中,正确的有(　　)。

A. 档案管理人员生病临时交接工作,可以由公司董事长赵某指定有关人员接替

B. 档案管理人员生病临时交接工作,不能由公司董事长赵某指定有关人员接替

C. 单位出纳员刘某可以临时保管会计档案

D. 单位出纳员刘某不能临时保管会计档案

3. 根据事项(3),下列表述中,正确的有(　　)。

A. 经办人员在原始凭证上进行了更改,并加盖了自己的印章,这一行为符合规定

B. 经办人员在原始凭证上进行了更改,并加盖了自己的印章,这一行为不符合规定

C. 经办人员在原始凭证上进行了更改,不应加盖自己的印章,而是加盖出具单位的印章

D. 原始凭证金额有错误的,应当由出具单位重开,不得在原始凭证上更正

4. 根据事项(4),下列表述正确的有(　　)。

A. 从事行政工作的办公室副主任钱某不能担任会计科科长

B. 从事行政工作的办公室副主任钱某可以担任会计科科长

C. 从事会计工作必须取得会计从业资格证书

D. 担任单位会计机构负责人(会计主管人员)的,应当具备会计师以上专业技术职务资格或者从事会计工作3年以上经历

5. 根据事项(5),该公司及其相关人员可能受到的处罚有(　　)。

A. 钱某五年内不得从事会计工作

B. 对公司董事长处以5 000元罚款,对公司处以5万元罚款

C. 对该公司违法行为进行通报

D. 对钱某处以3 000元罚款

（二）甲公司是一家国有企业，本年5月5日，经过严格考核，公司招聘了一名出纳小周。小周刚毕业于某财经院校会计系，她是本公司财务科长老周的儿子。本年6月，财务科长老周根据人员变化及工作需要，对财务科部分会计岗位进行了调整：将原出纳员小王改为从事成本费用核算工作；原总账岗位人员老吴协助稽核员老张，加强单位内部的稽核工作。上述岗位变动人员均按规定办理了移交手续，并由稽核员老张进行了监交。

要求：根据上述资料，回答下列1～5问题。

1. 从事会计工作的人员，应当（　　）。

A. 取得高中以上学历证书

B. 取得专科以上学历证书

C. 取得会计从业资格证书

D. 具备从事会计工作所需要的专业能力并遵守职业道德

2. 关于会计人员回避制度，下列表述中，不正确的是（　　）。

A. 任何单位任用会计人员均应当实行回避制度

B. 单位领导人的直系亲属不得担任本单位的会计机构负责人、会计主管人员

C. 会计机构负责人、会计主管人员的直系亲属不得在本单位会计机构中担任出纳工作

D. 需要回避的直系亲属包括夫妻关系、直系血亲关系、三代以内旁系血亲以及近姻亲关系

3. 会计工作岗位，可以（　　）。

A. 一人一岗　　B. 一人多岗　　C. 一岗多人　　D. 多岗多人

4. 出纳人员不得兼管（　　）。

A. 稽核　　B. 收入、费用的登记

C. 债权债务账目的登记　　D. 会计档案保管

5. 关于案例中的“岗位变动”，下列表述中，正确的有（　　）。

A. 会计人员的工作岗位应当有计划地进行轮换

B. 会计人员的工作岗位不应当进行轮换

C. 一般会计人员交接，由单位会计机构负责人、会计主管人员负责监交

D. 单位岗位变动，派稽核员老张负责监交是符合规定的

（三）20×8年2月，某市财政局派出检查组对甲国有外贸企业20×7年度的会计工作进行相关检查，发现存在以下情况：

（1）20×7年2月，该企业财务处处长安排其侄子在财务处任出纳，并负责保管企业的会计档案。

（2）发现一张发票上“金额”栏的数字有更改过的痕迹，发票出具单位在“金额”栏更改处加盖了其单位印章。经查阅相关合同、单据，确认其更改后的金额数字是正确的。

（3）20×7年12月，由于受全球经济形势的影响，企业出口产品滞销，销售业绩滑坡，企业法定代表人要求财务处处长对该年度的财务数据进行处理，以确保企业实现“盈利”。企业财务处处长遵照办理（该企业的行为尚不构成犯罪）。

要求：根据上述资料，回答下列1～5题。

1. 根据《会计基础工作规范》的规定，该处长的侄子可以在本单位从事的工作有（　　）。

A. 债权债务核算　　B. 出纳
C. 稽核　　D. 财务会计报告编制

2. 由出纳人员兼管会计档案保管工作的行为违反了(　　)。
A. 会计外部监督制度的规定　　B. 会计岗位责任制度的规定
C. 会计机构内部牵制制度的规定　　D. 会计机构内部稽核制度的规定

3. 企业对(2)中发票的错误处理办法有(　　)。
A. 退回原出具单位,并由原出具单位重新开具发票
B. 退回原出具单位,应由原出具单位划线更正并加盖公章
C. 接受单位直接更正,并要求原出具单位说明情况,同时加盖单位公章
D. 接受单位直接更正,并说明情况,同时加盖单位公章

4. 对(3)中企业"处理"财务数据的行为,对其直接负责的主管人员和其他直接负责人员,可以处以(　　)的罚款。
A. 1 万元以上　　B. 2 000 元以上 5 万元以下
C. 3 000 元以上 5 万元以下　　D. 5 万元以下

5. 对(3)中企业财务处处长的行为,下列说法中,正确的是(　　)。
A. 违反了爱岗敬业的要求　　B. 违反了诚实守信的要求
C. 违反了坚持准则的要求　　D. 违反了提高技能的要求

(四) 20×7 年年初,甲、乙、丙、丁四人共同申请设立了 A 代理记账公司,甲某担任公司主管负责人。财政部门 20×8 年 5 月在对公司的检查中发现:

(1) 甲某尚未取得会计师专业技术职务资格。

(2) 乙某已于 20×7 年 10 月离开 A 代理记账公司;丙某除在 A 代理记账公司执业外,还在某企业担任会计职务。

(3) 20×7 年,经某客户授意,甲某利用客户提供的虚假发票和其他原始凭证,虚增收入,使该客户的财务报告扭亏为盈。

(4) 丁将执业过程中知悉的某公司的商业秘密告知其竞争对手,获取不当利益。

要求:根据以上情况,请回答下列 1～5 问题。

1. 根据《代理记账管理办法》,除会计师事务所以外的代理记账公司设立的审批部门是(　　)。
A. 县级以上人民政府财政部门　　B. 县级以上人民政府工商部门
C. 县级以上人民政府审计部门　　D. 县级以上人民政府税务部门

2. 根据《代理记账管理办法》的规定,下列说法中,正确的有(　　)。
A. 甲某尚未取得会计师专业技术职务资格,不能担任 A 代理记账公司主管负责人
B. 乙某离开之后,A 代理记账公司没有持续符合代理记账公司的资格条件
C. 乙某离开之后,A 代理记账公司仍持续符合代理记账公司的资格条件
D. 甲某担任 A 代理记账公司负责人符合规定

3. 根据《代理记账管理办法》的规定,代理记账公司可以接受委托人委托办理的业务有(　　)。
A. 向税务机关提供税务资料

B. 审查企业财务会计报告，出具审计报告

C. 根据委托人提供的原始凭证和其他资料，按照国家统一的会计制度的规定进行会计核算

D. 对外提供财务会计报告

4. 针对事项(3)和事项(4)，下列说法中，正确的有(　　)。

A. 根据委托合同，甲某应当按照委托人的示意进行会计处理

B. 对于委托人示意的不当会计处理，甲某应当予以拒绝

C. 丁某将执业过程中知悉的商业秘密告知他人，违反了代理记账公司从业人员应当履行的义务

D. 委托代理记账公司办理会计业务并不改变单位负责人对会计资料真实性和完整性承担的责任

5. 针对事项(2)和事项(3)，财政部门对A代理记账公司和甲进行的以下处理中，正确的有(　　)。

A. 直接撤回该公司的代理记账许可证

B. 甲的行为是客户授意的，甲不承担责任

C. 对甲的行为，依据《会计法》的相关规定处以罚款

D. 限期整改，仍达不到资格条件的，原审批机关可以撤回该公司的代理记账许可证

(五) 财政部门对甲有限责任公司本年度财务工作进行检查，但甲公司领导以“财务部门负责人出差”为由拒绝接受检查，后经多方协调，财政部门对该公司进行了检查，检查时，发现如下问题：

(1) 3月15日，甲公司从外地购买了一批货物，收到购货发票后，经办人员林某发现发票记载金额与实际支付金额不相符，便将购货发票退回给出具单位，要求对方重新开具。

(2) 4月20日，甲公司从事收入、支出、费用账目登记工作的徐某休产假，公司决定由出纳员王某临时顶替徐某的工作，并按规定办理了交接手续。

(3) 甲公司将出售废料的收入不纳入企业统一的会计核算，而另设账簿进行核算，以解决行政管理部门的福利。

(4) 甲公司以虚假的经济业务事项编造了会计凭证和会计账簿，并据此编制了财务会计报告。

要求：根据上述资料，回答下列1～5问题。

1. 关于该公司领导拒绝接受财政部门检查的做法，下列观点中，正确的是(　　)。

A. 该公司领导拒绝的做法是错误的，不得拒绝财政机关的检查

B. 财政部门无权对该公司的财务状况进行检查

C. 财政部门应与审计、税务部门联合进行检查

D. 由于财务部门负责人不在场，因此该公司可以拒绝接受检查

2. 关于该公司林某的做法，下列不符合法律规定的有(　　)。

A. 由于是发票金额的错误，因此可以在发票上直接更正后人账

B. 林某的做法是可以的，也可以在发票上更正后再由开具单位在更正处签章

C. 林某的做法符合法律规定，且只有这一种处理方式

D. 该发票不能做任何涂改和更正，入账应以实际结算金额为准，不需要重新开具

3. 关于出纳王某接替徐某工作的情况，下列观点中，正确的是(　　)。

A. 由于已经按照规定办理了交接手续，因此该顶替工作是合法的

B. 一般会计人员办理交接手续，由单位的会计机构负责人、会计主管人员负责监交

C. 出纳不能顶替其收入的登记工作，但可以顶替支出和费用的登记工作

D. 会计机构负责人、会计主管人员办理交接手续，应该自行监交

4. 关于甲公司出售废料收入的财务处理方法，下列说法中，错误的是(　　)。

A. 甲公司的做法违反了会计法律制度的规定

B. 甲公司的行为属于私设会计账簿进行核算的行为

C. 对于该行为，应由省级以上财政部门责令其限期改正

D. 对甲公司的该项行为应处 3 000 元以上 5 万元以下的罚款

5. 对甲公司以虚假的经济事项编造会计凭证和会计账簿，并据此编制了财务会计报告的行为应认定为(　　)。

A. 伪造会计账簿的行为　　B. 变造会计凭证和会计账簿的行为

C. 伪造会计凭证的行为　　D. 提供虚假的财务会计报告的行为

(六) 甲有限责任公司为国有企业，本年 6 月，该公司会计科长赵某将其侄女小赵调到公司担任出纳工作，小赵未考取初级会计师资格。7 月，小赵调到一家外企公司财务部工作，调离前与接任的小丁自行办理了会计工作交接手续。小丁接替出纳工作后，另设置了现金日记账和银行存款日记账。9 月，乙公司向甲公司购买了一批总价款为 45 万元人民币的货物，甲公司收到货款后，小丁为乙公司开具了收款发票，在填写发票时将 45 万元误填为 4 万元，乙公司发现后，交给小丁进行了更改并加盖了单位印章。

要求：根据以上材料，回答下列问题。

1. 下列单位中，不用实行会计人员回避制度的是(　　)。

A. 国家机关　B. 国有企业　C. 民营企业　D. 事业单位

2. 小赵担任甲公司出纳工作，对此下列表述正确的是(　　)。

A. 小赵未考取初级会计师资格，可以在该单位担任出纳

B. 小赵不属于需要回避的直系亲属范围

C. 单位会计机构负责人、会计主管人员的直系亲属不得在本单位会计机构中担任出纳工作

D. 单位领导人的直系亲属不得担任本单位的出纳工作

3. 一般会计人员交接，由单位(　　)负责监交。

A. 会计机构负责人　B. 会计主管人员　C. 单位负责人　D. 总会计师

4. 小丁接替出纳工作后，另设置了现金日记账和银行存款日记账，对此下列表述中，正确的有(　　)。

A. 小丁不能另行设置现金日记账和银行存款日记账

B. 小丁可以另行设置现金日记账和银行存款日记账

C. 接替人员应当继续使用移交的会计账簿，不得自行另立新账

D. 接替人员可以选择是否继续使用移交的会计账簿，还是自行另立新账

5. 原始凭证有错误的，下列表述中，错误的有(　　)。

A. 原始凭证有错误的，应当由出具单位重开或更正，更正处应当加盖出具单位印章

B. 原始凭证有错误的，应当由接收单位重开或更正，更正处应当加盖接收单位印章

C. 原始凭证金额有错误的，应当由出具单位重开，不得在原始凭证上更正

D. 原始凭证金额有错误的，也可以由出具单位在原始凭证上更正

（七）20×8 年 4 月，某市财政部门派出检查组对某国有企业的会计工作进行检查，了解到以下情况：

(1) 20×7 年 5 月，会计张某临时离职，因张某当时正生病住院，无法亲自到场办理会计工作的交接手续，找其他会计代办。

(2) 会计王某未按照相关规定保管会计档案，造成重要会计资料发生毁损，对企业造成重大不利影响。

(3) 该企业 20×7 年度亏损 35 万元，会计科长授意会计人员采取伪造凭证等虚增收入，该年度利润调整为盈利 65 万元，并将调整后的财务会计报告经单位负责人及有关人员签名盖章后向相关单位报送。

(4) 20×7 年 9 月，会计机构负责人李某将其弟弟小赵调入该企业任出纳，小赵为本科学历，此时未取得初级会计资格证书。

根据以上资料，回答下列问题：

1. 针对事项(1)，按照《会计基础工作规范》的规定正确的有(　　)。

A. 张某自行委托其他会计代办交接工作是符合规定的

B. 张某必须经单位负责人同意后方可委托他人进行会计工作交接手续

C. 办理交接手续后，张某不再对其经办会计工作期间内所发生的问题负责

D. 办理交接手续后，张某对在其经办会计工作期间内所发生的问题负责

2. 针对事项(2)，下列说法中正确的有(　　)。

A. 属于未按照规定保管会计资料的行为，违反了《会计法》的规定

B. 属于未按照规定保管会计资料的行为，但不违反《会计法》的规定

C. 可对王某 2 000 元以上 2 万以下罚款

D. 可对王某 3 000 元以上 5 万元以下罚款

3. 针对事项(3)，下列说法中正确的有(　　)。

A. 单位负责人对会计科长授意会计人员采取的伪造会计凭证等手段调整企业财务会计报告的行为不应承担法律责任

B. 单位负责人对会计科长授意会计人员采取伪造会计凭证等手段调整企业财务会计报告的行为应承担法律责任

C. 由于是会计科长授意造假，所以会计人员不应对其会计造假行为承担法律责任

D. 虽然是会计科长授意造假，但会计人员仍应对其会计造假行为承担法律责任

4. 针对事项(4)，下列说法中正确的有(　　)。

A. 李某不能让弟弟担任出纳，因为违反了《会计基础工作规范》中回避制度的相关规定

B. 根据《会计基础工作规范》的规定，会计工作岗位的设置应遵循相互牵制的原则

C. 小赵在任出纳时，还未取得初级会计资格证书，是违法的

D. 小赵可以在担任出纳期间参加初级会计资格资格证书考试，如果考试不合格，仍可继续担任出纳

5. 根据《会计基础工作规范》中关于回避制度的相关规定，下列说法中，正确的有(　　)。

A. 根据《会计基础工作规范》的规定，国家机关、国有企业、事业单位任用会计人员应当实行回避制度

B. 单位负责人的直系亲属不得担任本单位的会计机构负责人、会计主管人员

C. 会计机构负责人、会计主管人员的直系亲属不得在本单位会计机构担任出纳工作

D. 直系亲属是指除近姻亲以外的夫妻关系、直系血亲关系及三代以内旁系血亲

【分节习题必会】答案及解析

第一节　会计法律制度的概念与构成

一、单项选择题

1. 【答案】 B

【解析】 会计法律主要有《会计法》和《注册会计师法》。选项A是部门规章，选项C、D是会计行政法规。

2. 【答案】 C

【解析】 在会计法律制度中，《会计法》居于最高法律地位，会计行政法规效力仅次于《会计法》。选项C《企业财务会计报告条例》属于会计行政法规，选项A、D项属于会计部门规章，其法律效力次于《会计法》和会计行政法规。选项B《辽宁省会计管理条例》属于地方性会计法规，其法律效力次于《会计法》、会计行政法规和会计部门规章。

3. 【答案】 D

【解析】 会计行政法规是指由国务院制定并发布，或者由国务院有关部门拟定并经国务院批准发布，调整经济生活中某些方面会计关系的法律规范。

二、多项选择题

1. 【答案】 AC

2. 【答案】 CD

【解析】 《会计法》属于会计法律，《总会计师条例》属于会计行政法规。

3. 【答案】 ABD

【解析】 会计法律由全国人民代表大会及其常务委员会制定，因此选项A错误。会计行政法规由国家最高行政管理机构——国务院制定发布，因此选项B错误。国家统一的会计制度由国务院财政部制定，并由财政部部长签署命令予以公布，因此选项D错误。

4. 【答案】 ABCD

【解析】 供销关系、债权债务关系、分配关系、税款缴纳关系、管理与被管理关系等都属于经济关系。

三、判断题

1. 【答案】 ×

【解析】 会计法律制度指的是国家权力机关和行政机关制定的各种关于法律、法

规、规章和规范性文件的总称,《会计法》是包含在里面的。

2.【答案】 √

第二节 会计工作管理体制

一、单项选择题

1.【答案】 B

【解析】 根据规定,单位负责人的直系亲属不得担任本单位的会计机构负责人、会计主管人员;会计机构负责人、会计主管人员的直系亲属不得在本单位会计机构中担任出纳工作。

2.【答案】 B

【解析】 单位负责人,是指单位法定代表人或者法律、行政法规规定代表单位行使职权的主要负责人。这是对单位负责人含义的界定。选项 B 不符合单位负责人的含义,因此本题应当选择选项 B。

3.【答案】 C

【解析】 国务院财政部门主管全国的会计工作。

4.【答案】 C

【解析】 单位负责人对本单位的会计工作和会计资料的真实性、完整性负责。

二、多项选择题

1.【答案】 AD

【解析】《会计基础工作规范》规定,国家机关、国有企业、事业单位聘用会计人员应当实行回避制度。

2.【答案】 AB

【解析】 单位负责人是指单位法定代表人或者法律、行政法规规定代表单位行使职权的主要负责人。

3.【答案】 ABD

【解析】 2017 年 11 月 5 日起施行的新会计法规定,担任单位会计机构负责人(会计主管人员)的,应当具备会计师以上专业技术职务资格或者从事会计工作 3 年以上经历。

4.【答案】 ABD

【解析】 一个单位是否单独设置会计机构一般取决于以下几个因素:单位规模的大小;经济业务和财务收支的繁简;经营管理的要求。因此不能为了强调机构精简而不设置会计机构。

5.【答案】 ABC

【解析】 会计市场的管理包括会计市场的准入管理、过程监管和退出管理。

三、判断题

1.【答案】 ×

【解析】 国有大、中型企业或者国有资产占主导或控股地位的大中型企业必须设置总会计师。凡设置总会计师的单位,不应再设置与总会计师职责重叠的行政副职。

2.【答案】 ×

【解析】 会计机构负责人、会计主管人员的直系亲属不得在本单位会计机构中担任出纳工作。

3.【答案】 √

第三节　会 计 核 算

一、单项选择题

1.【答案】 C

【解析】 会计档案销毁清册需永久保存，固定资产卡片待固定资产报废清理后保管5年，库存现金日记账需保管30年。

2.【答案】 C

【解析】 财务会计报告上的单位负责人不是签名"或"盖章，而是签名"并"盖章。

3.【答案】 D

【解析】 单位会计管理机构临时保管会计档案最长不超过3年。

4.【答案】 D

5.【答案】 C

【解析】 当年形成的会计档案，在会计年度终了后，可由单位会计管理机构临时保管一年，再移交单位档案管理机构保管。

6.【答案】 D

【解析】 登记会计账簿必须按照记账规则进行，记账规则包括：会计账簿应当按照连续编号的页码顺序登记。会计账簿记录发生错误或者隔页、缺号、跳行的，应当按照国家统一的会计制度规定的方法更正，并由会计人员和会计(会计主管人员)在更正处盖章等。

7.【答案】 B

【解析】 会计资料是指在会计核算过程中形成的、记录和反映实际发生的经济业务事项的会计专业资料，主要包括会计凭证、会计账簿、财务会计报告和其他会计资料。经济合同不属于会计资料。

二、多项选择题

1.【答案】 AD

【解析】 一套完整的财务会计报告包括资产负债表、利润表、现金流量表、所有者权益变动表(或股东权益变动表)和附注。而凭证、账簿、计划、审计报告都不属于财务会计报告。

2.【答案】 BD

【解析】 变造会计资料是指用涂改、挖补等手段来改变会计凭证、会计账簿和其他会计资料的真实内容，歪曲事实真相的行为。选项A属于伪造会计凭证行为，选项C属于更正方法错误。

3.【答案】 ABCD

【解析】 企业和其他组织会计档案中保管期限为10年的有：月度、季度、半年度财务会计报告，银行存款余额调节表，银行对账单，纳税申报表。

4.【答案】 ABC

【解析】 选项D签订合同无需进行会计核算，只有履行合同才需要进行会计核算。

5.【答案】 ACD

【解析】 保管期满但未结清的债权债务会计凭证和涉及其他未了事项的会计凭证

不得销毁。例如，超过保管期限但尚未报废的固定资产购买凭证不得销毁；正在项目建设期间的建设单位，其保管期满的会计档案不得销毁。

6.【答案】 ABCD

【解析】 会计档案的内容包括本题四个选项。

7.【答案】 ABD

【解析】 选项 A、B、D 表述均正确。银行存款日记账应当保管 30 年，因此选项 C 表述错误。

8.【答案】 ABCD

【解析】 为规范会计核算，我国会计法律制度对会计核算依据、会计信息质量要求、会计资料的基本要求以及会计年度、记账本位币、填制会计凭证、登记会计账簿、编制财务会计报告、财产清查、会计档案管理等作出了统一规定。

三、判断题

1.【答案】 ×

【解析】 并非所有实际发生的经济业务事项都需要进行会计记录和会计核算，例如签订销售合同。

2.【答案】 √

3.【答案】 ×

【解析】 单位保存的会计档案一般不得对外借出。确因工作需要且根据国家有关规定必须借出的，应当严格按照规定办理相关手续。

4.【答案】 √

5.【答案】 ×

【解析】 各单位应当定期将会计账簿记录与实物、款项实有数相互核对，以保证账实相符。

6.【答案】 √

第四节　会 计 监 督

一、单项选择题

1.【答案】 B

【解析】 单位负责人应当保证会计机构、会计人员依法履行职责，不得授意、指使、强令会计机构、会计人员违法办理会计事项。

2.【答案】 D

【解析】 会计工作的社会监督主要是指由注册会计师及其所在的会计师事务所依法对委托单位的经济活动进行审计、鉴证的一种外部监督，是对单位内部监督的再监督。

3.【答案】 D

【解析】 内部会计监督的主体是各单位的会计机构、会计人员。

二、多项选择题

1.【答案】 ABCD

【解析】 注册会计师及其所在的会计师事务所的审计业务范围包括:①审查企业会计报告,出具审计报告;②验证企业资本,出具验资报告;③办理企业合并、分立、清算事宜中的审计业务,出具有关的报告;④法律、行政法规规定的其他审计业务。

2.【答案】 ABCD

【解析】 内部控制要素包括五个方面,除了本题四个选项外,还包括内部监督。

3.【答案】 ABD

【解析】 选项C是税务部门监督检查的内容。

4.【答案】 ABCD

【解析】 财政部门可对各单位的下列事项实施监督:①对单位依法设置会计账簿的检查;②对单位会计资料真实性、完整性的检查;③对单位会计核算情况的检查;④对单位会计人员专业能力、遵守职业道德和任职资格的检查;⑤对会计师事务所出具的审计报告的程序和内容的检查。

5.【答案】 ACD

【解析】 "记账人员"与经济业务事项和会计事项的"审批人员""经办人员""财物保管人员"的职责权限应当明确,并相互分离、相互制约。

三、判断题

1.【答案】 √

2.【答案】 ×

【解析】 对行政事业单位而言,单位负责人对本单位内部控制的建立健全和有效实施负责。

3.【答案】 √

4.【答案】 ×

【解析】 "验证企业资本,出具验资报告"是属于审计业务。

第五节　会计机构与会计人员

一、单项选择题

1.【答案】 B

【解析】 实行会计电算化的单位,交接双方应将有关电子数据在计算机上进行实际操作,确认有关数据正确无误后方可交接。

2.【答案】 B

【解析】 会计机构负责人(会计主管人员)办理交接手续时,由单位负责人监交,必要时,主管单位可以派人会同监交。

3.【答案】 A

【解析】 选项B属于中级职务;选项C是社会审计工作;选项D属于高级职务。

4.【答案】 A

【解析】 高级会计师资格的取得实行考试与评审相结合制度。

5.【答案】 B

【解析】 出纳人员不得兼管稽核、会计档案保管和收入、费用、债权债务账目的登记工作，但可以兼记固定资产明细账、低值易耗品明细账等。出纳以外的人员不得经管库存现金、有价证券、票据。

二、多项选择题

1.【答案】 ABD

【解析】 根据规定，会计工作岗位可以一人一岗、一人多岗或者一岗多人(没有“多岗多人”的说法)。

2.【答案】 ABD

【解析】 会计专业技术资格分为初级资格、中级资格和高级资格三个级别。

3.【答案】 ABCD

【解析】 四个选项均符合会计工作交接的程序。

4.【答案】 ACD

5.【答案】 ACD

【解析】 会计工作岗位是指单位会计机构内部根据业务分工而设置的从事会计工作、办理会计事项的具体职位。档案管理部门的人员管理会计档案，不属于会计岗位。医院门诊收费员、住院处收费员、药房收费员、药品库房记账员、商场收款(银)员所从事的工作，均不属于会计岗位。单位内部审计、社会审计、政府审计工作也不属于会计岗位。

6.【答案】 ABC

【解析】 根据规定，会计工作岗位可以一人一岗、一人多岗或者一岗多人。但出纳人员不得兼管稽核、会计档案保管和收入、费用、债权债务账目的登记工作。

7.【答案】 ABCD

【解析】 代理记账机构的设立条件有以下四点：①为依法设立的企业；②专职会计从业人员不少于3名；③主管代理记账业务的负责人具有会计师以上专业技术职务资格且为专职从业人员；④有健全的代理记账业务内部规范。

三、判断题

1.【答案】 √

2.【答案】 ×

【解析】 《会计法》所指的会计主管人员不同于通常所说的“会计主管”“主管会计”“主办会计”等，而是指负责组织管理会计事务、行使会计机构负责人职权的负责人。

3.【答案】 √

4.【答案】 √

5.【答案】 ×

【解析】 如有未达账项，应编制银行存款余额调节表调节相符。

6.【答案】 √

第六节　法律责任

一、单项选择题

1.【答案】 D

【解析】 授意、指使、强令会计机构、会计人员及其他人员的伪造、变造会计凭证、会计账簿,编造虚假财务会计报告,尚未构成犯罪的,由县级以上人民政府财政部门对违法行为人处以5 000元以上50 000元以下的罚款。

2.【答案】 D

【解析】 对于不依法设置会计账簿的行为,县级以上人民政府财政部门在责令限期改正的同时,可以对单位并处3 000元以上50 000元以下的罚款;对直接负责的主管人员和其他直接责任人员,可以处2 000元以上20 000元以下的罚款。

3.【答案】 B

【解析】 对伪造、变造会计资料的行为,对直接责任人员,可以处3 000元以上5万元以下的罚款。

4.【答案】 D

【解析】 行政处分的对象仅限于直接负责的国家工作人员。

二、多项选择题

1.【答案】 ACD

【解析】 应当对遭受打击报复的会计人员恢复原有职务、原有级别和荣誉。

2.【答案】 ABCD

【解析】 "打击报复"是指单位负责人对依法履行职责、抵制违反《会计法》的会计人员,通过降级、撤职、调离工作岗位、解聘或者开除等方式实行打击报复。

3.【答案】 ACD

【解析】 《会计法》中规定的行政处罚类型主要有:罚款、责令限期改正等。一般意义上的行政处罚包括:警告,罚款,没收违法所得,没收非法财物,责令停产停业,暂扣或者吊销许可证、暂扣或者吊销执照,行政拘留等。罚金属于刑事处罚中的附加刑。

三、判断题

1.【答案】 ×

【解析】 需要征得受打击、报复的会计人员的同意,才可以恢复其工作。

2.【答案】 ×

【解析】 2017年11月5日起施行的新《会计法》删除了关于从事会计工作的人员必须取得会计从业资格证书等规定,对会计人员应当具备从事会计工作所需要的专业能力并遵守职业道德、违法会计人员五年内不得从事会计工作或者不得再从事会计工作等作出了规定。

3.【答案】 √

【本章习题必练】答案及解析

一、单项选择题

1.【答案】 C

【解析】 财务会计报告须经注册会计师审计的,企业应当将注册会计师及其会计师事务所出具的审计报告随同财务会计报告一并对外提供,并不是所有的财务会计报告都必须经过注册会计师签字。

2.【答案】 D

【解析】 各单位是否设置会计机构，应根据本单位会计业务而定，即各单位根据本单位会计业务的繁简情况和会计管理的需要决定是否设置会计机构。

3.【答案】 A

【解析】 财政部和国家档案局主管全国会计档案工作，共同制定全国统一的会计档案工作制度，对全国会计档案工作实行监督和指导。

4.【答案】 D

【解析】 财政部门实施会计监督检查的内容主要包括：对单位依法设置会计账簿的检查；对单位会计资料真实性、完整性的检查；对单位会计核算情况的检查；对单位会计人员专业能力、遵守职业道德和任职资格的检查；对会计师事务所出具的审计报告的程序和内容进行检查。选项D不属于财政部门实施监督的范围。

5.【答案】 B

【解析】 一般会计人员办理交接手续，由单位的会计机构负责人（会计主管人员）监交。

6.【答案】 D

【解析】 对受打击报复的会计人员的补救措施包括：恢复其名誉和原有职务、级别。赔偿经济损失不属于对受打击报复的会计人员的补救措施。

7.【答案】 B

【解析】 记账凭证的内容之一是：记账凭证的填制人员、稽核人员、记账人员和会计主管人员的签名或印章。

8.【答案】 B

【解析】 不同内容和类别的原始凭证不得汇总在一张记账凭证上。

9.【答案】 D

【解析】 真实性和完整性是会计资料最基本的质量要求，是会计工作的生命线。

10.【答案】 C

【解析】 选项A、B、D属于会计咨询和会计服务业务。

11.【答案】 C

【解析】 行政处分主要有警告、记过、记大过、降级、撤职、开除等。

12.【答案】 D

【解析】 会计法律是指由全国人民代表大会及其常务委员会经过一定立法程序制定的有关会计工作的法律，属于会计法律制度中层次最高的法律规范，是制定其他会计法规的依据，也是指导会计工作的最高准则。

13.【答案】 A

【解析】 变造会计资料的行为是指采取涂改、挖补或者其他手段改变会计账簿的真实内容的行为。

14.【答案】 D

【解析】 会计人员应当具备从事会计工作所需要的专业能力并遵守职业道德。

15.【答案】 C

【解析】 实行会计电算化的单位，交接双方应在电子计算机上对有关数据进行实际操作，确认有关数字正确无误后，方可交接。

16.【答案】 C

【解析】《会计法》规定，国家工作人员授意、指使、强令会计机构、会计人员隐匿、故意销毁依法应当保存的会计凭证、会计账簿、财务会计报告，尚不构成犯罪的，应当由其所在单位或者有关单位依法给予降级、撤职、开除的行政处分。

17.【答案】 B

【解析】 会计市场的管理包括会计市场的准入管理、会计市场的运行管理和会计市场的退出管理三个方面。

18.【答案】 C

【解析】 原始凭证是用于表明某项经济业务事项已经发生或完成情况并明确有关经济责任的一种凭据。对账单只能作为对账的依据，不能据此调账，不是原始凭证。经济合同属于文书凭证，还没有真正的经济业务的发生，不是原始凭证。请货单只是提请内容，还没有实际经济业务事项发生，不属于原始凭证。

19.【答案】 D

【解析】 一个单位是否单独设置会计机构，主要取决于单位规模大小，经济业务和财务收支的繁简和经营管理的要求。

20.【答案】 B

【解析】 选项B属于会计信息质量要求的原则。

21.【答案】 D

【解析】 医院门诊收费员、住院处收费员、药房收费员、药品库房记账员、商场收款(银)员所从事的工作，均不属于会计岗位。单位内部审计、社会审计、政府审计工作也不属于会计岗位。财产物资的收发、增减核算岗位属于会计岗位。

22.【答案】 B

【解析】 伪造会计资料是指以虚假的经济业务事项为前提，编造不真实的会计凭证、会计账簿和其他会计资料的行为。

23.【答案】 C

24.【答案】 B

【解析】 财政部门实施会计监督检查的内容主要包括：①对单位依法设置会计账簿的检查；②对单位会计资料真实性、完整性的检查；③对单位会计核算情况的检查；④对单位会计人员专业能力、遵守职业道德和任职资格的检查；⑤对会计师事务所出具的审计报告的程序和内容的检查。

25.【答案】 B

【解析】 季度财务报表保管期限为10年，从年度终了后的第一天(2018年1月1日)算起。

26.【答案】 A

【解析】 对于任用会计人员不符合《会计法》规定等会计违法行为，县级以上人民政府财政部门在责令限期改正的同时，可以对单位并处3 000元以上5万元以下的罚款，对直接负责的主管人员和其他直接责任人员，可以处以2 000元以上2万元以下的罚款。

27.【答案】 C

【解析】 会计凭证是记录经济业务发生或完成情况的书面证明，是登记账簿的依据。

28.【答案】 C

【解析】 报考中级会计资格考试的人员，除具备基本条件外，还必须有下列条件之一：大专学历从事会计工作满5年；本科学历从事会计工作满4年；双学士学位或研究生班毕业从事会计工作满2年；硕士学位从事会计工作满1年；博士学位。

29.【答案】 D

【解析】 信息与沟通是企业及时、准确地收集、传递与内部控制相关的信息，确保信息在企业内部、企业外部之间进行有效沟通。

30.【答案】 A

【解析】 根据规定，县级以上人民政府财政部门有权对会计违法行为进行行政处罚。

31.【答案】 C

【解析】 会计档案保管期限分为永久和定期两类。定期保管期限分为10年、30年两类，保管期限从会计年度终了后第1天算起。

32.【答案】 B

【解析】 对行政事业单位而言，单位负责人对本单位内部控制的建立健全和有效实施负责。

33.【答案】 A

【解析】 会计行政法规是由国务院制定并发布，或者由国务院有关部门拟定并经国务院批准发布。

34.【答案】 C

【解析】 财务会计报告是对企业财务状况、经营成果和现金流量的结构性表述。财务会计报告至少应当包括下列组成部分：①资产负债表；②利润表；③现金流量表；④所有者权益（或股东权益）变动表；⑤附注。

35.【答案】 B

【解析】 会计工作岗位不允许多岗多人。

36.【答案】 B

【解析】 《会计档案管理方法》规定，银行存款余额调节表的管理期限为10年。

37.【答案】 C

【解析】 会计人员发现会计账簿记录与实物、款项及有关资料不相符的，按照国家统一的会计准则制度的规定有权自行处理的，并应当及时处理；无权处理的，应当立即向单位负责人报告，请求查明原因，作出处理。

二、多项选择题

1.【答案】 ABC

【解析】 选项D，与会计市场管理是并列的关系。

2.【答案】 BD

【解析】 会计市场的准入管理是指财政部门对代理记账机构的设立、注册会计师资格的取得及会计师事务所的设立等进行的条件设定。

3.【答案】 ABCD

【解析】 财务会计报告至少应当包括下列组成部分:资产负债表、利润表、现金流量表、所有者权益(或股东权益)变动表、附注。财务会计报告上述组成部分具有同等的重要程度。

4.【答案】 AB

【解析】 所谓变造会计凭证、会计账簿及其他会计资料,是指用涂改、挖补等手段来改变会计凭证和会计账簿等的真实内容,歪曲事实真相的行为,即篡改事实。选项C、D属于伪造会计凭证、会计账簿。

5.【答案】 ABCD

【解析】 根据《会计基础工作规范》的要求,各单位应当建立财产清查制度,主要内容包括:财产清查的范围;财产清查的组织;财产清查的期限和方法;对财产清查中发现问题的处理办法;对财产管理人员的奖惩办法。

6.【答案】 ABD

【解析】 单位是否设置会计机构不属于财政部门实施会计监督检查的内容,因此选项C错误,其余三个选项都属于财政部门实施会计监督检查的内容。

7.【答案】 ABCD

【解析】 注册会计师审计与内部审计的区别主要在于:审计独立性不同;审计方式不同;审计职责和作用不同;接受审计的自愿程度不同等。

8.【答案】 ABC

【解析】 出纳不得兼管稽核、会计档案保管、收入、费用、债权债务账目的登记工作。

9.【答案】 AC

【解析】 选项B、D,属于其他类的会计档案。

10.【答案】 ABD

【解析】 选项A、B、D三项违反会计法规的行为,尚不构成犯罪、由县级以上人民政府财政部门责令限期改正,可以对单位并处3 000元以上5万元以下罚款的违法行为;选项C,编制虚假财务会计报告,尚不构成犯罪的,县级以上人民政府财政部门在予以通报的同时,可以对单位并处5 000元以上10万元以下的罚款,因此选项C不选。

11.【答案】 ABCD

【解析】 内部审计的内容是一个不断发展变化的范畴,主要包括:财务审计、经营审计、经济责任审计、管理审计和风险管理等。

12.【答案】 ABD

【解析】 目前,我国已形成了会计工作的行政管理、会计工作的行业管理和单位内部的会计工作管理各有侧重、相辅相成的会计工作管理体制。

13.【答案】 AC

【解析】 会计行政法规是指由国务院制定并发布,或者由国务院有关部门拟定并经国务院批准发布,调整经济生活中某些方面会计关系的法律规范。选项B属于地方性会计法规,选项D属于会计规章。

14.【答案】 CD

【解析】 商业银行提供虚假的或者隐瞒重要事实的财务会计报告,中国人民银行有权责令其改正;商业银行有违法所得的,没收违法所得,并处以1倍以上5倍以下罚款;商业银行没有违法所得的，处以10万元以上50万元以下罚款；情节特别严重的或者逾期不改正的，中国人民银行可以责令停业整顿或者吊销其经营许可证；构成犯罪的，依法追究刑事责任。

15.【答案】 ABD

【解析】 对单位依法设置会计账簿的检查包括：①检查单位是否按规定设置账簿；②设置会计账簿的单位，其设置的账簿是否符合法律、行政法规和国家统一的会计准则制度的要求；③单位是否存在账外设账的违法行为等。

16.【答案】 ABCD

【解析】 选项A，会计档案保管期限分为"永久"、10年、30年；选项B，银行存款余额调节表的保管期限为"10"年；选项C，单位会计档案销毁"前"单位负责人应在会计档案销毁清册上签署意见；选项D，会计档案的保管期限从本年度终了后的"第一天"开始计算。

17.【答案】 AD

【解析】 《会计基础工作规范》第16条规定，国家机关、国有企业、事业单位任用会计人员应当实行回避制度。单位领导人的直系亲属不得担任本单位的会计机构负责人、会计主管人员。会计机构负责人、会计主管人员的直系亲属不得担任本单位会计机构中出纳一职。

18.【答案】 BD

【解析】 实行回避制度的单位，单位负责人的直系亲属不得担任本单位的会计机构负责人、会计主管人员。

19.【答案】 ABC

【解析】 记账人员需要与经办人员需要职务相分离。

20.【答案】 ABCD

【解析】 四个选项的表述都正确。

21.【答案】 AB

【解析】 隐匿或者故意销毁依法应当保存的会计凭证、会计账簿、财务会计报告，情节严重的，处5年以下有期徒刑或者拘役，并处或者单处2万元以上20万元以下罚金。

22.【答案】 ABD

【解析】 会计凭证是指记录经济业务发生或者完成情况的书面证明，是登记账簿的依据。每个企业都必须按一定的程序填制和审核会计凭证，根据审核无误的会计凭证进行账簿登记，如实反映企业的经济业务。

23.【答案】 BD

【解析】 选项B，一张原始凭证所列的支出需要由几个单位共同负担时，应当由保存该原始凭证的单位开具原始凭证分割单给其他应负担的单位；选项D，结账和更正错账的记账凭证可以不附原始凭证。

24.【答案】 ABD

【解析】 单位档案管理机构负责组织会计档案销毁工作，并与会计管理机构共同派员监销；单位负责人、档案管理机构负责人、会计管理机构负责人、档案管理机构经办人、会计管理机构经办人在会计档案销毁清册上签署意见；单位负责人无需亲自组织会计档案的销毁工作。

25.【答案】 ACD

【解析】 中级会计资格考试科目有经济法、中级会计实务、财务管理三门。

26.【答案】 BD

【解析】 对不真实、不合法的原始凭证有权不予接受,并向单位负责人报告;对记载不准确、不完整的原始凭证予以退回,并要求按照国家统一的会计制度的规定更正、补充。

27.【答案】 ABD

【解析】 会计凭证、会计账簿、财务会计报告属于会计档案。

28.【答案】 ACD

【解析】 根据我国《会计法》的规定,出纳人员不得兼管稽核、会计档案保管和收入、支出、费用、债权债务账目的登记工作。

29.【答案】 ABC

【解析】 对于企业而言,不涉及腐败问题。

30.【答案】 ACD

【解析】 选项B不属于代理记账机构可以办理的业务事项。

31.【答案】 AB

【解析】 移交人员对所移交的会计资料的真实性、完整性负责。

32.【答案】 ACD

【解析】 私设会计账簿的行为是指不在依法设置的会计账簿上对经济业务事项进行统一登记核算,而另外私自设置会计账簿进行登记核算的行为,俗称“两本账”“账外账”或“小金库”之类。

33.【答案】 AB

【解析】 选项C属于会计部门规章,选项D属于会计法律。

三、判断题

1.【答案】 ×

【解析】《会计基础工作规范》规定,各单位在按照国家统一会计制度要求的前提下,在不影响会计核算要求、财务会计报告指标汇总和对外统一财务会计报告的前提下,可以自行设置和使用会计科目。

2.【答案】 √

3.【答案】 √

【解析】 我国法律禁止账外设账。

4.【答案】 ×

【解析】 根据《会计档案管理办法》的规定,经鉴定可以销毁的会计档案,应当按照相关程序销毁。

5.【答案】 ×

【解析】 定期保管的会计档案,其保管期限为会计年度终了后的第1天算起。

6.【答案】 ×

【解析】 内部审计的结果只对本部门、本单位负责,只作为本部门、本单位改进经营管理的参考，不对外公开；注册会计师审计需要对投资者、债权人及其他利益相关者负责，对外出具审计报告具有鉴证作用。

7.【答案】×

【解析】出纳人员不得兼管稽核、会计档案保管和收入、费用、债权债务账目的登记工作。

8.【答案】×

【解析】一般会计人员办理交接手续，由会计机构负责人(会计主管人员)监交。

9.【答案】×

【解析】向不同的会计资料使用者提供企业财务会计报告的，其财务会计报告的编制依据、编制原则必须一致。

10.【答案】√

11.【答案】√

12.【答案】×

【解析】我国实行的是单位内部监督、政府监督和社会监督“三位一体”的会计监督体系。

13.【答案】×

【解析】监销人在会计档案销毁前，应当按照会计档案销毁清册所列内容进行清点核对；在会计档案销毁后，应当在会计档案销毁清册上签名或盖章。

14.【答案】√

15.【答案】√

16.【答案】√

17.【答案】√

【解析】财产清查制度是通过定期或不定期对各项财产物资进行实地盘点和对库存现金、银行存款、债权债务进行清查核实的一种制度。

18.【答案】×

【解析】《会计法》第27条规定，记账人员与经济业务或会计事项的审批人员、经办人员、财物保管人员的职责权限应当明确，并相互分离、相互制约。

19.【答案】×

【解析】《企业会计准则》属于会计部门规章，由国务院财政部门制定并发布。

20.【答案】√

【解析】会计人员对违反《会计法》和国家统一的会计制度规定的会计事项，有权拒绝办理或者按照职权予以纠正，这是会计人员在会计监督中的职权。

21.【答案】√

【解析】行政处分是对国家工作人员故意或者过失侵犯行政相对人的合法权益所实施的法律制裁。行政处分的对象仅限于直接负责的国家工作人员。

22.【答案】×

【解析】向不同的会计资料使用者提供的财务会计报告编制依据不一致，情节严重的，五年内不得从事会计工作。

23.【答案】√

【解析】 内部牵制制度中不相容职务相分离的原则规定，出纳、稽核、会计档案的保管、债权债务账目的登记工作不能相互兼任。

24.【答案】 ×

【解析】 经办会计人员不需要在财务会计报告上签名并盖章。

25.【答案】 ×

【解析】 根据规定，财政部门负责会计专业技术职务资格管理、会计人员评优表彰奖惩以及会计人员继续教育等。

26.【答案】 ×

【解析】 各单位的预算、计划、制度等文件资料属于文书档案，不属于会计档案。

27.【答案】 √

28.【答案】 ×

【解析】 内部审计的审计结果的客观性和公正性较低，并且以建议性意见为主。

29.【答案】 √

【解析】 根据规定，单位发生的各项经济业务或者事项应当在依法设置的会计账簿上统一登记、核算。

30.【答案】 √

31.【答案】 √

【解析】 会计机构、会计人员对记载不准确、不完整的原始凭证有权予以退回，并要求经办人员按照国家统一的会计制度的规定进行更正、补充。

32.【答案】 ×

【解析】 会计人员参加继续教育采取学分制管理制度，每年参加继续教育取得的学分不得少于 24 学分。

33.【答案】 ×

【解析】 对于实行会计人员回避制度的单位，单位负责人的直系亲属不得担任本单位会计机构负责人。

34.【答案】 ×

【解析】 会计机构负责人、会计主管人员的直系亲属不得在本单位会计机构中担任出纳工作。财务经理将其女儿安排在本部门担任存货会计，没有违反会计人员回避制度。

35.【答案】 √

【解析】 根据规定，移交人员不得以会计资料已经移交而推卸责任，其仍然应对会计资料的真实性、完整性负责。

36.【答案】 √

【解析】 隐匿、故意销毁依法应当保存的会计凭证、会计账簿、财务会计报告的行为，将承担法律责任。

37.【答案】 ×

【解析】 2017 年 11 月 5 日起施行的新会计法删除了关于从事会计工作的人员必须取得会计从业资格证书的规定。

38.【答案】 √

39.【答案】 ×

【解析】 定期保管的会计档案，其保管期限为从会计年度终了后的第1天算起。

40.【答案】 ×

【解析】 会计交接工作完成后，接管人员应继续使用移交前的账簿，不得擅自另立账簿，以保证会计记录前后衔接，内容完整。

四、案例分析题

（一）

1.【答案】 D

【解析】 赵某的观点不正确。根据规定，县级以上人民政府财政部门为各单位会计工作的监督检查部门，对各单位会计工作行使监督权。

2.【答案】 AD

【解析】 会计人员临时离职或者因病不能工作、需要接替或者代理的，会计机构负责人（会计主管人员）或者单位负责人必须指定专人接替或者代理，并办理会计工作交接手续。出纳人员不得兼管稽核、会计档案保管和收入、费用、债权债务账目的登记工作。因此选项A、D的表述正确。

3.【答案】 BD

【解析】 原始凭证金额有错误的，应当由出具单位重开，不得在原始凭证上更正。因此选项B、D的表述正确。

4.【答案】 AD

【解析】 2017年11月5日起施行的新会计法删除了关于从事会计工作的人员必须取得会计从业资格证书的规定；规定会计人员应当具备从事会计工作所需要的专业能力并遵守职业道德；规定担任会计机构负责人（会计主管人员）的，应当具备会计师以上专业技术职务资格或者从事会计工作3年以上经历。因此选项A、D的表述正确。

5.【答案】 ABCD

【解析】 伪造、变造会计凭证、会计账簿，编制虚假财务会计报告，尚不构成犯罪的，应当按照《会计法》的规定予以处罚。具体包括：①通报；②罚款；县级以上人民政府财政部门对违法行为视情节轻重，在予以通报的同时，可以对单位并处5 000元以上10万元以下的罚款，对其直接负责的主管人员和其他直接责任人员，可以处3 000元以上5万元以下的罚款。③行政处分；对上述所列违法行为直接负责的主管人员和其他直接责任人员中的国家工作人员，应当由其所在单位或者其上级单位或者行政监察部门给予撤职、留用察看直至开除的行政处分；④其中的会计人员，5年内不得从事会计工作。逐一对照，四个选项表述都正确。

（二）

1.【答案】 D

【解析】 2017年11月5日起施行的新会计法删除了关于从事会计工作的人员必须取得会计从业资格证书的规定。对会计人员应当具备从事会计工作所需要的专业能力并遵守职业道德、违法会计人员5年内不得从事会计工作或者不得再从事会计工作等作出了规定。

2.【答案】 A

【解析】 国家机关、国有企业、事业单位任用会计人员应当实行回避制度。会计机构负责人、会计主管人员的直系亲属不得在本单位会计机构中担任出纳工作。

3.【答案】 ABC

【解析】 会计工作岗位，可以一人一岗、一人多岗或者一岗多人。

4.【答案】 ABCD

【解析】 出纳人员不得兼管稽核、会计档案保管和收入、费用、债权债务账目的登记工作。

5.【答案】 AC

【解析】 会计人员的工作岗位应当有计划地进行轮换。一般会计人员交接，由单位会计机构负责人、会计主管人员负责监交。

（三）

1.【答案】 ACD

【解析】 根据《会计基础工作规范》的规定，会计机构负责人、会计主管人员的直系亲属（夫妻关系、直系血亲关系、三代以内旁系血亲以及近姻亲关系），不得在本单位会计机构中担任出纳工作。故财务处长的侄子不得在本单位担任出纳工作，但可以从事选项A、C、D的工作。

2.【答案】 CD

【解析】 内部稽核制度是指会计机构对于会计核算工作进行的一种自我检查或自我审核的制度，其目的在于防止会计核算中出现的差错和有关人员的舞弊，及时纠正日常核算工作中出现的疏忽、错误，保护会计核算工作的合法性、真实性和准确性；内部牵制制度是指凡是涉及款项和财物收付、结算及登记的任何一项工作，必须由两人或两人以上分工办理，以起到相互制约作用的一种工作制度。由出纳人员兼管会计档案保管工作违反了会计机构内部牵制制度和稽核制度。

3.【答案】 BCD

【解析】 根据《会计法》的规定，原始凭证有错误的，应当由出具单位重开或者更正，更正处应当加盖出具单位印章。但对于原始凭证金额有错误的，应当由出具单位重开，不得在原始凭证上更正。只有选项A是正确的处理方法。

4.【答案】 C

【解析】 根据规定，伪造、变造会计凭证、会计账簿，编制虚假财务会计报告，尚不构成犯罪的，由县级以上人民政府财政部门予以通报，可以对单位并处5 000元以上10万元以下的罚款；对其直接负责的主管人员和其他直接责任人员，可以处3 000元以上5万元以下的罚款。因此选项C正确。

5.【答案】 C

【解析】 坚持准则，是指会计人员在处理业务的过程中，要严格按照会计法律制度办事，不为主观或他人意志所左右。本案例中财务处处长的行为违反了坚持准则的要求。

（四）

1.【答案】 A

【解析】 申请设立除会计师事务所以外的代理记账机构，应当经所在地的县级以上人民政府财政部门批准。

2.【答案】 AB

【解析】 《代理记账管理办法》规定，设立代理记账机构，除国家法律、行政法规另有规定外，应当符合下列条件：①3名以上的专职会计从业人员；②主管代理记账业务的负责人具有会计师以上专业技术职务资格；③有固定的办公场所；④有健全的代理记账业务规范和财务会计管理制度。

3.【答案】 ACD

【解析】 根据《代理记账管理办法》的规定，代理记账公司办理的业务有：①根据委托人提供的原始凭证和其他资料，按照国家统一的会计制度的规定进行会计核算，包括审核原始凭证、填制记账凭证、登记会计账簿、编制财务会计报告等；②对外提供财务会计报告，代理记账机构为委托人编制的财务会计报告，经代理记账机构负责人和委托人签名并盖章后，按照有关法律、行政法规和国家统一的会计制度的规定对外提供；③向税务机关提供税务资料；④委托人委托的其他会计业务。选项B属于注册会计师的业务范围。

4.【答案】 BCD

【解析】 对委托人示意其做出不当的会计处理，提供不实的会计资料，以及其他不符合法律、行政法规和国家统一的会计制度规定的要求，应当拒绝。

5.【答案】 CD

【解析】 设立代理记账机构，除国家法律、行政法规另有规定外，应当符合下列条件：①3名以上专职会计从业人员；②主管代理记账业务的负责人具有会计师以上专业技术职务资格。对委托人示意其作出不当的会计处理，提供不实的会计资料，以及其他不符合法律、行政法规和国家统一的会计制度规定的要求，应当拒绝。

（五）

1.【答案】 A

【解析】 根据《会计法》的规定，各单位必须依照有关法律、行政法规的规定，接受财政、审计、税务等有关监督检查部门依法实施监督检查，如实提供会计凭证、会计账簿、财务会计报告和其他会计资料以及有关情况，不得拒绝、隐匿、谎报。

2.【答案】 ABD

【解析】 根据《会计基础工作规范》的规定，原始凭证金额错误的，应当由出具单位重开，不得在原始凭证上更正。

3.【答案】 B

【解析】 根据规定，出纳人员不得兼任稽核、会计档案保管和收入、支出、费用、债权债务账目的登记工作，选项A、C错误。会计机构负责人、会计主管人员办理交接手续，由单位负责人负责监交，必要时由上级主管部门派人会同监交，选项D错误。

4.【答案】 C

【解析】 根据规定，单位发生的各种经济业务事项应当在依法设置的会计账簿中统一登记核算，不得私设账簿登记核算；对私设会计账簿的行为，按规定应由县级以上财政部门责令其限期改正，对单位并处3 000元以上5万元以下的罚款，对其直接负责的主管人员和其他直接责任人员处2 000元以上2万元以下的罚款；情节严重的，会计人员五年内不得从事会计工作；构成犯罪的，依法追究刑事责任。

5.【答案】 ACD

【解析】 根据规定，以虚假的经济业务事项为前提编造不真实的会计凭证、会计账簿和其他会计资料，属于伪造会计凭证、会计账簿和其他会计资料的行为。通过编造虚假的会计凭证、会计账簿及其他会计资料或直接篡改财务会计报告上的数据，使财务会计报告不真实、不完整地反映财务状况和经营成果，借以误导、欺骗财务会计报告使用者的行为，属于提供虚假的财务会计报告的行为。

(六)

1.【答案】 C

【解析】 国家机关、国有企业、事业单位任用会计人员应当实行回避制度。

2.【答案】 C

【解析】 需要回避的直系亲属包括：夫妻关系、直系血亲关系、三代以内旁系血亲以及配偶亲关系。小赵属于三代以内旁系血亲，应当回避，不能在本单位担任出纳。

3.【答案】 AB

【解析】 一般会计人员交接，由单位会计机构负责人、会计主管人员负责监交。

4.【答案】 AC

【解析】 根据规定，接替人员应当继续使用移交的会计账簿，不得自行另立新账，以保持会计记录的连续性。

5.【答案】 BD

【解析】 原始凭证有错误的，应当由出具单位重开或更正，更正处应当加盖出具单位印章；原始凭证金额有错误的，应当由出具单位重开，不得在原始凭证上更正。

(七)

1.【答案】 BD

【解析】 根据规定，移交人员因病或其他特殊原因不能亲自办理会计移交手续的，经单位负责人批准，可由移交人委托他人代办交接手续，但委托人应当对所移交的会计凭证、会计账簿、财务会计报告和其他会计资料的真实性和完整性承担法律责任。因此选项B、D的表述正确。

2.【答案】 AC

【解析】 未按照规定保管会计资料，致使会计资料毁损、灭失的行为属于会计违法行为，对于此类行为，由县级以上人民政府财政部门责令限期改正，可以对单位并处 3 000 元以上 50 000 元以下罚款，对其直接负责的主管人员和其他直接责任人员，可以处以 2 000 元以上 20 000 元以下的罚款。因此选项 A、C 的表述正确。

3.【答案】 BD

【解析】 单位负责人对本单位的会计工作和会计资料的真实性、完整性负责，因此选项 B 正确；虽然是会计科长授意造假，但会计人员仍应对其会计造假行为承担相应的法律责任，因此选项 D 正确。

4.【答案】 ABD

【解析】《会计基础工作规范》中规定，会计机构负责人、会计主管人员的直系亲属不得在本单位会计机构中担任出纳工作，会计工作岗位的设置应遵循相互牵制等内部控制制度的原则，因此选项 A、B 正确。根据新会计法，担任出纳岗位，不需要持有会计从业资格证书，也不需要持有初级会计资格证书，因此选项D正确。

5.【答案】 ABC

【解析】 根据《会计基础工作规范》的规定，实行回避制度的直系亲属包括夫妻关系、直系血亲关系、三代以内旁系血亲以及近姻亲关系，因此选项D的表述错误，其余三个选项的表述正确。

第二章

结算法律制度

【本章学习知识体系】

- 结算法律制度
  - 一、现金结算
    - (1) 现金结算的概念与特点(★)
    - (2) 现金结算的渠道(★)
    - (3) 现金结算的范围(★★)
    - (4) 现金使用的限额(★★★)
  - 二、支付结算概述
    - (1) 支付结算的概念和特征(★)
    - (2) 支付结算的主要法律依据(★)
    - (3) 支付结算的基本原则(★)
    - (4) 办理支付结算的要求(★)
  - 三、银行结算账户
    - (1) 银行结算账户的概念与分类(★★)
    - (2) 银行结算账户管理的基本原则(★★)
    - (3) 银行结算账户的开立、变更与撤销(★)
    - (4) 违反银行账户管理法律制度的法律责任(★★)
  - 四、票据结算方式
    - (1) 票据结算概述(★★)
    - (2) 支票(★★★)
    - (3) 商业汇票(★★★)
    - (4) 银行汇票(★★★)
    - (5) 银行本票(★★★)
  - 五、银行卡
    - (1)银行卡的概念与分类(★★★)
    - (2) 银行卡账户与交易(★★★)
  - 六、其他结算方式
    - (1) 汇兑(★★★)
    - (2) 委托收款(★★★)
    - (3) 托收承付(★★★)
    - (4) 国内信用证(★★★)
  - 七、网上支付
    - (1) 网上银行(★★★)
    - (2) 第三方支付(★★★)

【分节习题必会】

第一节 现 金 结 算

一、单项选择题

1. 单位根据规定从开户银行提取现金时，现金支票上如实写明提取现金用途后，其签字盖章人员为(　　)。

A. 本单位出纳　　B. 本单位财会部门负责人

C. 本单位会计　　D. 本单位总会计师

2. 可以受理开户单位增加或减少库存现金限额申请的法定机构是(　　)。

A. 中国人民银行总行　　B. 开户银行

C. 银监会　　D. 中国人民银行各乡分行

3. 以下支出项目中,属于现金开支范围内的是(　　)。

A. 大宗物资采购　　B. 职工工资

C. 上缴税金　　D. 购置固定资产

二、多项选择题

1. 关于现金管理中现金使用的限额,下列表述中,正确的有(　　)。

A. 开户银行应当根据实际需要,核定开户单位 3 天至 5 天的日常零星开支所需的库存现金限额

B. 开户单位需要增加或减少库存现金限额的,应当向开户银行提出申请,由开户银行核定

C. 边远地区开户单位的库存现金限额,可以多于 5 天,但不得超过 10 天

D. 超市找零备用现金也属于库存现金限额,因此也需要核定

2. 下列情况中,不属于开户单位的库存现金限额之内的有(　　)。

A. 没有在银行单独开立账户的附属单位保留的现金

B. 商业找零备用现金

C. 在银行单独开立账户单位的现金

D. 服务行业找零备用现金

3. 对批准后的货币资金支付申请进行复核的内容有(　　)。

A. 批准范围、权限、程序是否正确

B. 手续及相关单证是否齐备、金额计算是否准确

C. 支付的项目是否属主营业务

D. 支付方式、支付单位是否妥当

4. 下列关于现金管理的说法中,正确的有(　　)。

A. 对于单位向个人收购农副产品和其他物资的价款以及出差人员必须随身携带的差旅费等,现金支付不受结算起点的限制

B. 开户单位在购销活动中,不得拒收汇票、本票、支票和其他转账结算凭证

C. 凡有现金收入的单位,其现金收入应当于当日及时交存开户银行

D. 现金结算起点的调整,由中国人民银行确定,报国务院备案

5. 下列各项中,单位可用现金进行结算的有(　　)。

A. 支付职工工资、津贴 1 000 元

B. 支付个人劳务报酬 600 元

C. 向个人发放防暑降温补贴 200 元

D. 支付出差人员差旅费 3 000 元

6. 关于现金使用范围,下列各项表述中,正确的有( )。

A. 对于单位向个人收购农副产品和其他物资的价款以及出差人员必须随身携带的差旅费等,现金支付不受结算起点的限制

B. 开户单位不得拒收支票、银行汇票和银行本票

C. 开户单位在销售活动中,可以对现金结算给予比转账结算优惠的待遇

D. 各单位之间的经济往来,支付结算限额以上的货币结算,可使用现金

7. 下列各项中,属于现金结算特点的有( )。

A. 直接便利　　B. 不安全性

C. 费用较高　　D. 不易宏观控制和管理

三、判断题

1. 根据需要,单位的货币资金业务全过程可由一人办理。 ( )

2. 办理支付结算必须按照《人民币银行结算账户管理办法》的规定开立和使用账户。 ( )

第二节 支付结算概述

一、单项选择题

1. 下列各项中,不符合票据和结算凭证填写要求的是( )。

A. 票据的出票日期使用中文大写数字填写

B. 中文大写金额数字到"分"为止的,在"分"之后必须写"整"字

C. 阿拉伯小写金额数字前填写了人民币符号"¥"

D. 1月15日出票的票据,票据的出票日期栏填写为"零壹月壹拾伍日"

2. 填写票据金额时,如¥20 050.37,其中文大写应写成( )。

A. 贰万零伍拾元叁角柒分整　　B. 人民币贰万零伍拾元零叁角柒分

C. 人民币贰万零伍拾元叁角柒分整　　D. 人民币贰万零零伍拾元零叁角柒分

3. 某公司签发一张商业汇票,根据支付结算法律制度的规定,该公司的下列签章行为中,正确的是( )。

A. 公司盖章　　B. 公司盖章加公司法定代表人李某盖章

C. 公司法定代表人李某签名加盖章　　D. 公司法定代表人李某盖章

4. 根据《支付结算办法》第二十条规定,( )负责制定统一的支付结算制度、组织、管理和监督全国的支付结算工作,调解、处理银行之间的支付结算纠纷。

A. 区和直辖市分行　　B. 中国人民银行总行

C. 中国人民银行总行及各级分支机构　　D. 中国人民银行总行及各商业银行总行

5. 下列各项中,不符合票据和结算凭证填写要求的是( )。

A. 中文大写金额数字书写中使用繁体字

B. 票据的出票日期使用阿拉伯数字填写

C. 阿拉伯小写金额数字前面,填写人民币符号"¥"

D. 将 6 007.10 元的金额数，大写成人民币陆仟零柒元壹角

6. 票据的出票日期如果是 2 月 20 日，按规范填写要求，其中大写应为（　　）。

A. 二月二十日　　B. 零贰月零贰拾日

C. 零贰月贰拾日　　D. 贰月贰拾日

7. 根据《支付结算办法》的规定，下列各项中，属于支付结算行为的是（　　）。

A. 用现金结算银行贷款利息　　B. 用现金结算货款

C. 用现金结算银行存款利息　　D. 用信用卡结算货款

二、多项选择题

1. 下列各项中，符合《支付结算办法》规定的有（　　）。

A. 用繁体字书写中文大写金额

B. 中文大写金额数字的“角”之后可以不写“整”字（或“正”字）

C. 用阿拉伯数字填写票据出票日期

D. 阿拉伯小写金额前面应当填写人民币符号“￥”

2. 下列各项中，属于单位、个人和银行在办理支付结算过程中应遵循法律依据的有（　　）。

A.《票据管理实施办法》　　B.《异地托收承付结算办法》

C.《支付结算办法》　　D.《票据法》

3. 下列各项表述中，正确的有（　　）。

A. 票据中的中文大写金额数字可以使用繁体字，满足条件的也可以使用少数民族文字或外国文字

B. 票据中的中文大写金额数字前应标明“人民币”字样

C. 单位和银行在票据上记载的名称可以是全称也可以是简称

D. 票据的出票日期中文大写不规范银行也可以受理

4. 办理支付结算时，必须符合的基本要求有（　　）。

A. 单位、个人和银行应当按照《人民币银行结算账户管理办法》的规定开立、使用账户

B. 办理支付结算必须使用按中国人民银行统一印制的票据和结算凭证

C. 票据和结算凭证的填写应当全面、规范

D. 票据和结算凭证上的签章和其他记载事项应当真实

5. 根据支付结算法律制度的规定，下列各项中，属于支付结算方式的有（　　）。

A. 汇兑　　B. 信用卡　　C. 票据　　D. 委托收款

6. 下列关于办理支付结算的表述中，符合有关法律规定的有（　　）。

A. 未使用按中国人民银行统一规定的票据，票据无效

B. 票据和结算凭证上的签章和其他记载的事项应当真实

C. 中文大写金额和阿拉伯数码金额不一致的票据，银行不予受理

D. 单位和银行签发票据时，名称应当记载全称，使用简称的，银行不予受理

7. 下列各项中，可作为支付结算和资金清算的主体有（　　）。

A. 个人　　B. 农村信用合作社

C. 银行　　D. 个体工商户

三、判断题

1.《支付结算办法》规定，单位、个人和银行办理支付结算未使用按中国人民银行统一规定印制的票据，则票据无效。（ ）

2. 银行在办理结算过程中，必要时可为结算当事人垫付部分款项。（ ）

第三节 银行结算账户

一、单项选择题

1. 银行违反规定为存款人多头开立银行结算账户，应给予警告，并处以（ ）的罚款。

A. 1万元以上10万元以下　　B. 5万元以上30万元以下

C. 3万元以上20万元以下　　D. 2万元以上10万元以下

2. 根据《人民币银行结算账户管理办法》的规定，下列关于基本存款账户的表述中，正确的是（ ）。

A. 存款人可以没有基本存款账户，但一定要有一般存款账户

B. 基本存款账户是存款人的主办账户

C. 存款人可以没有基本存款账户，但一定要有临时存款账户

D. 基本存款账户是存款人的非主办账户

3. 下列对基本存款账户与临时存款账户在管理上区别的表述中，正确的是（ ）。

A. 基本存款账户能支取现金而临时存款账户不能支取现金

B. 基本存款账户不能向银行借款而临时存款账户可以向银行借款

C. 基本存款账户没有时间限制而临时存款账户实行有效期管理

D. 基本存款账户没有数量限制而临时存款数量有限制

4.（ ）是银行结算账户的监督管理部门。

A. 中国银监会　　B. 中国人民银行

C. 中国银行　　D. 国有资产管理委员会

5. 经营性存款人有伪造、变造、私自印制开户许可证的行为，应给予警告并处（ ）的罚款；构成犯罪的，移交司法机关依法追究刑事责任。

A. 3 000元以上2万元以下　　B. 5 000元以上3万元以下

C. 1万元以上5万元以下　　D. 1万元以上3万元以下

6. 甲公司因经营需要向工行某支行借款150万元，拟在工行再开立一个基本存款账户，银行为其开立了一般存款账户，公司于开户当日将借款金额划转至建行基本存款账户中，则下列说法中，错误的是（ ）。

A. 工行拒绝为其开立基本存款账户的做法正确

B. 存款人开立单位银行结算账户，自正式开立之日起3个工作日后，方可办理付款业务

C. 开立一般存款账户需要中国人民银行核准

D. 企业于开户当日将借款金额划转至建行基本存款账户的做法正确

7. 存款人银行结算账户有法定变更事项的，应于（ ）个工作日内书面通知开户银行

并提供有关证明。开户银行办理变更手续并于（　　）个工作日内向中国人民银行当地分支行报告。

A. 3　2　　B. 2　3　　C. 5　2　　D. 2　5

8. 下列关于个人银行结算账户的说法中，不正确的是（　　）。

A. 自然人可根据需要申请开立个人银行结算账户，也可以在已开立的储蓄账户中选择并向开户银行申请确认为个人银行结算账户

B. 邮政储蓄机构办理银行卡业务开立的账户纳入个人银行结算账户管理

C. 个人银行结算账户用于办理个人转账收付和现金支取

D. 储蓄账户可以办理现金存取业务，也可以办理转账结算

9. 根据《人民币银行结算账户管理办法》的规定，下列各项中，存款人因对特定用途资金进行专项管理和使用而开立的账户是（　　）。

A. 基本存款账户　B. 一般存款账户　C. 临时存款账户　D. 专用存款账户

二、多项选择题

1. 一般存款账户的使用范围包括办理存款人的（　　）。

A. 借款归还　　B. 党、团、工会经费等的现金支取

C. 现金支取　　D. 借款转存

2. 下列有关银行结算账户的说法中，正确的有（　　）。

A. 基本存款账户是存款人的主办账户

B. 一般存款账户可以办理现金缴存

C. 财政预算外资金专用存款账户不得支取现金

D. 临时存款账户有效期限不能超过 2 年

3. 根据《人民币银行结算账户管理办法》的规定，下列各项中，其款项可以转入个人银行结算账户的有（　　）。

A. 纳税退还　　B. 农、副、矿产品销售收入

C. 非法收入　　D. 个人贷款转存

4. 下列关于银行结算账户的开立、变更和撤销的说法中，错误的有（　　）。

A. 存款人开立银行结算账户其预留银行签章可以为该单位的公章

B. 银行接到存款人的变更通知后，应及时办理变更手续，并于 3 个工作日内向中国人民银行报告

C. 银行对 1 年未发生收付活动且未欠开户银行债务的单位银行结算账户，应通知单位自发出通知之日起 30 日内办理销户手续

D. 存款人撤销银行结算账户，应先撤销基本存款账户后再办理其他银行结算账户的撤销

5. 根据《人民币银行结算账户管理办法》的规定，开立银行结算账户的基本程序有（　　）。

A. 由存款人填写开户申请书，并将开立账户所需的证明材料和盖有存款人印章的印鉴卡片送交开户银行

B. 银行与存款人需签订银行结算账户管理协议，明确双方的权利和义务

C. 由开户银行对申请人的资格条件、所提供的证明材料进行审查

D. 银行审查后符合开立账户条件的，应办理开户手续，并履行向中国人民银行当地分支行备案的义务；需要核准的，应及时报送中国人民银行当地分支行核准

6. 银行结算账户按开立主体不同可以分为(　　)。

A. 一般存款账户　　B. 个人银行结算账户

C. 基本存款账户　　D. 单位银行结算账户

7. 关于存款人银行结算账户管理的下列表述中，正确的有(　　)。

A. 中国人民银行对银行结算账户的开立、使用、变更和撤销实施监控和管理

B. 开户银行负责所属营业机构银行结算账户开立和使用的管理

C. 开户银行对已开立的单位银行结算账户实行年检制度

D. 存款人的开户许可证管理

8. 下列关于银行结算账户的表述中，错误的有(　　)。

A. 任何单位和个人不得强令存款人到指定银行开立银行结算账户

B. 银行有权拒绝任何单位或个人查询

C. 银行不得为任何单位或者个人冻结、扣划款项，不得停止单位、个人存款的正常支付

D. 存款人均可以开立一个基本存款账户

9. 银行结算账户管理应当遵守的基本原则有(　　)。

A. 一个基本存款账户原则　　B. 自主选择原则

C. 遵守法律、行政法规原则　　D. 信息保密原则

10. 下列关于基本存款账户的说法中，不正确的有(　　)。

A. 存款人日常经营活动的资金收付及其现金的支取，应通过一般存款账户办理

B. 市第一中学在校内设立的非独立核算的小卖部可以申请开立基本存款账户

C. 基本存款账户的存款人可以通过本账户办理基本建设资金

D. 企业法人开立基本存款账户时，应出具企业法人税务登记证正本作为证明文件

11. 专用存款账户中不得支取现金的有(　　)。

A. 证券交易结算资金　　B. 期货交易保证金

C. 更新改造资金　　D. 社会保障基金

12. 下列关于专用存款账户使用范围的表述中，正确的有(　　)。

A. 单位银行卡账户的资金必须由其基本存款账户转账存入

B. 财政预算外资金、证券交易结算资金、期货交易保证金和信托基金专用存款账户，可以支取现金

C. 基本建设资金、更新改造资金、政策性房地产开发资金、金融机构存放同业资金账户需要支取现金的，应在开户时报中国人民银行当地分支行批准

D. 收入汇缴账户除向其基本存款账户或预算外资金财政专用存款户划缴款项外，只收不付，不得支取现金

三、判断题

1. 单位银行结算账户按用途分为基础存款账户、一般存款账户、专用存款账户和临时存款账户。(　　)

2. 在银行预留印鉴卡片上要同时加盖开户单位公章、单位负责人或财务机构负责人和出纳人员二枚图章。（　　）

3. 根据《人民币银行结算账户管理办法》的规定，公司由于分公司较多、经济业务发生频繁、日常转账结算和现金收付业务量大，可以多开立基本存款账户。（　　）

第四节　票据结算方式

一、单项选择题

1. 银行汇票的有效期限自出票日起（　　）。

A. 1个月　　B. 2年　　C. 1年　　D. 3年

2. 背书的相对记载事项为（　　）。

A. 背书原因　　B. 背书人签章

C. 背书日期　　D. 被背书人的名称

3. （　　）不是《票据法》所规定的票据行为。

A. 承兑　　B. 付款　　C. 出票　　D. 背书

4. 根据《支付结算办法》的规定，支票的提示付款期限为（　　）。

A. 自出票日起15日　　B. 自出票日起10日

C. 自出票日起30日　　D. 自出票日起5日

5. 商业汇票的付款期限，最长不得超过（　　）个月。

A. 3　　B. 6

C. 9　　D. 12

6. 根据《支付结算办法》的规定，银行承兑汇票的承兑银行，应按票面金额向出票人收取手续费，该金额为（　　）。

A. 票面金额的万分之三　　B. 票面金额的万分之一

C. 票面金额的万分之五　　D. 票面金额的千分之一

7. B公司与C公司交易时以汇票支付。C公司见汇票出票人为A公司，遂要求B公司提供担保，B公司请D公司为该汇票作保证，D公司在汇票背书栏签注“若A公司出票真实，本公司愿意保证”。后经了解A公司实际并不存在。根据票据法律制度的规定，下列表述中，正确的是（　　）。

A. D公司应承担一定赔偿责任

B. D公司只承担一般保证责任，不承担票据保证责任

C. D公司不承担任何责任

D. D公司应当承担票据保证责任

8. 甲公司委托开户银行收款时，发现其持有的由乙公司签发金额为10万元的转账支票为空头支票。根据《支付结算办法》的规定，甲公司有权要求乙公司支付赔偿金的数额是（　　）元。

A. 5 000　　B. 3 000　　C. 1 000　　D. 2 000

9. 下列各项中，不属于银行汇票的绝对记载事项的是（　　）。

A. 表明“银行汇票”的字样　　B. 付款人名称

C. 出票人签章　　　　　　　　　　　　D. 无条件支付的委托

10. 根据规定，申请人缺少解讫通知要求退款的，出票银行应于银行汇票提示付款期限满(　　)办理。

A. 2个月内　　　　　　　　　　　　　B. 1个月前

C. 10日内　　　　　　　　　　　　　D. 1个月后

11. 甲公司持有一张商业汇票，到期委托开户银行向承兑人收取票款。甲公司行使的票据权利是(　　)。

A. 利益返还请求权　　　　　　　　　B. 付款请求权

C. 票据追索权　　　　　　　　　　　D. 票据返还请求权

12. 根据票据法律制度的规定，下列关于票据提示付款期限的表述中，不正确的是(　　)。

A. 银行汇票的提示付款期限为自出票日起1个月

B. 银行本票的提示付款期限为自出票日起最长不得超过2个月

C. 商业汇票的提示付款期限为自出票日起10日

D. 支票的提示付款期限为自出票日起10日

13. 汇票的背书人在票据上记载了"不得转让"字样，但其后手仍进行了背书转让，下列关于票据责任承担的表述中，错误的是(　　)。

A. 不影响承兑人的票据责任

B. 不影响出票人的票据责任

C. 不影响原背书人对后手的被背书人承担票据责任

D. 不影响原背书人之前手的票据责任

14. 下列关于票据的说法中，错误的是(　　)。

A. 无民事行为能力人或限制民事行为能力人在票据上签章的，其签章无效，但是不影响其他签章的效力

B. 持票人因重大过失取得不符合《票据法》规定的票据，不得享有票据权利

C. 票据金额以中文大写和阿拉伯数码同时记载，两者须一致，不一致的，以中文大写为准

D. 持票人因超过票据权利时效或因票据记载事项欠缺而丧失权利的，仍享有民事权利

15. 根据《支付结算办法》的规定，出票人签发空头支票，银行应予以退票，并给予的处罚是(　　)。

A. 按票面金额处以5%但不低于1 000元的罚款

B. 按票面金额处以10%但不低于10 000元的罚款

C. 按票面金额处以7%但不低于2 000元的罚款

D. 按票面金额处以10%但不低于5 000元的罚款

二、多项选择题

1. 支票按支付票款的方式不同，分为(　　)。

A. 普通支票　　　　　　　　　　　　B. 现金支票

C. 背书支票　　　　　　　　　　　　D. 转账支票

2. 下列事项中，因签章不符合法律规定仅使得签章无效的有（　　）。

A. 承兑人在票据上的签章不符合《票据法》等规定

B. 出票人在票据上的签章不符合《票据法》等规定

C. 保证人在票据上的签章不符合《票据法》等规定

D. 背书人在票据上的签章不符合《票据法》等规定

3. 根据票据法律制度的规定，下列各项中，可以行使票据追索权的当事人有（　　）。

A. 票据记载的收款人　　B. 代为清偿票据债务的保证人

C. 最后被背书人　　D. 代为清偿票据债务的背书人

4. 甲签发一张汇票给乙，汇票上记载收款人乙、保证人丙等事项。乙在法定时间内向甲提示承兑后将该汇票背书转让给丁。丁又将该汇票背书转让给张三。张三在法定期限内向付款人请求付款，未获付款。根据《票据法》的规定，下列各项中，应承担该汇票义务的有（　　）。

A. 甲　　B. 乙　　C. 丙　　D. 丁

5. 根据票据法律制度的规定，支票的下列记载事项中，可由出票人授权补记的有（　　）。

A. 付款人名称　　B. 金额　　C. 出票人签章　　D. 收款人名称

6. 下列各项中，属于商业汇票的出票效力的有（　　）。

A. 对收款人的效力　　B. 对付款人的效力

C. 对背书人的效力　　D. 对出票人的效力

7. 下列关于票据特征的表述中，正确的有（　　）。

A. 持票人可以就票据上所记载的金额向特定票据债务人行使其请求权

B. 票据的持票人行使票据权利时，不必证明其取得票据的原因，以及票据权利发生的原因

C. 与票据有关的一切权利和义务，都严格按照票据上记载的文义而定，文义之外的任何理由、事项都不得作为根据

D. 票据必须具备法定格式才能有效

8. A公司向B公司购买一批钢材，A公司将一张汇票背书转让给B公司作为付款，背书时注明“货到后此汇票方生效”，对此理解中，正确的有（　　）。

A. 该背书所附的条件“货到后此汇票方生效”无效

B. 该背书所附的条件“货到后此汇票方生效”有效

C. 该背书仍然有效

D. 被背书人即B公司可依背书取得票据权利

9. 下列各项中，属于票据当事人的有（　　）。

A. 出票人　　B. 付款人　　C. 收款人　　D. 保证人

10. 根据票据法律制度的规定，下列各背书情形中，属于背书无效的有（　　）。

A. 将汇票金额的一半转让给甲某

B. 将汇票金额全部转让给甲某

C. 将汇票金额分别转让给甲某和乙某

D. 将汇票金额转让给甲某，但要求甲某不得对背书人行使追索权

11. 根据票据法律制度的规定，下列有关银行本票的表述中，正确的有（　　）。

A. 单位和个人在同一票据交换区域的各种款项结算，均可使用银行本票

B. 填明“现金”字样的银行本票可以支取现金
C. 银行本票的提示付款期限自出票日起最长不得超过1个月
D. 填明“现金”字样的银行本票丧失后可以挂失止付
12. 根据支付结算法律制度的规定，下列票据中，属于见票即付的有（ ）。
A. 转账支票　　B. 银行承兑汇票
C. 银行汇票　　D. 商业承兑汇票
13. 关于票据签章当事人的下列表述中，正确的有（ ）。
A. 票据签发时，由出票人签章　　B. 票据承兑时，由承兑人签章
C. 票据转让时，由被背书人签章　　D. 票据保证时，由保证人签章
14. 下列有关支票的表述中，错误的有（ ）。
A. 支票的基本当事人不包括付款人
B. 支票是有价证券
C. 支票可以透支
D. 划线支票可以用于支取现金，也可用于转账
15. 根据票据法律制度的规定，汇票承兑生效后，承兑人应当承担到期付款的责任。下列关于该责任的表述中，正确的有（ ）。
A. 承兑人必须对汇票上的付款请求权人承担责任
B. 承兑人在汇票到期日必须对持票人无条件地支付汇票上的金额
C. 承兑人的票据责任不因持票人未在法定期限提示付款而解除
D. 承兑人必须对汇票上的追索权人承担责任
16. 关于商业汇票的付款，下列表述中，错误的有（ ）。
A. 商业汇票持票人超过提示付款期限提示付款的，承兑人不予受理
B. 商业汇票持票人超过提示付款期限提示付款的，代理付款人不予受理
C. 商业汇票持票人超过提示付款期限提示付款的，出票人不承担票据责任
D. 商业汇票持票人超过提示付款期限提示付款的，背书人不承担票据责任
17. 根据《支付结算办法》的规定，下列各项中，属于银行应予以退票情形的有（ ）。
A. 出票人签发空头支票
B. 签章与预留银行签章不符的支票
C. 使用圆珠笔填写的支票
D. 使用支付密码地区的，签发支付密码错误的支票
18. 下列关于票据当事人的表述中，正确的有（ ）。
A. 票据当事人是指票据法律关系中享有票据权利、承担票据义务的当事人，也称票据法律关系主体
B. 票据当事人可分为基本当事人和非基本当事人
C. 基本当事人包括出票人、付款人、收款人、承兑人、背书人、被背书人、保证人等
D. 票据基本当事人是指在票据作成和交付时就已存在的当事人，是构成票据法律关系的必要主体

三、判断题

1. 支票的金额、收款人名称，可由出票人授权补记，未补记前可以背书转让但不得提示付款。（　　）

2. 以背书转让的汇票，背书应当连续。（　　）

3. 支票限于见票即付，不得另行记载付款日期，另行记载付款日期的，该记载无效。（　　）

4. 银行汇票可以用于转账，但是不能用于支取现金。（　　）

5. 汇票的持票人未在法定期限内提示付款的，则承兑人的票据责任解除。（　　）

6. 背书不得附有条件，背书附有条件的，背书无效。（　　）

7. 汇票转让只能采用背书的方式，而不能仅凭单纯交付方式。（　　）

8. 商业汇票的持票人未按照规定期限提示付款的，承兑人或者付款人可以拒绝承担付款责任。（　　）

9. 甲公司收到乙公司一张支票，该支票记载了“不得转让”字样。该记载事项不影响甲公司将该支票背书转让。（　　）

四、案例分析题

本年1月，A公司签订了一份购货金额为90万元的购货合同。合同约定：交货时支付款项。4月，供货商按购货合同交货，A公司验收入库。但A公司因产品销售不畅，资金紧张，没有按合同约定及时支付货款。之后，供货商多次打电话、发函催要货款，未果。9月，供货商派专人及律师顾问到A公司再次催要货款。为了解决当时的“困境”，A公司签发了一张金额为90万元的转账支票，交给供货商。供货商到银行提示付款时，银行以A公司存款账户余额仅有50万元不足付款为由予以退票。

10月，A公司收到B公司签发的银行承兑汇票一张，票面金额为90万元，未背书转让就将该汇票交给了供货商抵付货款。之后供货商又将该汇票背书转让给了B公司，背书时未记载B公司的名称，B公司拿到票据后将自己的公司名称记载于被背书人处。汇票到期后，B公司填写了委托收款凭证并附上该银行承兑汇票，经其开户银行甲向承兑银行乙发出委托收款申请。承兑银行对该汇票进行审查后拒绝支付。

要求：根据上述资料，回答下列1～5题目。

1. A公司签发的这张转账支票属于（　　）。

A. 空白支票　　B. 空头支票　　C. 票据　　D. 有价证券

2. 对于A公司的该项行为，供应商可以（　　）。

A. 有权要求A公司赔偿2 000元

B. 有权要求A公司赔偿18 000元

C. 无权要求A公司赔偿

D. 不获付款可继续找A公司追索

3. 对于A公司的该项行为，银行可以（　　）。

A. 对A公司处以票面金额5%的罚款

B. 先付给供货商40万元，并要求A公司补付50万元

C. 先为A公司垫付，并要求乙公司尽快偿还，同时按日向A公司收取利息

D. 停止对A公司签发支票

4. 关于银行承兑汇票，下列说法中，正确的有(　　)。

A. 甲银行是汇票的承兑人，应承担付款义务

B. 票据到期后，只要B公司在约定期限内提示付款，承兑银行就应无条件向B公司支付汇票金额

C. 承兑附有条件，视为拒绝承兑

D. 银行拒绝付款的做法正确

5. 关于汇票的背书，下列说法中，正确的是(　　)。

A. A公司将汇票转让给供货方时应在被背书人处签章，以保证背书连续

B. B公司自己记载名称于被背书人处的做法不具有法律效力

C. 银行是因为背书不连续而拒绝付款

D. 银行是因为B公司自己记载名称于被背书人处而拒绝付款

第五节 银 行 卡

一、单项选择题

1. 关于银行卡账户及交易管理要求的下列表述中，不正确的是(　　)。

A. 单位人民币卡账户的资金一律从其基本存款账户转账存入

B. 单位外币卡账户的资金应从其单位的外汇账户转账存入

C. 单位人民币卡账户可以存入销货收入

D. 单位人民币卡账户不得存取现金

2. 根据《支付结算办法》的规定，同一持卡人单笔透支发生额，单位卡的限额是(　　)。

A. 不得超过10万元　　B. 不得超过20万元

C. 不得超过5万元　　D. 不得超过1万元

二、多项选择题

1. 根据《银行卡业务管理办法》的规定，下列关于单位人民币卡结算使用的表述中，不符合规定的有(　　)。

A. 单位人民币卡账户的资金可以与其他存款账户自由转账

B. 单位人民币卡可以办理商品交易和劳务供应款项的结算

C. 单位人民币卡账户销户时，其资金余额可以提取现金

D. 不得将销货收入直接存入单位人民币卡账户

2. 持卡人持贷记卡办理刷卡消费等非现金交易享受的优惠有(　　)。

A. 免息还款期待遇　　B. 最低还款额待遇

C. 免年费待遇　　D. 免收账户维护费待遇

3. 信用卡按照是否向发卡银行交存备用金分为(　　)。

A. 准贷记卡　　B. 贷记卡　　C. 借记卡　　D. 人民币卡

三、判断题

1. 个人人民币卡账户的资金以其持有的现金存入或以其工资性款项、属于个人的合法的劳务报酬、投资回报等收入转账存入。（ ）

2. 单位人民币卡销户时，其账户资金可以转入其基本存款账户，也可以提取现金。（ ）

3. 贷记卡持卡人选择最低还款额方式用卡的，不再享受免息还款期待遇。（ ）

4. 信用卡预借现金业务包括现金提取、现金转账和现金充值。（ ）

第六节 其他结算方式

一、单项选择题

1. 本年3月1日，甲公司销售给乙公司一批化肥，双方协商采取托收承付验货付款方式办理货款结算。3月4日，运输公司向乙公司发出提货单。乙公司在承付期内未向其开户银行表示拒绝付款。已知3月7日、3月8日、3月14日和3月15日为法定休假日。则乙公司开户银行向甲公司划拨货款的日期为（ ）。

A. 3月6日　B. 3月9日　C. 3月16日　D. 3月13日

2. 关于托收承付结算方式使用要求的下列表述中，不正确的是（ ）。

A. 验货付款的承付期为10天，从运输部门向付款人发出提货通知的次日算起

B. 收付双方使用托收承付结算方式必须签有合法的购销合同

C. 付款人累计3次提出无理拒付的，付款人开户银行应暂停其向外办理托收

D. 收款人对同一付款人发货托收累计3次收不回货款的，收款人开户银行应暂停收款人办理所有托收业务

3. 汇入银行对经过（ ）无法交付的汇款，应主动办理退汇。

A. 15天　B. 2个月　C. 1个月　D. 3个月

4. 根据支付结算法律制度的规定，关于国内信用证的下列表述中，正确的是（ ）。

A. 可用于支取现金

B. 开证申请人可以是个人

C. 国内信用证是以人民币计价、不可撤销的跟单信用证

D. 信用证付款期限最长不超过两年

5. 如果当事人采用托收承付办理结算，采用验货付款的，承付期是（ ）天。

A. 3　B. 5　C. 10　D. 7

二、多项选择题

1. 根据支付结算管理的有关规定，下列各项中，属于当事人签发委托收款凭证时必须记载的事项的有（ ）。

A. 委托日期　B. 收款日期

C. 收款人名称和收款人签章　D. 委托收款凭据名称及附寄单证张数

2. 根据支付结算法律制度的规定，下列有关委托收款的表述中，正确的有（ ）。

A. 委托收款是收款人委托银行向付款人收取款项的结算方式

B. 委托收款在同城、异地均可使用

C. 以单位为付款人的，付款人应当于接到通知的当日书面通知银行付款，如果付款人未在发出通知的次日起3日内通知银行付款的，视为同意付款

D. 以银行以外的单位为付款人的，委托收款凭证必须记载付款人开户银行名称

三、判断题

1. 托收承付结算每笔的金额起点为1万元，新华书店系统每笔的金额起点为1 000元。（　　）

2. 汇入银行对于向收款人发出取款通知，经过1个月无法交付的汇款，应主动办理退汇。（　　）

3. 汇款回单是银行将款项确已收入收款人账户的凭据。（　　）

第七节　网上支付

一、单项选择题

1. 以下各项描述中，错误的是（　　）。

A. 网上支付是电子支付的一种形式

B. 与传统的支付方式相比，网上支付具有方便、快捷、高效、安全的优势

C. 网上支付的主要方式有网上银行和第三方支付

D. 网上支付将在我国非现金支付工具体系中发挥越来越重要的作用

2. 以下对网上银行具体交易流程的描述中，错误的是（　　）。

A. 客户使用浏览器通过互联网链接到网银中心，发出网上交易请求

B. 网银中心接受并审核客户的交易请求，并将交易请求转发给相应成员行

C. 成员行业务主机完成交易处理，并将处理结果返回给网银中心

D. 网银中心对交易结果进行再处理后，返回相应信息给客户

3. 以下各项中，不属于客户本人持有并特有的，不可复制或者不可重复利用要素的是（　　）。

A. 经过安全认证的数字证书

B. 经过安全认证的电子签名

C. 静态密码

D. 通过安全渠道生成和传输的一次性密码

4. 支付机构采用不包括数字证书、电子签名在内的两类（含）以上有效要素进行验证的交易，单个客户所有支付账户单日累计金额应不超过（　　）元。

A. 2 000　　B. 3 000　　C. 4 000　　D. 5 000

二、多项选择题

1. 以下各项中，属于电子交易的当事人的有（　　）。

A. 消费者　　B. 商户　　C. 银行　　D. 支付机构

2. 网上银行按经营模式分为(　　)。

A. 单纯网上银行　　B. 分支型网上银行

C. 企业网上银行　　D. 个人网上银行

3. 客户开通网上银行的方式有(　　)。

A. 直接前往银行柜台办理

B. 只在网上自助申请

C. 先到柜台签约,后到网上自助申请

D. 先网上自助申请,后到柜台签约

4. 在第三方支付账户管理规定中,因(　　)原因需划回资金的,相应款项应当划回原扣款账户。

A. 交易取消(撤销)　　B. 退货

C. 交易不成功　　D. 投资理财等金融类产品赎回

三、判断题

1. 分支型网上银行是指现有的传统银行利用互联网开展传统的银行业务,即传统银行利用互联网作为新的服务手段为客户提供在线服务,实际上是传统银行服务在互联网上的延伸。　　(　　)

2. 在个人网上银行的账户信息查询业务中,系统提供客户对本人网上银行各种权限功能、客户信息的管理以及账户的挂失。　　(　　)

3. 支付账户不得透支,不得出借、出租、出售,不得利用支付账户从事或者协助他人从事非法活动。　　(　　)

4. 支付机构对客户使用支付账户付款进行身份验证时,应当确保采用的要素相互独立,部分要素的损坏或者泄露不应导致其他要素损坏或者泄露。　　(　　)

【本章习题必练】

一、单项选择题

1. 汇款人对汇出银行已经汇出的款项可以申请(　　)。

A. 转汇　　B. 退汇　　C. 撤汇　　D. 汇兑

2. 李某对外签发了一张支票,此支票上的签章应当为(　　)。

A. 本名的签名并盖章　　B. 本名的签名或盖章

C. 本名的签名　　D. 本名的盖章

3. 下列对象中,不具备开立基本存款账户资格的存款人为(　　)。

A. 居民委员会　　B. 单位设立的非独立核算的附属机构

C. 社区委员会　　D. 民办非法人企业

4. 下列关于授权补记说法中,正确的是(　　)。

A. 授权补记事项未补记前可以提示付款

B. 可以授权补记的事项只有金额和付款人名称

C. 只有支票可以授权补记

D. 授权补记事项未补记前可以背书转让

5. 下列关于承兑的表述中，正确的是(　　)。

A. 汇票、本票和支票都有承兑

B. 商业承兑汇票只能由付款人签发并承兑

C. 承兑是指汇票付款人承诺在汇票到期日支付汇票金额的票据行为

D. 商业承兑汇票只能由收款人签发交由付款人承兑

6. 单位和个人在(　　)需要支付的各种款项，均可以使用银行本票。

A. 同城　　B. 同一票据交换区域

C. 异地　　D. 跨地区

7. 某公司在建设银行甲市支行开立了基本存款账户，现因经营需要向农业银行乙分行申请贷款 120 万元，经审查同意办理贷款，其应在乙分行开立(　　)。

A. 一般存款账户　　B. 基本存款账户

C. 临时存款账户　　D. 个人银行结算账户

8. 下列关于票据和结算凭证填写的表述中，正确的是(　　)。

A. 中文大写金额数字必须用正楷书写

B. 中文大写金额数字到"分"为止的，在分之后不需写"整"字

C. 中文大写金额数字到"角"为止的，在角之后必须写"整"字

D. 票据的大写出票日期未按要求规范填写的，银行不予受理

9. 商业汇票的保证如果附有条件，以下说法中，错误的是(　　)。

A. 所附条件无效　　B. 表示根据相应条件保证才可能有效

C. 保证本身仍然具有效力　　D. 保证人应向持票人承担保证责任

10. 对于经营性存款人，在使用银行结算账户的过程中，违反规定支取现金的，给予(　　)处罚措施。

A. 警告并处以 3 000 元以上 1 万元以下罚款

B. 警告并处以 5 000 元以上 3 万元以下罚款

C. 警告并处以 5 000 元以上 1 万元以下罚款

D. 警告并处以 3 万元以上 5 万元以下罚款

11. 下列关于承兑的表述中，错误的是(　　)。

A. 承兑是指汇票付款人承诺在汇票到期日支付汇票金额的票据行为

B. 承兑是商业汇票特有的制度

C. 承兑人不得以其与出票人之间的资金关系来对抗持票人

D. 承兑是银行汇票特有的制度

12. 下列有关在中国境内填写票据和结算凭证的表述中，不正确的是(　　)。

A. 票据和结算凭证的中文大写金额数字应用正楷或行书填写，用繁体字，也应受理

B. 阿拉伯数字小写金额数字前面，均应填写人民币符号"￥"

C. 票据的出票日期必须使用中文大写，小写的银行不予受理

D. 少数民族地区和外国驻华使馆根据实际需要，大写金额数字可以使用少数民族文字或外国文字

13. 在填写票据的出票日期时，1 月 30 日应填写成（　　）。

A. 壹月零叁拾日　　B. 零壹月零叁拾日　　C. 壹月叁拾日　　D. 零壹月叁拾日

14. 现金结算起点的调整由（　　）决定。

A. 开户银行　　B. 商业银行　　C. 中国银行　　D. 中国人民银行

15. 在填写票据时，￥24 609.08 大写金额的正确写法是（　　）。

A. 人民币贰万肆千陆百零玖元捌分

B. 人民币贰万肆仟陆佰零玖元零捌分整

C. 人民币贰万肆仟陆佰零玖元零捌分正

D. 人民币贰万肆仟陆佰零玖元零捌分

16. （　　）属于银行汇票绝对记载事项。

A. 出票地　　B. 出票日期　　C. 付款地　　D. 票据用途

17. 下列事项中，不符合国家现金使用范围规定的是（　　）。

A. 支付职工工资 6 000 元　　B. 购买办公用品 1 050 元

C. 向个人收购农副产品 3 000 元　　D. 支付职工报销差旅费 5 000 元

18. 临时机构申请开立临时存款账户的条件是（　　）。

A. 办理基本建设资金　　B. 办理汇兑

C. 办理更新改造资金　　D. 设立临时机构的批文

19. 存款人违反规定开立银行结算账户的，对于非经营性的存款人，给予警告并处以（　　）的罚款。

A. 3 000 元　　B. 1 000 元

C. 1 000 元以上 1 万元以下　　D. 1 万元以上 3 万元以下

20. 委托收款以银行以外的单位或在银行开立存款账户的个人为收款人的，委托收款凭证必须记载（　　）。

A. 付款人开户银行名称　　B. 收款人开户银行名称

C. 被委托银行名称　　D. 兑付银行名称

21. 存款人需要在异地开立基本存款账户，应出具在（　　）中国人民银行分支行的未开立基本存款账户所需的证明文件。

A. 住所地　　B. 经营地　　C. 注册地　　D. 存款地

22. 根据有关规定，票据金额以中文大写和阿拉伯数字同时记载，两者不一致的，（　　）。

A. 以票据上较小的金额为准　　B. 以数字记载为准

C. 以中文大写为准　　D. 票据无效

23. 根据票据法律制度规定，（　　）是适用于支票的付款方式。

A. 出票后定期付款　　B. 见票后定期付款

C. 见票即付　　D. 定日付款

24. 下列各项中，属于狭义票据的是（　　）。

A. 股票　　B. 债券　　C. 支票　　D. 提单

25. 下列关于商业汇票“保证人”的规定中，正确的是（　　）。

A. 保证人可以由汇票债务人以外的任何人担当

B. 保证人在汇票上未记载保证日期的，保证无效

C. 保证人为两人以上的，保证人之间不承担连带责任

D. 保证人在保证时附有保证条件的，不影响对汇票的保证责任

26. 汇票的持票人在行使追索权时的说法中，正确的是（ ）。

A. 在任何情况下，汇票到期之前，持票人都不可以行使追索权

B. 持票人行使追索权，必须按照汇票债务人的先后顺序追索

C. 持票人行使追索权，只能按票面金额追索

D. 持票人为出票人的，对其前手无追索权

27. 商业汇票的付款人为（ ）。

A. 出票人 B. 保证人 C. 承兑人 D. 背书人

28. 商业汇票付款人承兑时附有条件的，视为（ ）。

A. 延期承兑 B. 有条件承兑 C. 拒绝承兑 D. 待定承兑

29. 支票的金额可以由（ ）授权补记，未补记的支票，不得使用。

A. 持票人 B. 出票人 C. 背书人 D. 被背书人

30. 持票人对银行支票出票人的权利，自出票日起（ ）不行使而消灭。

A. 2年 B. 3个月 C. 6个月 D. 1年

31. 根据《人民币银行结算账户管理办法》的规定，为了加强对住房基金和社会保障基金的管理，存款人应依法申请在银行开立的账户是（ ）。

A. 基本存款账户 B. 一般存款账户

C. 临时存款账户 D. 专用存款账户

32. 根据《支付结算办法》的规定，下列各项中，信用卡的持卡人可以使用单位卡的情形是（ ）。

A. 存入销货收入的款项 B. 购买价值3万元的办公设备

C. 支付15万元的劳务费用 D. 支取现金

33. 签发商业汇票必须记载的事项不包括（ ）。

A. 无条件支付的委托 B. 签发票据的原因或用途

C. 出票日期 D. 出票人签章

34. 一般存款账户不能办理的业务是（ ）。

A. 借款转存 B. 借款归还 C. 现金支取 D. 现金缴存

35. 银行卡不具有（ ）的功能。

A. 消费信用 B. 转账结算 C. 存取现金 D. 缴纳税款

36. 根据《人民币银行结算账户管理办法》的规定，存款人在异地取得借款和有其他结算需要的，可以在异地开立的账户是（ ）。

A. 临时存款账户 B. 基本存款账户

C. 专用存款账户 D. 一般存款账户

37. 单位、个人和银行办理支付结算，必须使用（ ）。

A. 各开户银行印制的票据和结算凭证

B. 按财政部统一规定印制的票据和结算凭证

C. 按国家税务部门统一规定印制的票据和结算凭证

D. 按中国人民银行统一规定印制的票据和结算凭证

38. 下列各项中，不符合票据和结算凭证填写要求的是（　　）。

A. 中文大写金额数字到“角”为止，在“角”之后没有写“整”字

B. 阿拉伯小写金额数字前填写了人民币符号“￥”

C. 票据的出票日期使用阿拉伯数字填写

D. 1月15日出票的票据，票据的出票日期栏填写为“零壹月壹拾伍日”

39. 根据《支付结算办法》的规定，签发票据时，可以更改的项目是（　　）。

A. 出票日期　　B. 用途　　C. 票据金额　　D. 收款人名称

40. 存款人开立单位银行结算账户，自正式开立之日起（　　）个工作日后，方可办理付款业务。

A. 3　　B. 1　　C. 7　　D. 30

41. 根据我国金融法律制度的规定，下列各项中，可以用于办理存款人借款转存、借款归还和其他结算的资金收付的是（　　）。

A. 个人储蓄存款账户　　B. 专用存款账户

C. 临时存款账户　　D. 一般存款账户

42. 银行开立（　　）实行核准制度，经中国人民银行核准后由开户银行核发开户许可证。

A. 一般存款账户　　B. 个人银行结算账户

C. 因注册验资需要开立的临时存款账户　　D. 预算单位开立的专用存款账户

43. 4月15日，A公司向B公司签发一张金额为30 000元的支票，B公司4月16日向付款人提示付款时，A公司在其开户银行处实有的银行存款余额为5 000元。对A公司签发空头支票的行为，银行应处的罚款数额为（　　）元。

A. 1 500　　B. 1 000　　C. 250　　D. 300

44. 关于票据的保证，下列表述中，正确的是（　　）。

A. 背书人可以同时作为保证人

B. 票据保证是一种书面行为，必须作成于汇票或粘单上，如果另行签订保证合同的，也属于票据保证

C. 被保证的汇票，保证人应当与被保证人对持票人承担连带责任

D. 为出票人、承兑人保证的，应当记载于汇票的背面或粘单上

45. 甲公司签发一张汇票给乙公司，付款人为丙银行。乙公司请求承兑时，丙银行在汇票上签注“承兑”。甲公司款到后支付。下列关于丙银行付款责任的表述中，正确的是（　　）。

A. 丙银行已经承兑，应承担付款责任

B. 甲公司款到丙银行账上后，丙银行才承担付款责任

C. 按甲公司给丙银行付款的多少确定丙银行应承担的付款责任

D. 应视为拒绝承兑，丙银行不承担付款责任

46. 以下各项中，不属于线下支付的是（　　）。

A. 网上支付　　B. POS机刷卡支付　　C. 电话支付　　D. 手机近端支付

二、多项选择题

1. 下列反映了现金结算特点的有（　　）。

A. 通过现金进行结算无需依靠中介
B. 现金印制、清点、运送、保管、回收等工作成本较高
C. 现金容易因火灾、虫蛀等发生损失
D. 现金结算不通过银行,很难控制
2. 下列属于银行卡交易的基本规定的有(　　)。
A. 单位人民币卡可办理商品交易和劳务供应款项的结算,但不得透支
B. 单位卡不得支取现金
C. 发卡银行对贷记卡的取现应当每笔进行授权,每卡每月累计取现不得超过限定额度
D. 单位信用卡不得用于10万元以上的商品交易、劳务供应款项的结算
3. 以下对支付结算的基本原则表述中,不正确的有(　　)。
A. 谁的钱进谁的账,由谁支配,特殊情况下银行可以代扣款项
B. 结算当事人必须依法承担义务和行使权利,严格恪守信用,履行付款义务,特别是应当按照约定的付款金额和日期进行支付
C. 客户要求银行可垫付
D. 从安全角度考虑,支付结算尽可能选用转账的办法
4. 下列有关银行汇票的表述中,正确的有(　　)。
A. 填明"现金"字样的银行汇票可以提取现金
B. 填明"现金"字样的银行汇票可以挂失止付
C. 填明"现金"字样的银行汇票可以背书转让
D. 填明"现金"字样的银行汇票不得背书转让
5. 专用存款账户的使用范围包括(　　)。
A. 党、团、工会经费　　B. 财政预算外资金
C. 粮、棉、油收购资金　　D. 金融机构存放同业资金
6. 以下对于票据责任的描述中,正确的有(　　)。
A. 汇票的承兑人因承兑而应承担付款义务
B. 本票的出票人因出票而承担自己付款的义务
C. 支票的付款人在与出票人有资金关系时承担付款义务
D. 汇票、本票、支票的背书人,汇票、支票的出票人、保证人,在票据不获承兑或不获付款时承担付款清偿义务
7. 以下关于保证的效力说法中,正确的有(　　)。
A. 被保证的汇票,保证人应当与被保证人对持票人承担连带责任
B. 保证人为两人以上的,保证人之间承担连带责任
C. 保证人清偿汇票债务后,可以行使持票人对被保证人及其前手的追索权
D. 在共同保证的情况下,持票人可以不分先后向保证人中的一人或者数人或者全体就全部票据金额及有关费用行使票据权利,共同保证人不得拒绝
8. 以下有关汇兑退汇的说法中,正确的有(　　)。
A. 对在汇入银行开立存款账户的收款人,由汇款人与收款人自行联系退汇
B. 对未在汇入银行开立存款账户的收款人,汇款人应出具正式函件或本人身份证件以及原信、电汇回单,由汇出银行通知汇入银行,经汇入银行核实汇款确未支付,并将

款项退回汇出银行，方可办理退汇

C. 汇款人对汇出银行尚未汇出的款项可以申请退汇

D. 汇入银行对于收款人拒绝接受的汇款，应即办理退汇

9. 以下关于国内信用证说法错误的有（　　）。

A. 国内信用证适用于银行为国内企事业单位之间货物和服务贸易提供的信用证服务

B. 国内信用证结算方式并且可以用于转账结算，也可以支取现金

C. 信用证可以使用外文开立

D. 可转让信用证只能转让一次

10. 根据《人民币银行结算账户管理办法》的规定，下列属于银行结算账户管理应当遵守的基本原则有（　　）。

A. 一个基本账户原则　　B. 自主选择银行开立银行结算账户原则

C. 存款信息保密原则　　D. 遵纪守法

11. 根据人民币银行结算账户管理的有关规定，存款人申请开立的下列人民币银行结算账户中，应当报送中国人民银行当地分支行核准的有（　　）。

A. 预算单位专用存款账户

B. 个人存款账户

C. 临时存款账户（不包括注册验资和增资开立的临时存款账户）

D. 异地一般存款账户

12. 下列关于支票的填写表述中，正确的有（　　）。

A. 大写金额栏内不得印有固定的"仟、佰、拾、万、仟、佰、拾、元、角、分"字样

B. 金额数字书写中使用繁体字，银行不予受理

C. ￥16 409.02，应写成"人民币壹万陆仟肆佰零玖元零贰分"

D. 票据出票日期使用小写填写的，银行可予受理，但由此造成损失的，由出票人自行承担

13. 根据《人民币银行结算账户管理办法》的规定，下列各项中，属于中国人民银行管理的有（　　）。

A. 基本存款账户开户许可证　　B. 临时存款账户开户许可证

C. 一般存款账户的开户申请　　D. 预算单位专用存款账户开户许可证

14. 开立临时存款账户应向银行提交的证明文件包括（　　）。

A. 临时机构，应出具其驻在地主管部门同意设立临时机构的批文

B. 异地建筑施工及安装单位，应出具其营业执照正本或其隶属单位的营业执照正本，施工及安装地建设主管部门核发的许可证或建筑施工及安装合同

C. 异地从事临时经营活动的单位，应出具其营业执照正本以及临时经营地工商行政管理部门的批文

D. 注册验资资金，应出具工商行政管理部门核发的企业名称预先核准通知书或有关部门的批文

15. 汇款人签发汇兑凭证时，必须记载的事项有（　　）。

A. 无条件支付的委托　　B. 确定的金额

C. 汇入地点、汇入行名称　　D. 汇款人签章

16. 下列各项中，属于银行结算账户管理基本原则的有（ ）。
A. 一个基本账户原则 B. 自主选择原则
C. 定期存取原则 D. 守法合规原则
17. 专用存款账户适用于（ ）。
A. 更新改造资金 B. 工资奖金支取
C. 单位银行卡备用金 D. 借款归还
18. 托收承付结算方式下，下列关于承付货款的说法中，正确的有（ ）。
A. 付款人可在承付期内提前向银行表示承付
B. 验单付款的承付期为 10 天
C. 托收凭证未注明验货付款，银行可按验货付款处理
D. 验货付款的承付期为 3 天
19. 个人卡在使用过程中，需要向其账户续存资金的，其来源有（ ）。
A. 个人持有的现金存入 B. 工资性款项转账存入
C. 个人的劳务报酬收入转账存入 D. 单位的款项存入
20. 以下对于兑付支票要求的说法中，正确的有（ ）。
A. 持票人可以委托开户银行收款或直接向付款人提示付款
B. 持票人持用于转账的支票向付款人提示付款时，应在支票背面背书人签章栏签章，并将支票和填制的进账单交送出票人开户银行
C. 持票人委托开户银行收款时，应做委托收款背书，在支票背面被背书人签章栏签章，记载“委托收款”字样和背书日期
D. 收款人持用于支取现金的支票向付款人提示付款时，应在支票背面“收款人签章”处签章
21. 对于票据背书，下列说法中，符合《票据法》规定的有（ ）。
A. 用于支取现金的支票不可以背书转让
B. 背书未记载日期的，视为票据到期日前背书
C. 背书转让可以附条件，所附条件也具有票据上的效力
D. 银行汇票的背书转让以不超过出票金额的实际结算金额为准
22. 根据《票据法》的规定，支票上未记载出票地的，可将出票人的（ ）视为出票地。
A. 营业场所 B. 住所
C. 财产所在地 D. 经常居住地
23. 以下对个人银行结算账户的描述中，正确的有（ ）。
A. 对个人银行结算账户的存款和有关资料，银行有权拒绝任何单位或个人查询
B. 银行不得代任何单位或者个人冻结、扣划个人银行结算账户的款项
C. 未开立存款账户的个人，不能通过银行办理支付结算
D. 不得停止个人结算账户的正常支付
24. 根据《票据法》的规定，下列各项中，属于票据行为的有（ ）。
A. 出票人签发票据并将其交付给收款人的行为
B. 票据丧失后向银行挂失止付的行为
C. 汇票付款人承诺在汇票到期日支付汇票金额并签章的行为

D. 票据债务人以外的人,为担保特定债务人履行票据债务而在票据上记载有关事项并签章的行为

25. 关于委托收款的注意事项的说法中,正确的有(　　)。

A. 付款人审查有关债务证明后,对收款人委托收取的款项需要拒绝付款的,有权提出拒绝付款

B. 付款人逾期付款的,开户行可以对其加收利息

C. 收款人收取公用事业费,必须具有收付双方事先签订的经济合同

D. 付款人向开户银行授权,并经开户银行同意,报经中国人民银行当地分支行批准,可以使用同城特约委托收款

26. 根据《人民币银行结算账户管理办法》的规定,某建筑施工企业在异地同时签订了四项施工合同,同时承建四个项目,则该建筑施工企业在异地可以申请开立(　　)。

A. 一个临时存款账户　　B. 二个临时存款账户

C. 三个临时存款账户　　D. 四个临时存款账户

27. 下列关于票据的各项表述中,符合规定的有(　　)。

A. 票据中的中文大写金额数字应用正楷或行书填写

B. 票据中的中文大写金额数字前应标明“人民币”字样

C. 票据中的中文大写金额数字到“元”为止的,在“元”之后,应写“整”字

D. 票据的出票日期使用小写填写的,银行可以受理,但是由此造成损失的,由出票人自行承担

28. 下列有关银行账户的表述中,正确的有(　　)。

A. 一个单位只能在一家银行开立一个基本存款账户

B. 现金缴存可以通过一般存款账户办理

C. 一个单位可以在多家银行开立多个基本存款账户

D. 现金支取不能通过一般存款账户办理

29. 根据《人民币银行结算账户管理办法》的规定,银行在银行结算账户的使用中,超过期限或未向中国人民银行报送账户开立、变更、撤销等资料,应给予的处罚有(　　)。

A. 给予警告并处以 5 000 元以上 3 万元以下的罚款

B. 情节严重的,中国人民银行有权停止对其开立基本存款账户的核准

C. 对该银行直接负责的高级管理人员、其他直接负责的主管人员、直接责任人员按规定给予纪律处分

D. 构成犯罪的,移交司法机关依法追究刑事责任

30. 下列关于支付结算的各项表述中,符合规定的有(　　)。

A. 银行账户分为基本存款账户、一般存款账户、临时存款账户和专用存款账户

B. 存款人只能选择一家银行的一个营业机构开立一个基本存款账户

C. 存款人可以通过一般存款账户办理工资、奖金等现金的支取

D. 存款人可以通过基本存款账户办理工资、奖金等现金的支取

31. 付款人承兑汇票后,应当承担到期付款的责任,包括(　　)。

A. 承兑人于汇票到期日必须向持票人无条件地支付汇票上的金额

B. 承兑人必须对汇票上的一切权利人承担责任

C. 承兑人不得以其与出票人之间的资金关系来对抗持票人，拒绝支付汇票金额

D. 承兑人的票据责任不因持票人未在法定期限提示付款而解除

32. 甲签发一张汇票给乙，汇票上记载收款人乙、保证人丙等事项。乙在法定时间内向甲提示承兑后将该汇票背书转让给丁。丁又将该汇票背书转让戊。戊在法定期限内向付款人请求付款，未获付款。根据《票据法》的规定，下列各项中，应承担该汇票债务责任的有（ ）。

A. 甲 B. 乙 C. 丙 D. 丁

33. 下列关于背书的表述中，符合《支付结算办法》规定的有（ ）。

A. 背书附有条件的，所附条件无效

B. 背书日期是背书的相对记载事项

C. 背书可以附有条件且所附条件具有票据效力

D. 将汇票金额分别转让给两人以上的背书有效

34. 根据规定，签发汇兑凭证必须记载的事项有（ ）。

A. 无条件支付的委托 B. 委托日期

C. 付款人名称 D. 汇款人签章

35. 下列有关信用证的表述中，正确的有（ ）。

A. 开证行可要求申请人交存一定数额的保证金

B. 信用证只可用于转账结算

C. 信用证的申请人，指申请开立信用证的当事人，一般为货物销售方或服务提供方

D. 开立信用证可以采用信开和电开方式

36. 下列各项关于企业使用现金进行结算的行为中，正确的有（ ）。

A. 用现金向农户支付收购种子款 5 000 元

B. 用现金支付给出差人员差旅费 6 000 元

C. 用现金支付购买办公用品价款 820 元

D. 用现金支付职工工资 2 350 元

37. 下列各项中，属于无效票据的有（ ）。

A. 更改签发日期的票据

B. 更改收款人名称的票据

C. 更改金额的票据

D. 出票日期使用中文大写，但未按要求规范填写的票据

38. 下列属于银行结算账户管理应遵守的基本原则的有（ ）。

A. 一个基本账户原则 B. 自主选择原则

C. 守法合规原则 D. 存款信息保密原则

39. 以下各项中，属于交易时身份认证方式的有（ ）。

A. 密码 B. 动态口令卡 C. 动态数字证书 D. 移动口令牌

40. 下列有关支票结算方式的表述中，符合《支付结算办法》规定的有（ ）。

A. 出票人签发支票的金额不得超过付款时在付款人处实有的存款金额

B. 支票一律记名，即在支票中指定某一特定人为收款人。

C. 现金支票丧失，可以由失票人通知付款人挂失止付

D. 支票的提示付款期限为自出票日起 2 个月

三、判断题

1. 付款人通过邮局将现金支付给收款人是现金结算的渠道之一。（　）

2. 单位当日送存现金确有困难的，可以自行决定于第二日送存。（　）

3.《支付结算办法》规定，单位、个人和银行办理支付结算未使用按照中国人民银行统一规定印制的票据，则票据无效。（　）

4. 一般存款账户可以和基本存款账户在同一家开户银行开立。（　）

5. 业务支出账户除从其基本存款账户拨入款项外，只收不付。（　）

6. 如果付款人自收到提示承兑的汇票之日起 3 日内不作承兑与否表示的，应视为同意承兑。（　）

7. 邮政储蓄机构办理银行卡业务开立的账户纳入个人银行结算账户管理。（　）

8. 某企业迁址但不需要变更开户银行的，该企业依然要去办理银行结算账户的撤销手续。（　）

9. 我国《票据法》中规定的票据包括各种有价证券和凭证，如股票、国库券、企业债券、发票、提单等。（　）

10. 任意记载事项是指若不记载，法律另作相应规定予以推定，并不影响票据的效力。（　）

11. 根据《支付结算办法》的规定，一般情形下，付款人依法支付支票金额的，对出票人不再承担委托付款的责任，对持票人不再承担付款责任。（　）

12. 商业承兑汇票可以由付款人签发并承兑，也可以由收款人签发，交由付款人承兑。（　）

13. 一般而言，甲乙双方买卖合同的无效并不影响由该买卖合同形成的票据关系，该票据关系仍然是有效的。（　）

14. 保证应由汇票债务人以外的他人承担。（　）

15. 单位人民币卡可办理商品交易和劳务供应款项的结算，可以透支，也可以支取现金。（　）

16. 银行结算账户是指存款人在经办银行开立的办理资金收付结算的人民币定、活期存款账户。（　）

17. 商业银行办理银行卡收单业务向批发类企业收取结算手续费为交易金额的 0.78%。（　）

18. 单位银行卡账户的资金可以由基本存款账户转账存入，也可以以收到的现金存入。（　）

19. 托收承付结算每笔的金额起点为 1 000 元，新华书店系统每笔的金额起点为 1 万元。（　）

20. 为保障收款人的利益，当付款人所开立账户的资金不足以支付收款人所出示的票据或结算凭证时，银行应为其垫付不足资金，并将有关情况及时通知付款人，待付款人开立账户资金补足后，予以扣除。（　）

21. "1 月 15 日"出票的票据，票据的出票日期"零壹月壹拾伍日"符合票据和结算凭证填写的要求。（　）

22. 根据《支付结算办法》的规定，支票的出票日期是支票的相对记载事项。（　）

23. 出票行为是单方行为，付款人并不因此而有付款义务。只是基于出票人的付款委托使其具有承兑人的地位，在其对汇票进行承兑后，即成为汇票上的主债务人。（　）

24. 商业汇票的提示付款期限为自出票日起1个月。（　）

25. 个体工商户开立基本存款账户，只需出具个人居民身份证。（　）

26. 银行汇票的出票银行为银行汇票的付款人，银行汇票的付款地为代理付款人或出票人所在地。（　）

27. 票据出票日期使用大写填写，大写日期未按规范要求填写的，银行可予受理，但由此造成损失的，由出票人自行承担。（　）

28. 票据和结算；凭证金额可以使用中文大写或阿拉伯数字记载。（　）

29. 银行汇票的实际结算金额低于出票金额的，其多余金额由出票银行自行处理。（　）

30. 开户单位在开户银行提取现金超过中国人民银行地区分行确定的大额现金数量标准的所有现金支出，都必须实行备案登记。（　）

31. 用于支取现金的支票可以由不是票面收款人的持票人向付款人提示付款。（　）

32. —般存款账户是指存款人因借款或其他结算需要，在基本存款账户开户银行内的其他营业机构开立的银行结算账户。（　）

33. 存款人的工资、奖金等现金的支付，只能通过基本存款账户办理。（　）

34. 自然人可根据需要申请开立个人银行结算账户，也可以在已开立的储蓄账户中选择并向开户银行申请确认为个人银行结算账户。（　）

35. 持票人甲将一张银行汇票上记载的金额由10万元改为40万元，甲的行为属于变造票据行为。（　）

36. 银行对1年未发生收付活动且未欠开户银行债务的单位银行结算账户，应通知单位自发出通知之日起30日内办理销户手续，逾期视同自愿销户，未划转款项列入久悬未取专户管理。（　）

37. 汇票是出票人委托他人付款的委付证券，出票人的出票行为意味着付款人因此承担付款义务。（　）

38. 支票上未记载收款人名称的，经出票人授权可以补记。（　）

39. 根据《票据法》的规定，付款人承兑汇票，不得附有条件，承兑附有条件的，所附条件不具备票据上的效力。（　）

40. 背书人是指被记名受让票据或接受票据转让的人。（　）

41. 一般存款账户可以办理现金支取，但不得办理现金缴存。（　）

42. 出票人、付款人和收款人是票据的基本当事人，是在票据作成和交付时就已存在的当事人，是构成票据法律关系的必要主体。（　）

43. 划线支票只能支取现金，不得用于转账。（　）

44. 支票是指由出票人签发的、委托办理支票存款业务的银行在见票时有条件支付确定金额给收款人或持票人的票据。（　）

45. 所有以自然人姓名开立的银行结算账户都应纳入个人银行结算账户管理。（　）

46. 银行汇票可以用于转账，即使填写了“现金”字样的银行汇票，也不能用于支取现金。（　）

47. 除中国人民银行另有规定外，银行不得为任何单位或个人冻结、扣款，不得停止单位、个人存款的正常支付。（　）

48. 根据《支付结算办法》的规定，商业汇票未按规定期限提示承兑的，持票人丧失对其前手的追索权。（　）

49. 某单位出纳填写￥6 007.14金额的票据时，写成了“人民币陆仟零柒元壹角肆分”，该出纳人员的写法是错误的。（　）

50. 支票的持票人超过提示付款期限提示付款的，持票人开户银行不予受理，持票人作出相应说明后，付款人仍应付款。（　）

51. 对单位、个人在银行开立的银行结算账户的存款，银行不得为任何单位或个人查询。（　）

52. 票据债务人以外的第三人，为担保票据债务的履行所作的一种附属票据行为，称为保证。（　）

53. 保证向保证人主张权利。（　）

54. 单位需向个人支付款项时，均可使用现金支付。（　）

55. 单位、银行在票据上的签章和单位在结算凭证上的签章，为该单位、银行的公章加其法定代表人或者其授权的代理人的签名或者盖章。（　）

四、案例分析题

（一）2018年1月19日，甲有限责任公司（以下简称甲公司）从乙公司购进一批货物同时向乙公司开具一张支票，用于货款结算。

甲公司开具支票时，将付款人名称填写为“由商贸有限责任公司”，出票日期填写为“贰零壹捌年壹月拾玖日”，收款人未填写。后经财务部小张核对，发现付款人名称填写有误，小张遂将“由”字改为“甲”字后直接交予乙公司。

要求：根据上述资料，回答下列1～5问题。

1. 支票的下列记载事项中，可以授权补记的有（　）。

A. 出票人签章　　B. 收款人名称　　C. 付款人名称　　D. 支票的金额

2. 案例中出票日期填写为“贰零壹捌年壹月拾玖日”，对此下列表述中，正确的有（　）。

A. 票据的出票日期必须使用中文大写

B. 该出票日期的填写符合规定

C. 该出票日期的填写不符合规定，应当是：贰零壹捌年零壹月壹拾玖日

D. 如果票据出票日期使用小写填写的，银行不予受理

3. 票据（　）不得更改，更改的票据无效。

A. 金额　　B. 出票日期　　C. 付款人名称　　D. 收款人名称

4. 在填写票据的出票日期时，（　）应在其前加“零”；日为拾壹至拾玖的，应在其前面加“壹”。

A. 日为壹至玖　　B. 日为壹拾、贰拾和叁拾

C. 月为壹、贰　　D. 月为壹拾

5. 小张将“由”字改为“甲”字后直接交予乙公司，对此下列表述中，正确的是（　）。

A. 这一行为不符合规定，应当重新开具票据

B. 这一行为不符合规定，付款人名称可以更改，更改时应当由原记载人在更改处签章

C. 这一行为不符合规定，付款人名称不得更改

D. 这一行为符合规定

（二）甲公司向乙公司签发一张出票日期为本年1月15日、金额为20万元、出票后1个月付款的银行承兑汇票，A银行为承兑人。2月1日，乙公司将该汇票背书转让给丙公司。2月5日，丙公司在汇票的背面记载“不得转让”字样后，将该汇票背书转让给丁公司。2月10日，丁公司在汇票粘单上记载“只有戍公司交货后，该汇票才发生背书转让效力”字样后，将该汇票背书转让给戍公司。2月15日，持票人戍公司向A银行提示付款，A银行以出票人甲公司未能足额交存票款为由拒绝付款。

要求：根据上述材料，回答下列1～5问题。

1. 甲公司在签发银行承兑汇票时，下列情形中，导致该汇票无效的有（　　）。

A. 更改了收款人名称

B. 汇票金额的中文大写和阿拉伯数码记载不一致

C. 出票人的签章不符合规定

D. 未记载付款人名称

2. 甲公司向乙公司签发银行承兑汇票时，下列有关票据关系当事人的表述中，正确的有（　　）。

A. 甲公司是出票人　　B. 乙公司是收款人

C. 戍公司是承兑申请人　　D. 承兑银行是付款人

3. 丙公司在汇票上记载了“不得转让”字样，但其后手丁公司仍进行了背书转让。下列关于票据责任承担的表述中，不正确的是（　　）。

A. 不影响承兑人A银行的票据责任

B. 不影响出票人甲公司的票据责任

C. 不影响丙公司之前手乙公司的票据责任

D. 不影响丙公司对后手的被背书人承担票据责任

4. 丁公司将该汇票背书转让给戍公司时，记载了“只有戍公司交货后，该汇票才发生背书转让效力”字样，下列表述中，正确的有（　　）。

A. 该背书为附条件的背书，所附条件不具有票据上的效力

B. 戍公司未履行交货义务时，不得主张票据权利

C. 所附条件不产生汇票上的效力，戍公司无论交货与否，均享有票据权利

D. 无论戍公司是否履行交货义务，汇票背书转让后，戍公司均取得票据权利

5. 下列对持票人戍公司提示付款期限的表述中，正确的有（　　）。

A. 持票人戍公司应当自汇票到期之日起30日内提示付款

B. 持票人戍公司应当自汇票到期之日起10日内提示付款

C. 如果持票人戍公司未按照规定期限提示付款的，承兑人A银行的票据责任解除

D. 即使持票人戍公司未按照规定期限提示付款，在作出说明后，承兑人A银行仍应当继续对持票人戍公司承担付款责任

（三）赵某和吴某是刚大学毕业参加会计工作的年轻人，对相关财经法规不熟悉。本年10月10日，赵某公司的开户银行是上海市虹桥支行，赵某向吴某签发了一张32 000元的转账支票，赵某在签发支票时使用蓝色水笔填写，并且没有签章；吴某将32 000元的转账支票送存银行，银行不予转账，并退还了该支票；赵某开出支票时，账户余额只有30 000元。吴某将2 400元的现金支票背书转让给钱某，钱某是一位从业多年、经验丰富的会计人员，拒绝接受吴某转让的现金支票，认为其不合法。

要求：根据上述情况，回答下列1～5问题。

1. 在赵某对吴某开具支票的行为中，支票的基本当事人中出票人、付款人和收款人分别是（　　）。

A. 上海市虹桥支行、吴某、赵某　　B. 上海市虹桥支行、赵某、吴某

C. 吴某、上海市虹桥支行、赵某　　D. 赵某、上海市虹桥支行、吴某

2. 赵某在对吴某签发转账支票时，存在的错误之处在于（　　）。

A. 现金支票超出了最高限额　　B. 用蓝色水笔填写

C. 没有签章　　D. 余额不足

3. 银行应该对出票人处以罚款金额为（　　）元。

A. 320　　B. 800　　C. 1 000　　D. 1 600

4. 下列各项中，可以支取现金的支票有（　　）。

A. 现金支票　　B. 普通支票　　C. 划线支票　　D. 转账支票

5. 吴某将现金支票背书转让给钱某，遭到拒绝，钱某做法是（　　）的，理由是（　　）。

A. 合理　没有达到使用支票背书转让的限额

B. 合理　该支票不能背书转让

C. 不合理　该支票可以背书转让

D. 不合理　该支票已经达到了背书转让的限额

（四）甲公司出纳人员在签发支票的时候，将收款人和金额两项内容授权业务人员补记，出票日期为20×8年7月1日。业务人员向乙公司采购产品，填入收款人名称和采购金额40 000元，并将票据交付给乙公司。乙公司于同年7月5日将支票背书转让给丙公司，并将付款日期另行记载为7月20日。

要求：根据以上资料，回答下列1～5问题。

1. 业务人员将支票交付给乙公司，填写金额时符合规定的有（　　）。

A. 可以用繁体字书写中文大写金额数字

B. 中文大写金额数字的“角”之后可以不写“整”（或“正”）字

C. 阿拉伯小写金额数字前面应填写人民币符号“￥”

D. 中文大写金额数字的“分”之后写整

2. 授权补记的收款人和金额（　　）。

A. 应当同时授权补记

B. 属于绝对记载事项

C. 属于相对记载事项

D. 未补记前就背书转让的，应由被背书人将票据补记完整才可以提示付款

3. 下列各项中,属于有效行为的有(　　)。

A. 甲公司向乙公司购买产品　　B. 甲公司向乙公司签发支票

C. 乙公司将支票背书转让给丙公司　　D. 乙公司另行记载支票的付款日期

4. 根据《票据法》的规定,下列日期中,持票人丙公司的提示付款时间符合规定的是(　　)。

A. 20×8 年 7 月 15 日　　B. 20×8 年 7 月 9 日

C. 20×8 年 7 月 20 日　　D. 20×9 年 4 月 12 日

5. 关于支票的下列说法中,错误的有(　　)。

A. 支票可以划分为现金支票、转账支票、普通支票

B. 现金支票只能用于支取现金,不能用于转账,但可以背书转让

C. 支票未记载付款地的,出票人的营业场所为付款地

D. 当付款人对支票拒绝付款或者超过支票付款提示期限的,出票人应向持票人承担付款责任

(五) A 公司本年 3 月发生如下业务:

(1) 3 月 7 日,与 B 公司签订一份水泥购销合同。该合同规定:由 C 公司在 10 日内向 A 公司提供水泥 100 吨,共计货款 50 万元。双方约定用银行汇票进行支付。

(2) 3 月 15 日,B 公司将 100 吨水泥交付给 A 公司,A 公司遂向其开户银行甲申请签发银行汇票。

(3) 3 月 20 日,甲银行签发了出票人、付款人为甲银行,收款人为 B 公司,票面金额 50 万元的银行汇票。甲公司将该汇票和解讫通知交付 B 公司。此后,B 公司又将该汇票转让给 C 公司。9 月 4 日,C 公司持该汇票向代理付款银行提示付款。

(4) 3 月 22 日,将工会经费存入其在某商业银行的专用账户。

要求:根据上述情况,回答下列 1~5 问题。

1. 银行结算账户按用途一般分为(　　)。

A. 一类　　B. 两类　　C. 三类　　D. 四类

2. 专用存款账户是存款人按照(　　)对有特定用途的资金进行专项管理和使用而开立的银行结算账户。

A. 单位　　B. 法律　　C. 行政法规　　D. 规章

3. 商业汇票的付款期限,最长不得超过(　　)个月。

A. 1　　B. 3　　C. 6　　D. 12

4. B 公司将汇票转让给 C 公司的行为属于(　　)。

A. 出票　　B. 背书　　C. 转让　　D. 保证

5. 专用存款账户用于办理各项专用资金的收付,使用范围包括(　　)。

A. 单位银行卡账户可以办理现金收付业务

B. 财政预算外资金、证券交易结算资金、期货交易保证金和信托基金专用存款账户不得支取现金

C. 粮、棉、油收购资金、社会保障基金、住房基金和党、团、工会经费等专用存款账户支取现金,应按照国家现金管理的规定办理

D. 收入汇缴账户只收不付，不得支取现金。业务支出账户只付不收，其现金支取必须按照国家现金管理的规定办理

【分节习题必会】答案及解析

第一节 现金结算

一、单项选择题

1.【答案】 B

【解析】 开户单位在规定的现金使用范围内从开户银行提取现金时，应当写明用途，由本单位财会部门负责人签字盖章，经开户银行审核后，予以支付现金。

2.【答案】 B

【解析】 需要增加或减少单位现金使用限额的，应当向开户银行申请，由开户银行核定。

3.【答案】 B

【解析】 职工工资、津贴属于开户单位使用现金的范围。

二、多项选择题

1.【答案】 AB

【解析】 选项C，边远地区开户单位的库存现金限额，可以多于5天，但不得超过15天；选项D，超市找零备用现金不属于库存现金限额，但是需要核定。

2.【答案】 BD

【解析】 在银行单独开立账户单位的现金显然属于开户单位的库存现金限额之内，选项C不符合题意；对没有在银行单独开立账户的附属单位也要实行现金管理，必须保留的现金，也要核定限额，其限额包括在开户单位的库存限额之内，选项A不符合题意。商业和服务行业的找零备用现金也要根据营业额核定定额，但不包括在开户单位的库存现金限额之内，因此选项B、D符合题意。

3.【答案】 ABD

【解析】 复核人应当对批准后的货币资金支付申请进行复核，复核货币资金支付申请的批准范围、权限、程序是否正确，手续及相关单证是否齐备，金额计算是否准确，支付方式、支付单位是否妥当等。复核无误后，交由出纳人员办理支付手续。

4.【答案】 ABCD

【解析】 四个选项的表述都正确。

5.【答案】 ABCD

【解析】 1 000元结算起点以上的，除了向个人收购农副产品和其他物资的价款和出差人员必须随身携带的差旅费以外，不能使用现金。

6.【答案】 AB

【解析】 对于单位向个人收购农副产品和其他物资的价款以及出差人员必须随身携带的差旅费等，现金支付不受结算起点的限制，选项A正确。开户单位在销售活动中，不得对现金结算给予比转账结算优惠的待遇，选项C不正确。开户单位不得拒收支票、银行汇

票和银行本票,选项B正确。各单位之间的经济往来,支付结算限额以上的货币结算,不可使用现金,选项D不正确。

7.【答案】 ABCD

【解析】 四个选项都属于现金结算的特点。

三、判断题

1.【答案】 ×

【解析】 单位不得由一人办理货币资金业务的全过程。

2.【答案】 √

第二节 支付结算概述

一、单项选择题

1.【答案】 B

【解析】 中文大写金额数字到"分"为止的,在"分"之后不能写"整"字。

2.【答案】 B

【解析】 中文大写金额数字前应标明"人民币"字样,大写金额数字应紧接"人民币"字样填写,不得留有空白,因此选项A排除。阿拉伯数字中间连续有几个"0"时,中文大写金额中间可以只写一个"零"字;阿拉伯数字万位或元位是"0",或者数字中间连续有几个万位、元位也是"0",但千位、角位不是"0"时,中文大写金额中可以只写一个"零"字,也可以不写"零"字,因此选项D排除。大写金额数字有"分"的,"分"后面不写"整"(或"正")字。因此选项C排除,选项B正确。

3.【答案】 B

【解析】 单位、银行在票据和结算凭证上的签章,为该单位、银行的盖章,加其法定代表人或其授权的代理人的签名或者盖章。

4.【答案】 B

【解析】 支付结算实行"统一领导,分级管理"相结合的管理体制;统一管理——中国人民银行总行,分级管理——中国人民银行各地分支行。

5.【答案】 B

【解析】 票据的出票日期必须使用中文大写。

6.【答案】 B

【解析】 在填写月、日时,月为壹、贰和壹拾的,日为壹至玖和壹拾、贰拾和叁拾的,应在其前加"零"。出票日期2月20日,中文大写在月、日之前均要加零,因此选项B正确。

7.【答案】 D

【解析】 支付结算使用票据、信用卡和汇兑、托收承付、委托收款等结算方式,不包括用现金结算,因此选项D正确。

二、多项选择题

1.【答案】 ABD

【解析】 金额数字书写中使用繁体字,也应受理,因此选项A正确;选项B、D表述正确;票据的出票日期必须使用中文大写,因此选项C错误。

2.【答案】 ABCD

【解析】 本题中的四个选项都属于支付结算方面的法律、法规和制度,在办理支付结算过程中应遵循。

3.【答案】 ABD

【解析】 单位和银行在票据上记载的名称可以是全称也可以是规范化的简称。

4.【答案】 ABCD

【解析】 本题中的四个选项都属于办理支付结算的基本要求。

5.【答案】 AD

【解析】 我国目前使用的支付工具主要包括“三票一卡”和结算方式;“三票一卡”是指汇票、本票、支票和信用卡,结算方式包括汇兑、托收承付和委托收款等。

6.【答案】 ABC

【解析】 单位、个人和银行签发票据、填写结算凭证,应按照支付结算办法和《正确填写票据和结算凭证的基本规定》记载,单位和银行的名称应当记载全称或者规范化简称。

7.【答案】 ABCD

【解析】 四个选项均符合题意。

三、判断题

1.【答案】 √

2.【答案】 ×

【解析】 支付结算的基本原则之一为银行不垫款。

第三节 银行结算账户

一、单项选择题

1.【答案】 B

【解析】 为存款人多头开立银行结算账户,对银行应给予警告,并处以5万元以上30万元以下的罚款。

2.【答案】 B

【解析】 基本存款账户是存款人的主办账户,开立基本存款账户是开立其他银行结算账户的前提。

3.【答案】 C

【解析】 临时存款账户可以按照国家现金管理的办法支取现金,因此选项A错误。基本存款账户和临时存款账户均不可以向银行借款,因此选项B错误。存款人只能在银行开设一个基本存款账户,因此选项D错误。

4.【答案】 B

【解析】 中国人民银行是银行结算账户的监督管理部门。

5.【答案】 D

【解析】 伪造、变造、私自印制开户许可证,对经营性存款人应给予警告并处1万元以上3万元以下的罚款,构成犯罪的,移交司法机关依法追究刑事责任。

6.【答案】 C

【解析】 选项D属于因借款转存开立的一般存款账户,因此可以在开户当日将借款金额划转至建行基本存款账户,因此选项D正确;选项C,存款人开立一般存款账户不需要核准。

7.【答案】 C

【解析】 存款人银行结算账户有法定变更事项的,应于5个工作日内书面通开户银行并提供有关证明。开户银行办理变更手续并于2个工作日内向中国人民银行当地分支行报告。

8.【答案】 D

【解析】 个人银行结算账户是指自然人因投资、消费、结算等开立的可办理支付结算业务的存款账户。自然人可根据需要申请开立个人银行结算账户,也可以在已开立的储蓄账户中选择并向开户银行申请确认为个人银行结算账户。个人银行结算账户用于办理个人转账收付和现金存取。储蓄账户仅限于办理现金存取业务,不得办理转账结算。

9.【答案】 D

【解析】 专用存款账户是指存款人按照法律、行政法规和规章,对其特定用途资金进行专项管理和使用而开立的银行结算账户。

二、多项选择题

1.【答案】 AD

【解析】 一般存款账户主要用于办理存款人借款转存、借款归还和其他结算的资金收付。该账户可以办理现金缴存,但不得办理现金支取。

2.【答案】 ABCD

【解析】 四个选项的表述都正确。

3.【答案】 ABD

【解析】 下列款项可以转入个人银行结算账户:工资、奖金收入;稿费、演出费等劳务收入;债券、期货、信托等投资的本金和收益;个人债券和产权转让收益;个人贷款转存;证券交易结算资金和期货交易保证金;继承、赠与款项;保险理赔、保费退款等款项;纳税退还;农、副、矿产品销售收入;其他合法款项。

4.【答案】 BD

【解析】 银行接到存款人的变更通知后,应及时办理变更手续,并于2个工作日内向中国人民银行当地分支行报告。存款人撤销银行结算账户,应先撤销其他银行结算账户后再办理基本存款账户后的撤销。

5.【答案】 ABCD

【解析】 四个选项中的程序都正确。

6.【答案】 BD

7.【答案】 ABCD

【解析】 四个选项的表述均正确。

8.【答案】 ABCD

【解析】 选项A、B、C的说法都太绝对了,注意前提"法律、行政法规另有规定的除外”;选项D应为单位存款人而非所有存款人。

9.【答案】 ABCD

【解析】 四个选项均符合题意。

10.【答案】 ABCD

【解析】 基本存款账户的使用范围包括:存款人日常经营活动的资金收付以及存款人的工资、奖金和现金的支取,因此选项A错误。单位设立的非独立核算的附属机构不可以申请开立基本存款账户,因此选项B错误。基本存款账户不能办理基本建设资金,能够办理该项业务的账户应当是专用存款账户,因此选项C错误。企业法人开立基本存款账户时,应出具企业法人营业执照正本,因此选项D错误。

11.【答案】 AB

【解析】 财政预算外资金、证券交易结算资金、期货交易保证金和信托基金专用存款账户不得支取现金。

12.【答案】 ACD

【解析】 选项B,财政预算外资金、证券交易结算资金、期货交易保证金和信托基金专用存款账户不得支取现金;选项A、C、D项均正确。

三、判断题

1.【答案】 √

2.【答案】 √

3.【答案】 ×

【解析】 一个单位只能选择一家银行的一个营业机构开立一个基本存款账户。

第四节 票据结算方式

一、单项选择题

1.【答案】 B

【解析】 银行汇票的有效期限自出票日起2年,因此选项B正确。也就是说,从出票日算起,在2年之内,收款人或者持票人都可以持汇票向出票银行请求付款,付款人不得以超过提示付款期限为由拒绝付款。

2.【答案】 C

【解析】 背书未记载日期的,视为在汇票到期日前背书,因此选项C是相对记载事项。选项B和选项D是绝对记载事项,选项A是不具有法定票据效力的事项。

3.【答案】 B

【解析】 票据行为包括出票、背书、承兑和保证四种。

4.【答案】 B

【解析】 支票的持票人应当自出票日起10日内提示付款。

5.【答案】 B

【解析】 商业汇票的付款期限,最长不得超过6个月。

6.【答案】 C

【解析】 银行承兑汇票的承兑银行,应按票面金额向出票人收取万分之五的手续费。

7.【答案】 D

【解析】 保证不得附有条件;附有条件的,不影响对汇票的保证责任。

8.【答案】 D

【解析】 签发空头支票或者签发与其预留的签章不符的支票,不以骗取财物为目的的,由中国人民银行处以票面金额5%但不低于1 000元的罚款;持票人有权要求出票人赔偿支票金额2%的赔偿金。乙公司支付赔偿金的数额=100 000×2%=2 000(元)。

9.【答案】 D

【解析】 银行汇票的绝对记载事项有以下七点:表明"银行汇票"的字样、无条件支付的承诺、确定的金额、付款人名称、收款人名称、出票日期、出票人签章、汇票上未记载上述事项之一的,汇票无效。

10.【答案】 D

【解析】 申请人缺少解讫通知要求退款的,出票银行应于银行汇票提示付款期限满1个月后办理。

11.【答案】 B

【解析】 付款请求权是指持票人向汇票的承兑人、本票的出票人、支票的付款人出示票据要求付款的权利。在本题中,持票人甲公司委托其开户银行向承兑人收取票款,行使的是付款请求权。

12.【答案】 C

【解析】 远期商业汇票的提示付款期限,自到期日起10日内,选项C错误;其余三项表述均正确。

13.【答案】 C

【解析】 根据规定,背书人在汇票上记载"不得转让"字样,其后手再背书转让的,原背书人对后手的被背书人不承担票据责任。

14.【答案】 C

【解析】 票据金额以中文大写和阿拉伯数码同时记载,两者须一致,不一致的,票据无效。因此选项C的说法是错误的。

15.【答案】 A

【解析】 出票人签发空头支票,银行应予以退票,并按票面金额处以5%但不低于1 000元的罚款。

二、多项选择题

1.【答案】 ABD

【解析】 支票按支付票款的方式不同,分为现金支票、转账支票和普通支票三种。

2.【答案】 ACD

【解析】 出票人在票据上的签章不符合《票据法》等规定的,票据无效。

3.【答案】 ABCD

【解析】 行使追索权的当事人除票据记载的收款人和最后被背书人之外,还可能是代为清偿票据债务的保证人、背书人。

4.【答案】 ABCD

【解析】 甲是出票人,乙是背书转让背书人,丙是保证人,丁是背书人。因此甲、乙、丙、丁都需要承担票据义务。

5.【答案】 BD

【解析】 支票的金额、收款人名称可以由出票人授权补记。

6.【答案】 ABD

【解析】 商业汇票的出票效力包括对收款人的效力、对付款人的效力、对出票人的效力。

7.【答案】 ABCD

【解析】 四个选项的表述都正确。

8.【答案】 ACD

【解析】 背书附条件的,票据依然有效,背书也依然有效,只是所附条件不产生票据法上的效力。

9.【答案】 ABCD

【解析】 票据当事人包括基本当事人和非基本当事人。票据的基本当事人包括出票人、付款人和收款人;非基本当事人包括承兑人、背书人、被背书人、保证人等。

10.【答案】 AC

【解析】 将票据金额的一部分转让或者将票据金额分别转让给两人以上的背书无效,即部分背书无效。

11.【答案】 ABD

【解析】 银行本票的提示付款期限自出票日起最长不得超过2个月。

12.【答案】 AC

【解析】 银行汇票、本票和支票(包括现金支票和转账支票)均为见票即付;商业汇票(包括银行承兑汇票和商业承兑汇票)可以是见票即付票据,也可以是远期票据(附设到期日)。

13.【答案】 ABD

【解析】 票据转让时,由背书人签章。

14.【答案】 ACD

【解析】 选项A,支票的基本当事人包括付款人;选项C,支票不可以透支;选项D,划线支票只能用于转账,不能支取现金。

15.【答案】 ABCD

【解析】 承兑的效力包括:承兑人于汇票到期日必须向持票人无条件地支付汇票上的金额,否则其必须承担迟延付款责任;承兑人必须对汇票上的一切权利人承担责任,该权利人包括付款请求权人和追索权人;承兑人不得以其与出票人之间的资金关系来对抗持票人拒绝支付汇票金额;承兑人的票据责任不因持票人未在法定期限提示付款而解除。持票人未按照上述规定期限提示付款的,在作出说明后,承兑人或者付款人仍应当继续对持票人承担付款责任。

16.【答案】 AC

【解析】 持票人未按规定期限提示付款的,在作出说明后,承兑人或者付款人(出票人)仍应当继续对持票人承担付款责任。

17.【答案】 ABCD

【解析】 出票人签发空头支票、签章与预留银行签章不符的支票，使用支付密码的地区，支付密码错误的支票，银行应予以退票；签发支票应当使用碳素墨水或墨汁填写。

18.【答案】 ABD

【解析】 票据当事人有基本当事人和非基本当事人，其中基本当事人（也叫原始当事人，只要票据作成和交付就已存在的当事人）包括出票人、付款人、收款人。非基本当事人（通过一定的票据行为而加入票据关系的当事人，注意没有这些行为，该当事人是不存在的）因背书行为产生背书人，被背书人；因票据的承兑行为而产生承兑人；因票据的保证行为而产生保证人。

三、判断题

1.【答案】 ×

【解析】 支票的金额、收款人名称，可由出票人授权补记，未补记前不可以背书转让。

2.【答案】 √

3.【答案】 √

4.【答案】 ×

【解析】 银行汇票可以用于转账，标明现金字样的“银行汇票”也可以提取现金。

5.【答案】 ×

【解析】 持票人未按照规定期限提示付款的，在作出说明后，承兑人或者付款人仍应当继续对持票人承担付款责任。

6.【答案】 ×

【解析】 根据规定，汇票背书附有条件的，所附条件不具有汇票上的效力，背书仍然有效。

7.【答案】 √

8.【答案】 ×

【解析】 持票人未按照规定期限提示付款的，持票人开户银行不予受理，但在作出说明后，承兑人或者付款人仍应当继续对持票人承担付款责任。

9.【答案】 ×

【解析】 “不得转让”属于任意记载事项，未记载时不影响票据效力，记载时则产生票据效力；出票人记载“不得转让”的，票据不得背书转让。

四、案例分析题

1.【答案】 BCD

【解析】 A公司签发的支票金额超过了付款时在银行实有的存款金额，属于空头支票。

2.【答案】 BD

【解析】 供应商有权要求A公司给予赔偿票面金额2%的赔偿金，该数额是18 000元；供应商不获付款可以找A公司追索。

3.【答案】 A

【解析】 出票人签发空头支票或者签发与其预留签章不符的支票，不以骗取财务为目的的，由中国人民银行处以票面金额5%但不低于1 000元的罚款。因本题票面金额为90万元，显然5%要超过1 000元，因此选项A的说法正确；对于屡次签发空头支票的，银行应停止其签发支票，本案中并未提及A公司屡次签发，因此选项D错误。

4.【答案】 AC

【解析】 甲银行是汇票的承兑人，应承担付款义务，因此选项D的说法错误；付款人及代理付款人付款时，应当审查汇票背书的连续，因此选项B的说法错误。

5.【答案】 C

【解析】 A公司将汇票转让给供货方时应在背书人处签章，因此选项A的说法错误；如在背书转让时背书人未记载被背书人名称即将票据交付他人，持票人在票据被背书人栏内记载自己的名称与背书人记载具有同等法律效力，因此选项B、D的说法错误。

第五节 银 行 卡

一、单项选择题

1.【答案】 C

【解析】 单位人民币卡账户的资金一律从其基本账户转账存入，不得存取现金，不得将销货收入存入单位卡账户；单位外币卡账户的资金应从其单位的外汇账户转账存入，不得在境内存取外币现钞。因此只有选项C表述不正确。

2.【答案】 C

【解析】 同一持卡人单笔透支发生额个人卡不得超过2万元(含等值外币)，单位卡不得超过5万元(含等值外币)。

二、多项选择题

1.【答案】 AC

【解析】 单位人民币卡账户的资金一律从其基本存款账户转账存入，因此选项A错误；单位人民币卡在销户时，其资金余额应当转入基本存款账户，因此选项C错误。

2.【答案】 AB

【解析】 贷记卡持卡人非现金交易享受免息还款期待遇和最低还款额待遇。免年费待遇和免收账户维护费待遇只是部分发卡银行为争夺客户采取的措施，并不是一个普遍性的制度规定。

3.【答案】 AB

【解析】 信用卡按照是否向发卡银行交存备用金分为贷记卡、准贷记卡两类。

三、判断题

1.【答案】 √

2.【答案】 ×

【解析】 单位人民币卡销户时，其账户的资金应当转入其基本存款账户，单位外币卡账户的资金应当转回其相应的外汇账户，不得提取现金。

3.【答案】 √

4.【答案】 √

第六节　其他结算方式

一、单项选择题

1.【答案】 C

【解析】 托收承付结算方式中,验货付款的承付期为10天,从运输部门向付款人发出提货通知的次日算起。付款人在承付期内,未向银行表示拒绝付款,银行即视作承付,并在承付期满的次日(遇法定休假日顺延)上午银行开始营业时,将款项划给收款人。本题中,3月4日发出提货通知,从3月5日开始计算,10天后是3月14日,因为3月14日和15日为法定休假日,所以乙公司开户银行向甲公司划拨货款的日期为3月16日。

2.【答案】 D

【解析】 收款人对同一付款人发货托收累计3次收不回货款的,收款人开户银行应当暂停收款人向"该付款人"办理托收(而非暂停所有托收业务),选项C表述错误,其余三个选项表述正确。

3.【答案】 B

【解析】 汇入银行对于向收款人发出取款通知,经过2个月无法交付的汇款,应主动办理退汇。

4.【答案】 C

【解析】 信用证结算适用于银行为国内企事业单位之间货物和服务贸易提供的信用证服务。信用证只限于转账结算,不得支取现金,选项A、B错误;信用证付款期限最长不超过一年,选项D错误。只有选项C的表述正确。

5.【答案】 C

【解析】 验货付款的承付期为10天。

二、多项选择题

1.【答案】 ACD

2.【答案】 ABD

【解析】 以单位为付款人的,如果付款人未在"接到"(而非发出)通知的次日起3日内通知银行付款的,视为同意付款,选项C表述错误,其余三个选项表述均正确。

三、判断题

1.【答案】 √

2.【答案】 ×

【解析】 根据支付结算法律制度的有关规定,汇入银行对于向收款人发出取款通知,经过2个月无法交付的汇款,应主动办理退汇。

3.【答案】 ×

【解析】 汇款回单只能作为汇出银行受理汇款的依据,不能作为该笔汇款已转入收款人账户的证明。

第七节 网上支付

一、单项选择题

1.【答案】 B

【解析】 选项B,与传统的支付方式相比,网上支付具有方便、快捷、高效、经济的优势。

2.【答案】 B

【解析】 选项B,网银中心接受并审核客户的交易请求,并将交易请求转发给相应成员行的业务主机。

3.【答案】 C

【解析】 选项C,静态密码属于仅客户本人知悉的要素。

4.【答案】 D

【解析】 支付机构采用不包括数字证书、电子签名在内的两类(含)以上有效要素进行验证的交易,单个客户所有支付账户单日累计金额应不超过5 000元。

二、多项选择题

1.【答案】 ABCD

2.【答案】 AB

【解析】 网上银行按经营模式分为单纯网上银行和分支型网上银行。

3.【答案】 AD

【解析】 客户开通网上银行有两种方式:一是客户前往银行柜台办理;二是客户先网上自助申请,后到柜台签约。

4.【答案】 ABCD

三、判断题

1.【答案】 √

2.【答案】 ×

【解析】 在个人网上银行的账户管理业务中,系统提供客户对本人网上银行各种权限功能、客户信息的管理以及账户的挂失。

3.【答案】 √

4.【答案】 √

【本章习题必练】答案及解析

一、单项选择题

1.【答案】 B

【解析】 汇款人对汇出银行已经汇出的款项可以申请退汇。

2.【答案】 B

【解析】 个人在票据和结算凭证上的签章,为个人本名的签名或盖章。

3.【答案】 B

【解析】 单位设立的独立核算的附属机构才具备开立基本存款账户的资格。

4.【答案】 C

【解析】 支票的金额、收款人名称可以由出票人授权补记，未补记前不得背书转让和提示付款。

5.【答案】 C

【解析】 承兑是汇票特有的制度，选项A错误；商业承兑汇票可以由付款人签发并承兑，也可以由收款人签发交由付款人承兑，选项B、D错误。

6.【答案】 B

【解析】 单位和个人在同一票据交换区域需要支付的各种款项，均可以使用银行本票。

7.【答案】 A

【解析】 一般存款账户用于办理借款转存、借款归还和其他结算的资金收付。该账户可以办理现金缴存，但不得办理现金支取。

8.【答案】 B

【解析】 选项A，中文大写金额应用正楷或行书填写；选项C，中文大写金额数字到“角”为止的，在角之后可以写“整”字，也可以不写“整”字；选项D，票据的大写出票日期未按要求规范填写的，银行可予受理，但由此造成损失的，由出票人自行承担。

9.【答案】 B

【解析】 保证不得附有条件，附有条件的，不影响对汇票的保证责任。

10.【答案】 B

11.【答案】 D

【解析】 承兑是商业汇票特有的制度。

12.【答案】 A

【解析】 根据《正确填写票据和结算凭证的基本规定》的规定，中文大写金额数字应用正楷或行书填写。

13.【答案】 B

【解析】 票据的出票日期必须使用中文大写。月为壹、贰和壹拾的，日为壹至玖和壹拾、贰拾和叁拾的，应在其前加“零”，日为拾壹至拾玖的，应在其前加“壹”。

14.【答案】 D

【解析】 结算起点的调整由中国人民银行确定，报国务院备案。

15.【答案】 D

【解析】 大写金额数字有“分”的，“分”后面不写“整”或“正”字。阿拉伯小写金额数字中有“0”的，中文大写应按照汉语语言规律、金额数字构成和防止涂改的要求进行书写。正确的写法为人民币贰万肆仟陆佰零玖元零捌分。

16.【答案】 B

【解析】 银行汇票必须记载的事项包括出票金额、出票日期、出票人签章等。

17.【答案】 B

【解析】 根据《现金管理暂行条例》的规定，开户单位可以在以下范围内使用现金：

①职工工资、津贴;②个人劳务报酬;③根据国家规定颁发给个人的科学技术、文化艺术、体育等各种奖金;④各种劳保、福利费用以及国家规定的对个人的其他支出;⑤向个人收购农副产品和其他物资的价款;⑥出差人员必须随身携带的差旅费;⑦结算起点(1 000元)以下的零星支出;⑧中国人民银行确定需要支付现金的其他支出。

18.【答案】 D

【解析】 存款人申请开立临时存款账户,应向银行出具的证明文件:临时机构,应出具其驻在地主管部门同意设立临时机构的批文;异地建筑施工及安装单位,应出具其营业执照正文或其隶属单位的营业执照正本、施工及安装地建设主管部门核发的许可证或建筑施工及安装合同,以及基本存款账户开户许可证;异地从事临时经营活动的单位,应出具其营业执照正本、临时经营地工商行政管理部门的批文,以及基本存款账户开户许可证;注册验资资金,应出具工商行政管理部门核发的企业名称预先核准通知书或有关部门的批文。

19.【答案】 B

【解析】 存款人在开立、撤销银行结算账户过程中,有下列行为之一的:

(1) 违反规定开立银行结算账户;

(2) 伪造、变造证明文件欺骗银行开立银行结算账户;

(3) 违反规定不及时撤销银行结算账户。

对于非经营性的存款人,有上述所列行为之一的,给予警告并处以 1 000 元的罚款;对于经营性的存款人,有上述所列行为之一的,给予警告并处以 1 万元以上 3 万元以下的罚款;构成犯罪的,移交司法机关依法追究刑事责任。

20.【答案】 B

【解析】《支付结算办法》第 207 条规定,委托收款以银行以外的单位或在银行开立存款账户的个人为收款人的,委托收款凭证必须记载收款人开户银行名称。

21.【答案】 C

【解析】 经营地与注册地不在同一行政区域的存款人,在异地开立基本存款账户的,应出具注册地中国人民银行分支行的未开立基本存款账户的证明。

22.【答案】 D

【解析】 根据《票据法》第 8 条的规定,票据金额以中文大写和阿拉伯数字同时记载,两者不一致的,票据无效。

23.【答案】 C

【解析】 支票是出票人签发的、委托办理支票存款业务的银行在见票时无条件支付确定的金额给收款人或出票人的票据。

24.【答案】 C

【解析】 狭义票据仅指支票、本票和汇票。

25.【答案】 D

【解析】 汇票的债务可以由保证人承担保证责任,保证人由汇票债务人以外的他人担当。保证人在汇票或者粘贴单上未记载保证日期的,出票日期为保证日期。保证不得附有条件;附有条件的,所附条件不影响对商业承兑汇票的保证责任。保证人为两人以上的,保证人之间承担连带责任。

26.【答案】 D

【解析】　选项A,汇票到期之前,有付款、死亡、逃匿的,付款人被依法宣告破产的或者因违法责令终止业务活动的,持票人可以行使追索权。选项B,汇票的出票人、背书人、承兑人和保证人对持票人承担连带责任,持票人可以不按照汇票债务人的先后顺序,对其中任何一人、数人或者全体行使追索权。选项C,持票人行使追索权或保全票据的权利后,可以向前手偿还票据金额、利息及其他法定金额。

27.【答案】　C

【解析】《支付结算办法》第73条规定,商业汇票的付款人为承兑人。

28.【答案】　C

【解析】　付款人承兑商业汇票,不得附有条件;承兑附有条件的,视为拒绝承兑。

29.【答案】　B

【解析】　支票的绝对记载事项有:①表明"支票"的字样;②无条件支付的委托;③确定的金额;④付款人名称;⑤出票日期;⑥出票人签章。其中支票的金额、收款人名称可以由出票人授权补记,未补记前不得背书转让和提示付款。

30.【答案】　C

【解析】　根据《票据法》的规定,持票人对支票出票人的权利,自出票日起6个月不行使而消灭。

31.【答案】　D

【解析】　根据规定,对住房基金、社会保障基金的管理与使用,存款人可以申请开立专用存款账户。

32.【答案】　B

【解析】《支付结算办法》第137条规定,单位卡账户的资金一律从其基本存款账户转账存入,不得交存现金,不得将销货收入的款项存入其账户。该法第142条规定,单位卡不得用于10万元以上的商品交易、劳务供应款项的结算。此外,该法第150条还规定,单位卡一律不得支取现金。

33.【答案】　B

【解析】　商业汇票绝对记载事项有:表明"商业承兑汇票"或"银行承兑汇票"的字样;无条件支付的委托;确定的金额;付款人名称;收款人名称;出票日期;出票人签章。欠缺记载上述事项之一的,商业汇票无效。

34.【答案】　C

【解析】　一般存款账户主要用于办理存款人借款转存、借款归还和其他结算的资金收付。该账户可以办理现金缴存,但不得办理现金支取。

35.【答案】　D

【解析】　银行卡是指经批准由商业银行(含邮政金融机构)向社会发行的具有消费信用、转账结算、存取现金等全部或部分功能的信用支付工具。

36.【答案】　D

【解析】　存款人办理异地借款和其他结算需要开立一般存款账户的,可以在异地开立有关银行结算账户。

37.【答案】　D

【解析】　单位、个人和银行办理支付结算,必须使用按中国人民银行统一规定印制的票据和结算凭证。未使用按中国人民银行统一规定印制的票据，票据无效；未使用中国人民银行统一规定格式的结算凭证，银行不予受理。

38.【答案】 C

【解析】 根据规定，票据的出票日期必须使用中文大写。票据出票日期使用小写填写的，银行不予受理。

39.【答案】 B

【解析】 票据金额、出票日期、收款人名称不得更改，更改的票据无效。

40.【答案】 A

【解析】 存款人开立单位银行结算账户，自正式开立之日起3个工作日后，方可使用该账户办理付款业务。但注册验资的临时存款账户转为基本存款账户和因借款转存开立的一般存款账户除外。

41.【答案】 D

【解析】 一般存款账户用于办理存款人借款转存、借款归还和其他结算的资金收付。

42.【答案】 D

【解析】 根据《人民币银行结算账户管理办法》和《账户管理办法实施细则》的规定，存款人开立基本存款账户、临时存款账户(因注册验资和增资验资的除外)、预算单位开立专用银行存款账户和QFII专用存款账户实行核准制，经中国人民银行当地分支行核准后颁发开户许可证。

43.【答案】 A

【解析】 存款人签发空头支票，按票面金额对其处以5%但不低于1 000元罚款。应处以其罚款＝30 000×5%＝1 500(元)，由于超过了1 000元，因此按照1 500元来处罚。

44.【答案】 C

【解析】 保证应由汇票债务人之外的他人承担，选项A错误；票据保证是一种书面行为，并须作成于汇票或粘单上，如果另行签订保证合同的，不属于票据保证，选项B错误；保证人为出票人、承兑人保证的，应将保证事项记载在票据的正面；保证人为背书人保证的，应将保证事项记载在票据的背面或黏单上，选项D错误。

45.【答案】 D

【解析】 根据规定，付款人承兑汇票，不得附有条件；承兑附有条件的，视为拒绝承兑。

46.【答案】 A

【解析】 选项A，属于线上支付。

二、多项选择题

1.【答案】 ABCD

【解析】 现金结算的特点有四个：选项A反映的是直接便利的特点；选项B反映的是费用较高的特点；选项C反映的是不安全性的特点；选项D反映的是不易宏观控制和管理的特点。

2.【答案】 ABD

【解析】 选项C，发卡银行对贷记卡的取现应当每笔进行授权，每卡每日累计取现不得超过限定额度。

3.【答案】 ACD

【解析】 支付结算的基本原则包括恪守信用，履约付款，选项B正确；谁的钱进谁的账，由谁支配，银行不代扣款项，选项A错误；银行不垫款，选项C错误；选项D不属于支付结算的基本原则。

4.【答案】 ABD

【解析】 银行汇票可以背书转让，但填明“现金”字样的银行汇票，不得背书转让。填明“现金”字样和代理付款人的银行汇票丧失，可以由失票人通知付款人或者代理付款人挂失止付。

5.【答案】 ABCD

【解析】 专用存款账户的使用范围包括党、团、工会经费，财政预算外资金，粮、棉、油收购资金，金融机构存放同业资金。

6.【答案】 ABCD

【解析】 四个选项的表述都正确。

7.【答案】 ABCD

【解析】 四个选项的表述都正确。

8.【答案】 ABD

【解析】 汇款人对汇出银行尚未汇出的款项可以申请撤销，因此选项C错误。

9.【答案】 BC

【解析】 国内信用证结算方式只能用于转账结算，不得支取现金，因此选项B错误；信用证应使用中文开立，因此选项C错误。

10.【答案】 ABC

【解析】 银行结算账户管理应当遵守以下四个原则：一个基本存款账户原则、自主选择银行开立银行结算账户原则、守法合规原则、存款信息保密原则。

11.【答案】 AC

【解析】 存款人开立基本存款账户、临时存款账户（因注册验资和增资验资的除外）、预算单位开立专用银行存款账户和QFII专用存款账户实行核准制，经中国人民银行当地分支行核准后颁发开户许可证。

12.【答案】 AC

【解析】 选项B，中文大写金额数字应用正楷或行书填写，不得自造简化字。如果金额数字书写中使用繁体字，也应受理。选项D，票据出票日期使用小写填写的，银行不予受理。大写日期未按要求规范填写的，银行可予受理，但由此造成损失的，由出票人自行承担。

13.【答案】 ABD

【解析】 中国人民银行负责基本存款账户、临时存款账户、预算单位专用存款账户开户许可证的管理；一般存款账户向商业银行提出开户申请。

14.【答案】 ABCD

【解析】 存款人申请开立临时存款账户，应向银行出具的证明文件：临时机构，应出具其驻在地主管部门同意设立临时机构的批文；异地建筑施工及安装单位，应出具其营业执照正文或其隶属单位的营业执照正本、施工及安装地建设主管部门核发的许可证或建筑施工及安装合同，以及基本存款账户开户许可证；异地从事临时经营活动的单位，应出具其营业执照正本、临时经营地工商行政管理部门的批文，以及基本存款账户开户许可证；注册验资资金，应出具工商行政管理部门核发的企业名称预先核准通知书或有关部门的批文。

15.【答案】 ABCD

【解析】 签发汇兑凭证必须记载下列事项：①表明“信汇”或“电汇”的字样；②无条件支付的委托；③确定的金额；④收款人名称；⑤汇款人名称；⑥汇入地点、汇入行名称；⑦汇出地点、汇出行名称；⑧委托日期；⑨汇款人签章。

16.【答案】 ABD

【解析】 银行结算账户管理的基本原则是：①一个基本账户原则；②自主选择原则；③守法合规原则；④存款信息保密原则。

17.【答案】 AC

【解析】 选项B适用于基本存款账户；选项D适用于一般存款账户。

18.【答案】 AC

【解析】 托收承付货款分为验单付款和验货付款两种，验单付款的承付期为3天，验货付款的承付期为10天。不论验单付款还是验货付款，付款人都可以在承付期内提前向银行表示承付，并通知银行提前付款，银行应立即办理划款。采用验货付款的，收款人必须在托收凭证上加盖明显的“验货付款”字样戳记。托收凭证未注明验货付款，经付款人提出合同证明是验货付款的，银行可按验货付款处理。

19.【答案】 ABC

【解析】 个人卡在使用过程中，需要向其账户续存资金的，只限于其持有的现金存入和工资性款项以及属于个人的劳务报酬收入转账存入。严禁将单位的款项存入个人卡账户。

20.【答案】 ABD

【解析】 持票人委托开户银行收款时，应做委托收款背书，在支票背面背书人签章栏签章，记载“委托收款”字样、背书日期，因此选项C错误。

21.【答案】 ABD

【解析】 票据可以背书转让，但填明“现金”字样的银行汇票、银行本票和用于支取现金的支票不得背书转让。选项C，背书不得附有条件，背书附有条件的，所附条件不具有票据上的效力。背书未记载日期的，视为票据到期日前背书。银行汇票的背书转让以不超过出票金额的实际结算金额为准。未填写实际结算金额或实际结算金额超过出票金额的银行汇票不得背书转让。

22.【答案】 ABD

【解析】 支票的相对记载事项有：①付款地。支票上未记载付款地的，付款人的营业场所为付款地。②出票地。支票上未记载出票地的，出票人的营业场所、住所或者经常居住地为出票地。

23.【答案】 ABD

【解析】 选项A，除国家法律另有规定外，对个人银行结算账户的存款和有关资料，银行有权拒绝任何单位或个人查询；选项B，除国家法律另有规定外，银行不得代任何单位或者个人冻结、扣划个人银行结算账户的款项；选项D，除国家另有规定外，不得停止个人结算账户的正常支付。

24.【答案】 ACD

【解析】 票据行为是指票据当事人以发生票据债务为目的的，以在票据上签名或盖章为权利与义务成立要件的法律行为，包括出票、背书、承兑和保证四种。选项B，票据丢失且不能在票据上签章，所以不属于票据行为。

25.【答案】 ACD

【解析】 委托收款的注意事项：①付款人审查有关债务证明后，对收款人委托收取的款项需要拒绝付款的，有权提出拒绝付款；②收款人收取公用事业费，必须具有收付双方事先签订的经济合同，由付款人向开户银行授权，并经开户银行同意，报经中国人民银行当地分支行批准，可以使用同城特约委托收款。

26.【答案】 ABCD

【解析】 建筑施工及安装企业在异地同时承建多个项目的，可以根据建筑施工及安装合同开立不超过项目合同个数的临时存款账户。

27.【答案】 ABC

【解析】 票据的出票日期使用小写填写的，银行不予受理。

28.【答案】 ABD

【解析】 一个单位只能在一家银行开立一个基本存款账户；一般存款账户可以办理现金缴存，但不能办理现金支取。

29.【答案】 ABCD

【解析】 四个选项都符合题目要求。

30.【答案】 ABD

【解析】 存款人只能通过基本存款账户办理工资、奖金等现金的支取。

31.【答案】 ABCD

【解析】 承兑生效后，即对付款人产生相应的效力。付款人承兑汇票后，应当承担到期付款的责任。

32.【答案】 ABCD

【解析】 根据规定，甲、乙、丙、丁都是戊的前手，都应当承担票据责任。

33.【答案】 AB

【解析】 根据规定，附有条件的背书，所附条件无效，背书仍然有效。因此选项C错误。将汇票金额分别转让给两人以上的背书无效。因此选项D错误。

34.【答案】 ABD

【解析】 签发汇兑凭证必须记载下列事项：表明“信汇”或“电汇”的字样；无条件支付的委托；确定的金额；收款人名称；汇款人名称；汇人地点、汇入行名称；汇出地点、汇出行名称；委托日期；汇款人签章。

35.【答案】 ABD

【解析】 信用证的申请人，指申请开立信用证的当事人，一般为货物购买方或服务接受方。

36.【答案】 ABC

【解析】 根据《现金管理暂行条例》的规定，单位支付现金不能超过规定的现金限额(除向个人收购农副产品和其他物资，以及出差人员必须随身携带的差旅费外)，这个限额是1 000元。超过部分，应当以支票或银行本票支付，确需全额支付现金的，经开户银行审核后，予以支付现金。因此不能用现金全额支付职工工资2 350元，其余三个选项均可以。

37.【答案】 ABC

【解析】 大写日期未按要求规范填写，票据并非无效，银行可予受理；但由此造成的损失，由出票人自行承担。票据的金额、出票或签发日期、收款人名称不得更改，更改的票据无效。

38.【答案】 ABCD

【解析】 银行结算账户管理的基本原则包括一个基本账户原则、自主选择原则、守法合规原则、存款信息保密原则。

39.【答案】 ABD

【解析】 交易时身份认证方式包括：密码、文件数字证书、动态口令卡、动态手机口令、移动口令牌、移动数字证书。

40.【答案】 ABC

【解析】 支票的提示付款期限为自出票日起10日。

三、判断题

1.【答案】 √

【解析】 付款人委托银行、非银行金融机构或者非金融机构将现金支付给收款人是现金结算的渠道，邮局属于非金融机构。

2.【答案】 ×

【解析】 开户单位的现金收入应于当日送存开户银行。当日送存有困难的，由开户银行确定送存时间。

3.【答案】 √

4.【答案】 ×

【解析】 一般存款账户是存款人因借款或其他结算需要，在基本存款账户开户银行以外的银行营业机构开立的银行结算账户。

5.【答案】 ×

【解析】 业务支出账户除从其基本存款账户拨入款项外，只付不收，其现金支取必须按照国家现金管理的规定办理。

6.【答案】 ×

【解析】 如果付款人在3日内不做承兑与否表示的，应视为拒绝承兑。

7.【答案】 √

8.【答案】 ×

【解析】 因迁址需要变更开户银行的，才需要办理银行结算账户的撤销。

9.【答案】 ×

【解析】 在我国，《票据法》中的票据是指银行汇票、商业汇票、银行本票和支票。

10.【答案】 ×

【解析】 相对记载事项,也是《票据法》规定必须在票据上记载的事项,若不记载,法律另作相应规定予以推定,并不影响票据的效力。

11.【答案】 √

12.【答案】 √

13.【答案】 √

【解析】 票据关系是基于票据行为而在当事人之间所发生的特定的债权债务关系。合同无效但甲乙双方的债权债务关系仍然存在。

14.【答案】 √

15.【答案】 ×

【解析】 单位人民币卡可办理商品交易和劳务供应款项的结算,但不得透支。单位卡人民币不得支取现金。

16.【答案】 ×

【解析】 银行结算账户是指存款人在经办银行开立的办理资金收付结算的人民币活期存款账户。

17.【答案】 ×

【解析】 商业银行办理银行卡收单业务向批发类企业收取结算手续费为每笔26元。

18.【答案】 ×

【解析】 单位银行卡账户的资金必须由其基本存款账户转账存入,该账户不得办理现金收付业务。

19.【答案】 ×

【解析】 托收承付结算每笔的金额起点为1万元,新华书店系统每笔的金额起点为1 000元。

20.【答案】 ×

【解析】 不符合"银行不垫款"原则。

21.【答案】 √

22.【答案】 ×

【解析】 我国《票据法》规定,支票必须记载的事项包括:表明"支票"的字样;无条件支付的委托;确定的金额;付款人名称;出票日期;出票人签章。未记载规定事项之一的,支票无效。

23.【答案】 √

24.【答案】 ×

【解析】 见票即付的汇票,自出票日起1个月内向付款人提示付款。定日付款、出票后定期付款或者见票后定期付款的商业汇票的提示付款期限为自汇票到期日起10日。

25.【答案】 ×

【解析】 个体工商户开立基本存款账户应出具个体工商户"营业执照"正本。

26.【答案】 √

27.【答案】 √

【解析】 票据的出票日期必须使用中文大写。大写日期未按要求规范填写的,银行可予受理；但由此造成损失的，由出票人自行承担。

28.【答案】 ×

【解析】 票据和结算凭证金额以中文大写和阿拉伯数字同时记载，两者必须一致，否则票据无效，结算凭证银行不予受理。

29.【答案】 ×

【解析】 银行汇票的实际结算金额低于出票金额的，多余金额由出票银行退交申请人。

30.【答案】 √

【解析】 开户单位在开户银行提取现金超过中国人民银行地区分行确定的大额现金数量标准的现金支出，实行备案登记制度。

31.【答案】 ×

【解析】 用于支取现金的支票仅限于收款人向付款人提示付款，不得背书转让。

32.【答案】 ×

【解析】 一般存款账户是指存款人因借款或其他结算需要，在基本存款账户开户银行以外的银行营业机构开立的银行结算账户。

33.【答案】 √

【解析】 临时存款账户根据国家现金管理的规定办理现金收付，但是存款人的工资、奖金等现金的支取，只能通过基本存款账户办理。

34.【答案】 √

【解析】 自然人可根据需要申请开立个人银行结算账户，也可以在已开立的储蓄账户中选择并向开户银行申请确认为个人银行结算账户。

35.【答案】 √

【解析】 变造票据是指无权更改票据上除签章以外的其他记载事项的人，对票据予以更改的行为。

36.【答案】 √

37.【答案】 ×

【解析】 汇票是出票人委托他人付款的委付证券，出票人的出票行为并不意味着付款人因此承担付款义务，只有得到付款人承兑后，才承担付款义务。

38.【答案】 √

【解析】 支票上未记载收款人名称的，经出票人授权可以补记。

39.【答案】 ×

【解析】 根据《票据法》的规定，付款人承兑汇票，不得附有条件，承兑附有条件的，视为拒绝承兑。

40.【答案】 ×

【解析】 背书是指持票人为将票据权利转让给他人，或者将一定的票据权利授予他人行使，而在票据背面或者粘单上记载有关事项并签章的行为，是转让行为。

41.【答案】 ×

【解析】 一般存款账户主要用于办理存款人借款转存、借款归还和其他结算的资金收付。一般存款账户可以办理现金缴存，但不得办理现金支取。

42.【答案】 √

43.【答案】 ×

【解析】 在普通支票左上角划两条平行线的，为划线支票，划线支票只能用于转账，不能支取现金。

44.【答案】 ×

【解析】 支票是出票人签发的、委托办理支票存款业务的银行在见票时无条件支付确定的金额给收款人或者持票人的票据。

45.【答案】 ×

【解析】 并不是所有自然人都要纳入个人银行结算账户管理，比如：个体工商户凭身份证以经营者姓名开立的银行结算账户应纳入单位银行结算账户管理。

46.【答案】 ×

【解析】 银行汇票可以用于转账，标明现金字样的"银行汇票"也可以提取现金。

47.【答案】 ×

【解析】 除国家法律另有规定外，银行不得为任何单位或个人冻结、扣款，不得停止单位、个人存款的正常支付。

48.【答案】 √

49.【答案】 ×

【解析】 根据规定，阿拉伯数字中间连续有几个"0"时，中文大写金额中间可以只写一个"零"字。例如，¥6 007.14，应写成人民币陆仟零柒元壹角肆分。

50.【答案】 ×

【解析】 超过提示付款期限的，依照《票据法》规定，付款人可以不予付款，但是付款人不予付款的，出票人仍应当对持票人承担票据责任。

51.【答案】 ×

【解析】 对单位、个人在银行开立的银行结算账户的存款，除国家法律、行政法规另有规定外，银行有权拒绝任何单位或个人的查询。

52.【答案】 √

【解析】 保证是指票据债务人以外的第三人，为担保票据债务的履行所作的一种附属票据行为。

53.【答案】 √

【解析】 保证人的保证责任不限于确定的票据债务人，凡对被保证的票据债务人享有权利的一切票据权利人，均可依该保证向保证人主张权利。

54.【答案】 ×

【解析】 开户单位支付给个人的款项，超过使用现金限额的部分，应当以支票或者银行本票支付；确需全额支付现金的，经开户银行审核后，予以支付现金。

55.【答案】 √

四、案例分析题

（一）

1.【答案】 BD

【解析】 根据规定，支票上有两项事项是可以授权补记的：支票的金额和收款人名称。

2.【答案】 ACD

【解析】 正确的填写格式应为：贰零壹捌年零壹月壹拾玖日。

3.【答案】 ABD

【解析】 票据金额、出票日期、收款人名称不得更改，更改的票据无效。

4.【答案】 ABCD

【解析】 在填写月、日时，月为壹、贰和壹拾的，日为壹至玖和壹拾、贰拾和叁拾的，应在其前加“零”；日为拾壹至拾玖的，应在其前面加“壹”。

5.【答案】 B

【解析】 根据票据法律制度的规定，票据上的付款人名称可以更改，更改时应当由原记载人在更改处签章。

(二)

1.【答案】 ABCD

【解析】 “出票金额、出票日期、收款人名称”不得更改，更改的票据无效；票据金额以中文大写和阿拉伯数码同时记载，两者不一致的票据无效；出票人在票据上的签章不符合规定的，票据无效；付款人名称属于签发商业汇票时必须记载的事项，未记载的，该汇票无效。

2.【答案】 ABD

【解析】 银行承兑汇票的出票人即承兑申请人，所以甲公司是承兑申请人，乙公司是收款人，商业汇票的付款人是承兑人。

3.【答案】 D

【解析】 背书人在票据上记载“不得转让”字样，其后手再背书转让的，原背书人对后手的被背书人不承担票据责任。丙公司无需再对后手的被背书人承担票据责任。

4.【答案】 ACD

【解析】 背书时附有条件的，所附条件不具有票据上的效力，即不影响背书行为本身的效力，被背书人仍可依该背书取得票据权利。

5.【答案】 BD

【解析】 定日付款、出票后定期付款和见票后定期付款的汇票，自到期之日起 10 日内向承兑人(付款人)提示付款；持票人未按照规定期限提示付款的，在作出说明后，承兑人(付款人)仍应当继续对持票人承担付款责任。

(三)

1.【答案】 D

【解析】 支票的出票人是签发支票的单位或个人，付款人是出票人的开户银行。

2.【答案】 BC

【解析】 现金支票没有限额的规定，签发支票应使用碳素墨水或墨汁填写，支票上必须有出票人的签章。支票的出票人签发支票的金额不得超过付款时在付款人处实有的存款金额，因此开票时比支票金额小是可以的，但是付款时就不能小于票面金额了。

3.【答案】 D

【解析】 出票人签发空头支票、签章与预留银行签章不符的支票，银行应予以退票，并按票面金额处以 5%但是不低于1 000 元的罚款。32 000×5%=1 600(元)。

4.【答案】 AB

【解析】 可以支取现金的有现金支票、普通支票。划线支票和转账支票只能转账不能支取现金。

5.【答案】 B

【解析】 现金支票不能背书转让。

(四)

1.【答案】 ABC

【解析】 填写支票金额时,可以用繁体字书写中文大写金额数字,中文大写金额数字的"角"之后可以不写"整"(或"正")字,中文大写金额数字的"分"之后不写"整"。阿拉伯小写金额数字前面应填写人民币符号"¥"。

2.【答案】 B

【解析】 授权补记的收款人和金额属于绝对记载事项。未补记前不得背书转让和提示付款。

3.【答案】 ABC

【解析】 甲公司向乙公司购买产品,并签发支票,乙公司背书转让给丙公司均属于有效行为。根据票据法规定,支票限于见票即付,不得另行记载付款日期。另行记载付款日期的,该记载无效。因此,乙公司另行记载支票的付款日期的行为无效。

4.【答案】 B

【解析】 根据《票据法》规定。支票持有人应当自出票日起10日内提示付款。因此,选项B提示付款时间符合规定。

5.【答案】 BC

【解析】 支票可以划分为现金支票、转账支票、普通支票,划线支票是普通支票的一种。出票人只能在账户可用余额以内签发支票,不能透支;用于支取现金的支票不能背书转让;支票未记载付款地的,付款人的营业场所为付款地;当付款人对支票拒绝付款或者超过支票付款提示期限的,出票人应向持票人承担付款责任。

(五)

1.【答案】 D

【解析】 银行结算账户按用途不同,分为基本存款账户、一般存款账户、专用存款账户和临时存款账户四类。

2.【答案】 BCD

【解析】 专用存款账户是指存款人按照法律、行政法规和规章,对有特定用途的资金进行专项管理和使用而开立的银行结算账户。

3.【答案】 C

【解析】 商业汇票的付款期限,最长不得超过6个月。

4.【答案】 B

【解析】 背书是指票据的收款人或持有人在转让票据时,在票据背面或者粘单上记载有关事项并签章的行为。B公司将汇票转让给C公司的行为属于背书(票据行为)。

5.【答案】 BCD

【解析】 单位银行卡账户不得办理现金收付业务。

第三章

税收法律制度

【本章学习知识体系】

- 税收法律制度
  - 一、税收概述
    - (1) 税收的概念与分类(★)
    - (2) 税法及其构成要素(★)
  - 二、主要税种
    - (1) 增值税(★★★)
    - (2) 消费税(★★★)
    - (3) 企业所得税(★★★)
    - (4) 个人所得税(★★★)
  - 三、税收征收管理
    - (1) 税务登记(★★)
    - (2) 发票开具与管理(★★)
    - (3) 纳税申报(★★)
    - (4) 税款征收(★★)
    - (5) 涉税专业服务(★★)
    - (6) 税务检查(★★)
    - (7) 税收法律责任(★★)
    - (8) 税务行政复议(★★)

【分节习题必会】

第一节　税 收 概 述

一、单项选择题

1. 下列项目中，不属于税收程序法内容的是(　　)。

A. 税收争议解决程序　　B. 税收检查程序

C. 税收征收程序　　D. 税收客体

2. 根据规定，有权制定税收法律的是(　　)。

A. 国务院　　B. 全国人民代表大会及其常委会

C. 财政部　　D. 国家税务总局

3. (　　)是各个税种之间相互区别的根本标志。

A. 计税依据　　B. 税目　　C. 税率　　D. 征税对象

4. 通过缩小计税依据来实现减免税的形式属于(　　)。

A. 税额式减免　　B. 税种式减免
C. 税率式减免　　D. 税基式减免
5. 税率体现征税的(　　)。
A. 难度　　B. 深度　　C. 广度　　D. 强度
6. 在税收特征中,属于关键特征的是(　　)。
A. 有偿性　　B. 无偿性　　C. 强制性　　D. 固定性

二、多项选择题

1. 在下列税种中,属于行为税类的有(　　)。
A. 印花税　　B. 城市维护建设税　　C. 车辆购置税　　D. 增值税
2. 税法的构成要素,一般包括征税人、纳税义务人、征税对象、税目、税率、计税依据、纳税环节、纳税期限、纳税地点、减免税、法律责任等项目。下列说法中,正确的有(　　)。
A. 计税依据可分为从价计征、从量计征、复合计征三种类型
B. 纳税环节的表现形式有一次课征制和多次课征制
C. 不能按照固定期限纳税的,可以按次纳税
D. 征税对象是区分不同税种的主要标志
3. 减免税主要包括有(　　)。
A. 减税　　B. 免税　　C. 起征点　　D. 免征额
4. 按税收管理权限的不同,可将税种划分为(　　)。
A. 中央税　　B. 地方税
C. 所得税　　D. 中央和地方共享税
5. 下列关于税收的说法中,不正确的有(　　)。
A. 税收具有强制性、无偿性和灵活性三个特征
B. 经济职能是税收的基本功能
C. 税收的征税对象、税目、税率、纳税人、计算纳税办法和期限可以根据需要灵活调整
D. 税收是国际经济交往中维护国家利益的可靠保证
6. 税法按照主权国家行使税收管辖权的不同,可以分为(　　)。
A. 国内税法　　B. 国际税法
C. 外国税法　　D. 外商投资企业税法
7. 根据征税对象的不同,可以把我国的现行税种体系分为流转税、所得税、财产税、特定行为税和资源税五大类。下列说法中,不正确的有(　　)。
A. 消费税属于流转税　　B. 印花税属于特定行为税类
C. 关税属于特定行为税　　D. 耕地占用税属于资源税类
8. 下列属于税收实体法的有(　　)。
A.《税收征管法》　　B.《增值税暂行条例》
C.《税收征收管理法实施细则》　　D.《企业所得税法》
9. 下列各项中,属于税收特征的有(　　)。
A. 固定性　　B. 强制性　　C. 无偿性　　D. 及时性

三、判断题

1. 超率累进税率是指以征税对象数额的相对率划分若干级距，分别规定相应的差别税率。我国的土地增值税就是采用这种税率。（　　）

2. 税收的强制性是税收“三性”的核心，保证了国家税款的及时、足额入库。（　　）

3. 根据法律规定在税收法律关系中享有权利和承担义务的主体，包括征税主体和纳税主体。（　　）

4. 税收具有组织收入、调节经济、维护国家政权和国际利益等方面的重要作用。（　　）

第二节　主要税种

一、单项选择题

1. 根据企业所得税法律制度的规定，企业的下列收入中，属于不征税收入范围的是（　　）。

A. 租金收入　　B. 财政拨款　　C. 产品销售收入　　D. 国债利息收入

2. 单位或个体经营者的下列业务，应视同销售征收增值税的是（　　）。

A. 企业将购买的原材料用于免征增值税项目

B. 个体商店代销鲜奶

C. 商场将购买的商品用于个人消费

D. 饭店将购进的啤酒用于集体福利

3. 根据营业税改征增值税试点税收政策的规定，下列各项中，不属于营业税改征增值税应税行为的是（　　）。

A. 广告设计　　B. 加工劳务　　C. 鉴证咨询服务　　D. 不动产租赁

4. 下列纳税人中，不属于增值税一般纳税人的是（　　）。

A. 年应税销售额为 550 万元的从事货物生产的个体经营者

B. 年应税销售额为 520 万元的从事货物生产的企业

C. 年应税销售额为 600 万元的从事货物批发的其他个人

D. 年应税销售额为 580 万元的从事货物批发零售的企业

5. 甲企业是一家小型工业企业，为增值税小规模纳税人。本年 12 月销售产品取得销售收入 16.48 万元（含增值税）；购进原材料一批，支付货款 4.12 万元（含增值税，适用税率为 16%）。已知甲企业销售的产品适用的增值税征收率为 3%，甲企业当月应缴纳的增值税税额为（　　）万元。

A. 0.36　　B. 0.72　　C. 0.96　　D. 0.48

6. 在营业税改征增值税的应税行为中，税率为 16%的是（　　）。

A. 交通运输业　　B. 有形动产租赁业　　C. 金融业　　D. 建筑业

7. 根据《增值税暂行条例》规定，增值税纳税期限分别为（　　）。

A. 1 日、3 日、5 日、10 日、15 日、1 个月或者 1 个季度

B. 5 日、10 日、15 日、1 个月或者 1 个季度

C. 1 日、3 日、5 日、10 日、15 日或者 1 个月

D. 15 日、1 个月或者 1 个季度

8. 根据规定，下列关于增值税的说法中，不正确的是(　　)。

A. 在我国境内销售货物、提供加工修理修配服务、销售服务、无形资产以及不动产的单位和个人，为增值税纳税人

B. 纳税人提供加工、修理修配劳务，增值税税率为 16%

C. 食用盐的增值税税率为 16%

D. 纳税人出口货物的增值税税率为零，国务院另有规定的除外

9. 将自产高档化妆品用于(　　)，不视同销售，不征收消费税。

A. 推销员推销时的试用品　　B. 发放职工福利

C. 用做样品　　D. 连续生产高档化妆品

10. 甲卷烟厂本年 7 月将成本为 60 000 元的烟叶运往乙烟丝厂加工成烟丝，取得乙烟丝厂开具的增值税专用发票，注明支付加工费 10 000 元，增值税 1 600 元。已知烟丝适用的消费税税率为 30%。则该项业务中乙烟丝厂应代扣代缴的消费税税额为(　　)元。

A. 21 000　　B. 18 000　　C. 30 548.58　　D. 30 000

11. 甲公司为增值税一般纳税人，本年 7 月采购原材料支付运费价税合计 1 500 元，取得运输公司(一般纳税人)开具的增值税专用发票。甲公司与支付运费相关的可抵扣进项税额为(　　)元。

A. 175　　B. 136.36　　C. 165　　D. 120

12. 甲白酒生产企业为增值税一般纳税人，本年 8 月销售粮食白酒 100 吨，取得不含增值税的销售额 300 万元。甲白酒生产企业本年 8 月应缴纳的消费税税额为(　　)万元。(白酒比例税率 20%，定额税率每 500 克 0.5 元)

A. 60　　B. 10　　C. 51　　D. 70

13. 计算应纳税所得额时，企业发生的公益性捐赠支出，不超过(　　)12%的部分，准予扣除；超过的部分，准予结转以后三年内在计算应纳税所得额时扣除。

A. 年度营业收入总额　　B. 年度收入总额

C. 年度净利润额　　D. 年度利润总额

14. 王某本年 5 月取得工资 7 000 元，则王某本月应缴纳的个人所得税为(　　)元。(全月应纳税所得额 1 500 元以下的税率 3%；超过 1 500 元不超过 4 500 元的税率 10%，速算扣除数为 105)

A. 0　　B. 125　　C. 245　　D. 145

15. 某国有企业 2012 年度发生亏损，根据《企业所得税法》的规定，该亏损额可以用以后纳税年度的所得逐年弥补，但延续弥补的期限最长不得超过(　　)年。

A. 2015　　B. 2017　　C. 2016　　D. 2018

16. 营改增试点一般纳税人既提供有形动产租赁服务，又提供建筑服务，未分别核算的，应按(　　)征税。

A. 6%　　B. 3%　　C. 10%　　D. 16%

17. 纳税人自年度终了之日起(　　)个月内向税务机关报送年度企业所得税纳税申报表。

A. 4　　B. 5　　C. 3　　D. 2

18. 下列各项中，属于消费型增值税特征的是(　　)。

A. 允许扣除外购固定资产计入产品价值的折旧部分所含税金

B. 允许一次性全部扣除外购固定资产所含税金

C. 不允许扣除任何外购固定资产的价款

D. 上述说法都不正确

19. 甲汽车配件商店为增值税小规模纳税人，本年 12 月购进零配件 7 500 元，支付电费 250 元，当月销售汽车配件取得零售收入 9 000 元，收取包装费 1 000 元。该商店本年 12 月应缴纳的增值税税额为(　　)元。

A. 262.14　　B. 300　　C. 291.26　　D. 384.62

20. 根据企业所得税法的规定，下列企业中，属于非居民企业的是(　　)。

A. 设在北京市的某国有独资企业

B. 依照百慕大法律设立且管理机构在上海的某公司

C. 依照美国法律成立，未在中国境内设立机构、场所，但有来源于中国境内所得的某公司

D. 总部设在上海的外资企业

21. 根据个人所得税法的规定，下列所得中，一次性收入畸高的，可以实行加成征收个人所得税(　　)。

A. 稿酬所得　　B. 偶然所得

C. 特许权使用费所得　　D. 劳务报酬所得

22. 甲企业本年度销售收入为 136 000 元，发生业务招待费 2 500 元，根据个人所得税法律的规定，甲企业当年可以在税前扣除的业务招待费最高为(　　)元。

A. 1 500　　B. 680　　C. 1 904　　D. 2 500

23. 甲企业本年税前会计利润为 300 万元，其中已扣除 60 万元通过红十字会向某灾区的捐款，已知该企业适用的企业所得税税率为 25%，则该企业本年应缴纳的企业所得税税额为(　　)万元。

A. 60　　B. 75　　C. 90　　D. 81

24. 按照对外购固定资产价值的处理方式，可以将增值税划分为不同类型。我国从 2009 年 1 月 1 日起实行的增值税属于(　　)。

A. 批发型增值税　　B. 收入型增值税　　C. 消费型增值税　　D. 支出型增值税

25. 根据有关规定，非居民企业在中国境内未设立机构、场所的，或者虽设立机构、场所但取得的所得与其所设机构、场所没有实际联系的，来源于中国境内的所得，以(　　)为纳税地点。

A. 纳税人义务所在地　　B. 扣缴义务人所在地

C. 纳税人义务注册地　　D. 常设机构所在地

26. 某商业企业为增值税一般纳税人，本年 7 月销售货物给甲企业，同时向甲企业提供售后技术服务并取得相应的收入。对于该行为，以下说法正确的是(　　)。

A. 属于兼营行为，应分别核算并按照各自税率缴纳增值税

B. 属于混合销售行为，并按照销售货物的税率缴纳增值税

C. 属于混合销售行为，并按照提供服务的税率缴纳增值税

D. 属于兼营行为，应从高税率缴纳增值税

27. 本年8月，林某出版一本小说取得稿酬40 000元，从中拿出10 000元通过国家机关捐赠给受灾地区。林某本年8月应缴纳的个人所得税税额为(　　)元。

A. 4 480　　B. 3 080　　C. 4 200　　D. 3 136

28. 增值税一般纳税人当期进项税额大于当期销项税额的税务处理是(　　)。

A. 当期未能抵扣的进项税额可全部结转下期继续抵扣

B. 当期未能抵扣的进项税额可部分结转下期继续抵扣

C. 不得再结转下期进行抵扣

D. 退还已纳税款

29. 实行从价定率征税的应税消费品，其计税依据是(　　)。

A. 含消费税而不含增值税的销售额

B. 含消费税和增值税的销售额

C. 含增值税而不含消费税的销售额

D. 不含消费税和增值税的销售额

30. 根据《个人所得税法》的规定，下列所得中，按比例税率计算缴纳个人所得税的是(　　)。

A. 工资、薪金所得　　B. 个体工商户的生产经营所得

C. 保险赔偿所得　　D. 稿酬所得

二、多项选择题

1. 单位或个体经营者将购买的货物(　　)视同销售货物，征收增值税。

A. 用于集利福利　　B. 无偿赠送他人　　C. 用于个人消费　　D. 用于对外投资

2. 下列各项中，适用超额累进税率计征个人所得税的有(　　)。

A. 个体工商户的生产经营所得　　B. 工资、薪金所得

C. 偶然所得　　D. 对企事业单位的承包经营所得

3. 以下各类企业适用25%企业所得税税率的有(　　)。

A. 在中国境内设立机构、场所的非居民企业

B. 居民企业

C. 在中国境内未设立机构场所，但有来自中国境内所得的非居民企业

D. 在中国境内设立机构、场所，且取得的所得与该机构、场所有实际联系的非居民企业

4. 根据增值税法律制度的规定，下列进项税额中，可以从销项税额中抵扣的是(A)。

A. 因自然灾害损失的产成品所耗用的外购货物的进项税额

B. 购进同时用于增值税应税项目和免征增值税项目的固定资产所支付的进项税额

C. 按照简易办法征收增值税的一般纳税人购进的货物

D. 进口生产用原材料取得海关进口增值税专用缴款书上注明的增值税额

5. 根据消费税法律制度的规定，关于消费税纳税义务发生时间的下列表述中，正确的有(　　)。

A. 纳税人自产自用应税消费品的，为移送使用的当天

B. 纳税人采取预收货款结算方式销售应税消费品的，为收到预收款的当天

C. 纳税人委托加工应税消费品的，为纳税人提货的当天

D. 纳税人进口应税消费品的，为报关进口的当天

6. 根据《个人所得税法》规定，下列各项中，不属于个人所得税居民纳税人的有（　　）。

A. 在中国境内无住所且不居住的个人

B. 在中国境内无住所，且在境内居住超过 6 个月不满 1 年的个人

C. 在中国境内有住所的个人

D. 在中国境内无住所，但一个纳税年度中在中国境内居住满 1 年的个人

7. 对个人所得征收个人所得税时，不得扣减费用，而以每次收入额为应纳税所得额的有（　　）。

A. 偶然所得　　B. 稿酬所得

C. 财产转让所得　　D. 利息、股息、红利所得

8. 下列关于企业所得税的纳税人的说法中，正确的有（　　）。

A. 合伙企业不属于企业所得税纳税人

B. 居民企业是依照外国（地区）法律成立但实际管理机构在中国境内的企业

C. 非居民企业是依照外国（地区）法律成立且实际管理机构不在中国境内，但在中国境内设立机构、场所的

D. 非居民企业是在中国境内未设立机构、场所，但有来源于中国境内所得的企业

9. 根据个人所得税法律制度的规定，在计算应纳税所得额时，按照定额与比例相结合的方法扣除费用的有（　　）。

A. 劳务报酬所得

B. 财产转让所得

C. 对企事业单位的承包经营、承租经营所得

D. 特许权使用费所得

10. 下列关于增值税的概念与分类的说法中，错误的有（　　）。

A. 增值税是对在我国境内生产、委托加工和进口货物的企业和个人，就其增值额而征收的一种流转税

B. 电力、热力和气体不属于有形动产，因此销售此类产品不征收增值税

C. 2009 年 1 月 1 日起，我国增值税实行生产型增值税

D. 生产型增值税允许纳税人在计算增值税时，将外购固定资产的价值一次性全部扣除

11. 下列关于增值税纳税义务发生时间的表述中，正确的有（　　）。

A. 采取直接收款方式销售货物，不论货物是否发出，均为收到销售款或取得索取销售款的凭据，并将提货单交给买方的当天

B. 采取托收承付和委托银行收款方式销售货物，为发出货物并办妥托收手续的当天

C. 采取赊销和分期收款方式销售货物，为按合同约定的收款日期的当天

D. 采取预收货款方式销售货物，为货物发出的当天

12. 根据增值税法律制度规定，下列各项中，属于增值税征收范围的有（　　）。

A. 进口货物　　B. 修理汽车　　C. 出售自建房屋　　D. 服装加工

13. 目前，下列不应当征收消费税的有（　　）。

A. 复合地板　　B. 白酒　　C. 木制筷子　　D. 音像制品

14. 下列属于企业所得税纳税人的有（　　）。

A. 国有企业　　B. 集体企业　　C. 股份有限公司　　D. 个体工商户

15. 根据企业所得税法律制度的规定，下列各项中，应计入应纳税所得额的有（　　）。

A. 出租固定资产收入　　B. 转让无形资产收入

C. 到期国债利息收入　　D. 转让股票的净收益

16. 对于从事货物销售的纳税人，可以选择按小规模纳税人标准纳税的有（　　）。

A. 年应税销售额超过小规模纳税人标准，会计核算健全的零售型企业

B. 年应税销售额超过小规模纳税人标准的非企业性单位

C. 年应税销售额超过小规模纳税人标准的其他个人

D. 年应税销售额超过小规模纳税人标准的不经常发生应税行为的企业

17. 根据《企业所得税法》的规定，下列支出项目中，在计算企业所得税应纳税所得额时，不得扣除的有（　　）。

A. 银行按规定加收的罚息　　B. 税收滞纳金

C. 被没收财物的损失　　D. 企业所得税税款

18. 纳税人用外购或委托加工收回下列应税消费品连续生产应税消费品的，已缴纳的消费税税款准予从应纳的消费税税额中抵扣。以下内容属于抵扣范围的有（　　）。

A. 以外购或委托加工收回的已税烟丝为原料生产的卷烟

B. 以外购或委托加工收回的已税鞭炮、焰火为原料生产的鞭炮、焰火

C. 以外购或委托加工收回的已税木制一次性筷子为原料生产的木制一次性筷子

D. 以外购或委托加工收回的已税润滑油为原料生产的润滑油

19. 下列所得，不论支付地点是否在中国境内，均为来源于中国境内所得的有（　　）。

A. 转让中国境内的建筑物、土地使用权等财产或者在中国境内转让其他财产取得的所得

B. 因任职、受雇、履约等而在中国境内提供劳务取得的所得

C. 从中国境内的公司、企业以及其他经济组织或者个人取得的利息、股息、红利所得

D. 将财产出租给承租人在中国境内使用而取得的所得

20. 根据《个人所得税法》的相关规定，个人应当自行到主管税务机关办理纳税申报的情形有（　　）。

A. 年所得12万元以上的

B. 从中国境外取得所得的

C. 从中国境内两处或者两处以上取得劳务报酬所得的

D. 取得应纳税所得、没有扣缴义务人的

21. 甲企业所得税纳税人发生的下列支出中，在计算应纳税所得额时不得扣除的有（　　）。

A. 缴纳罚金10万元　　B. 直接赞助某学校8万元

C. 缴纳银行罚息6万元　　D. 缴纳税收滞纳金4万元

22. 下列关于增值税的税率说法不正确的有（　　）。

A. 增值税纳税人销售化肥适用16%税率

B. 纳税人销售居民用煤炭制品可按10%的低税率计征增值税

C. 一般纳税人进口农膜和农机零配件的，按10%的低税率计征增值税

D. 从事图书、报纸、杂志销售的纳税人按16%的税率计征增值税

23. 根据增值税和消费税法律制度的规定，下列各项中，应同时征收增值税和消费税的有（　　）。

A. 批发环节销售的卷烟　　B. 生产销售小汽车

C. 零售环节销售的金银首饰　　D. 进口的高档化妆品

24. 销售货物或者应税劳务，其纳税义务发生时间为收讫销售款或者取得索取销售款凭据的当天。由于销售结算方式不同，其具体规定也不同，下列说法中，正确的有（　　）。

A. 采取直接收款方式销售货物，不论货物是否发出，均为收到销售额或取得索取销售额的凭据，并将提货单交给买方的当天

B. 采取托收承付和委托银行收款方式销售货物，发出货物并办妥托收手续的当天

C. 采取预收货款方式销售货物，为货物发出的当天

D. 销售应税劳务，为提供劳务同时收讫销售额或取得索取销售额凭据的当天

25. 下列各项中，按照物流辅助服务征收增值税的有（　　）。

A. 打捞救助服务　　B. 装卸搬运服务

C. 仓储服务　　D. 货物运输代理服务

26. 下列属于增值税一般纳税人的有（　　）。

A. 年应税销售额超过小规模纳税人标准的其他个人

B. 年应税销售额超过小规模纳税人标准的个体工商户

C. 从事货物批发零售的纳税人，年应纳税销售额在500万元以上的

D. 从事货物生产或提供应税劳务的纳税人，年应税销售额在500万元以下的

27. 下列各项中，免征增值税的有（　　）。

A. 将土地使用权转让给农业生产者用于农业生产

B. 金融同业往来利息收入

C. 人民银行对金融机构的贷款

D. 国家助学贷款

28. 根据增值税法律制度的规定，一般纳税人购进货物发生的下列情形中，不得从销项税额中抵扣进项税额的有（　　）。

A. 将购进的货物分配给股东　　B. 将购进的货物用于免征增值税项目

C. 将购进的货物用于集体福利　　D. 将购进的货物无偿赠送给客户

29. 一般纳税人凭《发票领购簿》、1C卡和经办人身份证领购专用发票。但一般纳税人有下列（　　）行为的，经税务机关责令限期改正而仍未改正的，不得领购使用专用发票。

A. 虚开增值税专用发票

B. 私自印制专用发票

C. 向税务机关以外的单位和个人买取专用发票

D. 借用他人专用发票

三、判断题

1. 企业所得税按年计征，分月或者分季预缴，年终汇算清缴，多退少补。（　　）

2. 纳税人外购货物因管理不善丢失的，该外购货物的增值税进项税额不得从销项税额

中抵扣。 ( )

3. 消费税是指对我国境内从事生产、委托加工以及进口应税消费品的单位和个人就其应税消费品征收的一种流转税。 ( )

4. 委托个人加工的应税消费品，由受托方向其机构所在地或者居住地主管税务机关申报纳税。 ( )

5. 委托方将委托加工收回的应税消费品出售的，不再缴纳消费税。 ( )

6. 根据《个人所得税法》规定，在中国境内无住所且在境内居住不满1年的个人，不属于个人所得税的纳税义务人。 ( )

7. 对于增值税的纳税地点，总机构和分支机构不在同一县（市）的，应当分别向各自所在地主管税务机关申报纳税；经县（市）国家税务机关批准，可以由总机构汇总向总机构所在地主管税务机关申报纳税。 ( )

8. 税法规定，不论销售额和折扣额是在同一张发票上分别注明，还是将其折扣额另开发票，均不可按折扣后的余额作为销售额计算增值税。 ( )

9. 非正常损失的购进货物，以及相关的加工修理修配劳务和交通运输服务，其进项税额允许从销项税额中抵扣。 ( )

10. A企业是按美国法律成立总部设在纽约的公司，在我国没有设立办事机构，因此，A企业在我国取得的所得不用缴纳企业所得税。 ( )

11. 特许权使用费、财产租赁所得、财产转让所得以每次收入不超过4 000元的，减除费用800元；4 000元以上的，减除20%费用后的余额，为应纳税所得额。 ( )

12. 境内单位向境内个人无偿转让不动产的，免征增值税。 ( )

13. 应税消费品在计征消费税时，其销售额不包括增值税税额；在计征增值税时，则应包括消费税税额。 ( )

14. 年所得12万元以上的纳税人，如果已足额缴纳了个人所得税，纳税年度终了后不必向主管税务机关办理纳税申报。 ( )

15. 纳税人提供租赁服务采取预收款方式的，其纳税义务发生时间为收到预收款的当天。 ( )

16. 根据规定，纳税人进口货物，计算进口环节增值税应纳税额时，不得抵扣任何税款。 ( )

17. 某农机厂既生产销售税率为10%的农机，又利用本厂设备从事加工、修理修配业务，对于这种行为，税务机关应当一律按照16%的税率向其征收增值税。 ( )

18. 从事图书、报纸、杂志销售的纳税人按低税率10%计征增值税。 ( )

四、案例分析题

甲企业本年7月以每台不含税售价9 280元（含增值税）销售冰箱100台，采用以旧换新方式销售冰箱50台，每台实收8 120元（含增值税），企业按照1 150 000元计入该月销售额。

乙超市是一般纳税人，本年7月开具增值税专用发票销售商品，取得不含增值税销售额为400 000元，开具增值税普通发票销售商品取得含税销售额为2 320 000元。

丙商店为小规模纳税人，本年7月开具增值税普通发票销售货物，含增值税销售额为

103 000 元。

要求：根据上述资料，回答下列 1～5 问题。

1. 甲企业该月增值税的销售额为(　　)元。

A. 1 150 000　B. 350 000　C. 1 000 000　D. 1 200 000

2. 下列关于销售额确定的说法中，正确的有(　　)。

A. 销货方给予购货方相应的价格优惠或补偿等折扣行为，销货方可按有关规定开具红字增值税专用发票

B. 以旧换新方式销售的货物，按照新货物的同期销售价格确定的销售额扣减旧货物的收购价格

C. 还本销售方式，应该从其销售额中减除还本支出

D. 以物易物的方式，购销双方都应作购销处理

3. 一般纳税人，若按基本税率计征增值税，则基本税率为(　　)；小规模纳税人增值税征收率一般为(　　)。

A. 16%　3%　B. 15%　5%　C. 16%　2%　D. 15%　3%

4. 乙超市该月增值税的销售额为(　　)元。

A. 2 000 000　B. 2 400 000　C. 2 200 000　D. 400 000

5. 丙商店该月增值税的销售额为(　　)元。

A. 100 000　B. 68 666　C. 98 094　D. 120 000

第三节　税收征收管理

一、单项选择题

1. 下列关于税收强制执行措施的表述中，正确的是(　　)。

A. 税收强制执行措施不适用于扣缴义务人

B. 作为家庭唯一代步工具的轿车，不在税收强制执行的范围之内

C. 税务机关对单价 50 000 元以下的生活用品，不得采取强制执行措施

D. 税务机关采取强制执行措施时，可对纳税人未缴纳的滞纳金同时强制执行

2. 甲公司是一家在我国境内上市的公司，税务机关应当对其采取的税款征收方式为(　　)。

A. 查账征收　B. 查定征收　C. 查验征收　D. 定期定额征收

3. 税务机关针对纳税人的不同情况可以采取不同的税款征收方式。根据税收法律制度的规定，对于生产经营规模较小、产品零星、会计核算不健全，但能控制原材料或进进销货的单位，适用的税款征收方式是(　　)。

A. 查账征收　B. 定期定额征收

C. 查验征收　D. 查定征收

4. 纳税人申请行政复议的，复议机关应当自受理申请之日起一定时间内作出行政复议决定。该时间为(　　)日。

A. 60　B. 45　C. 15　D. 30

5. 邮寄申报纳税的申报日期是(　　)。

A. 填表日期　　B. 收邮地邮戳日期

C. 寄出地邮戳日期　　D. 税务机关收到日期

6. 根据税收征收管理法律制度的规定,税务机关采取税收保全措施的期限最长不得超过(　　)。

A. 1个月　　B. 3个月　　C. 1年　　D. 6个月

7. 某单位为负有扣缴税款的法定义务人,在支付职工工资时,按个人所得税法规定,对超过法定扣除额的工资部分,应(　　)个人所得税。

A. 代收代缴　　B. 自报核缴　　C. 委托代征　　D. 代扣代缴

8. 根据税收征收管理法律制度的规定,以下不属于税款征收方式的有(　　)。

A. 查账征收　　B. 查验征收　　C. 核定征收　　D. 税收保全

9. 下列各项中,税务机关不能采取"核定征收"方式征税的是(　　)。

A. 擅自销毁账簿或者拒不提供纳税资料的

B. 发生纳税义务,未按照规定的期限办理纳税申报,经税务机关责令限期申报,逾期仍不申报的

C. 纳税人申报的计税依据明显偏低,又无正当理由的

D. 企业财务会计管理人员严重不足的

二、多项选择题

1. 下列关于发票管理办法的规定中,错误的有(　　)。

A. 全面"营改增"试点后,发票的类型主要有增值税专用发票(含机动车销售统一发票)、增值税普通发票、特定范围继续使用的其他发票

B. 发票的样式、印制及管理均由国家税务总局制定

C. 增值税专用发票的记账联作为购买方核算增值税进项税额的会计凭证使用

D. 增值税普通发票仅限于增值税小规模纳税人使用

2. 关于发票的开具要求,下列表述中,正确的有(　　)。

A. 未发生经营业务,一律不得开具发票

B. 不得拆本使用发票

C. 开具增值税专用发票时应按号码顺序填开,全部联次一次性复写或打印,并在发票联和抵扣联加盖单位财务印章或者合同专用章

D. 取得发票时,不得要求变更品名和金额

3. 涉税专业服务的业务范围包括(　　)。

A. 纳税申报代理　　B. 一般税务咨询

C. 专业税务咨询　　D. 税收策划

4. 根据税收征收管理法律制度的规定,下列各项中,属于税收保全措施的有(　　)。

A. 书面通知纳税人开户银行从其存款中直接扣缴税款

B. 书面通知纳税人开户银行或者其他金融机构冻结纳税人的金额相当于应纳税款的存款

C. 拍卖纳税人的价值相当于应纳税款的商品、货物或者其他财产

D. 扣押、查封纳税人的价值相当于应纳税款的商品、货物或者其他财产

5. 下列关于税务登记说法正确的有(　　)。

A. 纳税人因住所、经营地点变动,涉及改变税务登记机关的,应当向原税务登记机关申报办理注销税务登记

B. 纳税人停业期限不得超过 1 年,超过 1 年的必须恢复经营

C. 税务机关不再按照 180 天设置报验管理的固定有效期,改按跨区域经营合同执行期限作为有效期限。合同延期的,纳税人可向经营地或机构所在地的税务机关办理报验管理有效期限延期手续

D. 已实行"多证合一、一照一码"登记模式的纳税人办理注销登记,须先向税务主管机关申报清税,填写"清税申报表"

6. 根据税收征收管理法律制度的规定,税务机关的下列具体行政行为中,属于行政处罚的有(　　)。

A. 没收财物和违法所得　　B. 确认纳税期限

C. 确认适用税率　　D. 停止出口退税权

7. 特定范围继续使用的其他发票包括(　　)等。

A. 农产品收购发票　　B. 农产品销售发票

C. 过路(过桥)费发票　　D. 客运发票

8. 下列各项中,属于需办理注销税务登记的情形有(　　)。

A. 被吊销营业执照的　　B. 企业名称发生改变的

C. 企业破产终止纳税义务的　　D. 经营地点变动,改变税务机关的

9. 纳税申报方式包括(　　)。

A. 直接申报　　B. 网上申报

C. 邮寄申报　　D. 数据电文申报

10. 下列属于我国税款征收方式的有(　　)。

A. 查验征收　　B. 代扣代缴

C. 代收代缴　　D. 委托代征

11. 下列税务违法行为中,应当追究刑事责任的有(　　)。

A. 非法印刷发票

B. 伪造、变造、隐匿、擅自销毁会计账簿、凭证

C. 以暴力、威胁方法拒不缴纳税款

D. 税务人员徇私舞弊或者玩忽职守,不征或少征应征税款,造成国家税收遭受重大损失

12. 税务师事务所合伙人或者股东由(　　)担任。

A. 税务师　　B. 注册会计师

C. 律师　　D. 高级会计师

13. 下列说法不正确的有(　　)。

A. 任何单位和个人不得为他人、为自己开具与实际经营业务情况不符的发票

B. 任何单位和个人不得扩大发票使用范围

C. 若不能取得发票,则可以以其他凭证代替发票使用

D. 纳税人享受减税、免税待遇的,在纳税期内没有应纳税款的,可不必办理纳税申报

14. 关于税款征收的方式，下列说法中，正确的有（ ）。
A. 代扣代缴有利于加强对税源的控制，减少税款流失
B. 代收代缴适用于税收网络覆盖不到或税源很难控制的领域
C. 委托征收有利于方便征纳双方，降低征收成本
D. 查验征收适用于生产经营场所固定，但财务制度不健全的纳税人
15. 下列登记种类中，属于税务登记种类的有（ ）。
A. 开业登记　　B. 变更登记
C. 停业、复业登记　　D. 注销登记

三、判断题

1. 因纳税人、扣缴义务人计算错误等失误，未缴或少缴税款的，税务机关在 3 年内可以追征税款，并加收滞纳金；有特殊情况的，追征期可以延长到 5 年。（ ）
2. 税收强制执行措施仅适用从事生产经营的纳税人。（ ）
3. 纳税人对国家税务总局的具体行政行为不服的，向国务院申请行政复议。（ ）
4. 采用数据电文申报的，收件人未指定特定系统的，该数据电文进入特定系统的时间，视为申报、报送到达的时间。（ ）
5. 不符合规定的发票，不得作为财务报销凭证，任何单位和个人有权拒收。（ ）
6. 邮寄申报以收到的日期为实际申报日期。（ ）
7. 纳税人享受减税、免税待遇的，在减税、免税期间内可以不办理纳税申报。（ ）
8. 纳税人被工商行政管理部门吊销营业执照的，应当自营业执照被吊销之日起 30 日内，向原税务机关登记机关申报办理注销登记。（ ）
9. 税务行政复议决定书一经作出，即产生法律效力。（ ）

【本章习题必练】

一、单项选择题

1. 按征收对象不同进行税种划分，以下属于我国税收中财产税的税种是（ ）。
A. 关税　　B. 资源税　　C. 车船税　　D. 车辆购置税
2. 下列关于税法的说法中，正确的是（ ）。
A. 税法是国家制定的用于规定征税人征税权利和纳税人纳税义务的法律规范的总称
B. 税法是国家制定的用于规定征税人征税权利的法律规范的总称
C. 税法是国家制定的用于规定纳税人纳税义务的法律规范的总称
D. 税法是国家制定的用于调整国家与纳税人之间在征纳税方面的权利与义务关系的法律规范的总称
3. 根据企业所得税法律制度的规定，下列各项中，属于免税收入的是（ ）。
A. 企业接受社会捐赠收入
B. 转让企业债券取得的收入
C. 国债利息收入
D. 已作坏账损失处理后又收回的应收账款

4. 下列各项中，适用16%的增值税税率的是（　　）。

A. 图书　　B. 汽车

C. 天然气　　D. 农机（不包括农机零部件）

5. 根据增值税法律制度的规定，下列各项中，不属于视同销售货物行为的是（　　）。

A. 将外购的货物分配给股东　　B. 将外购的货物用于投资

C. 将外购的货物无偿赠送他人　　D. 将外购的货物用于集体福利

6. 甲啤酒厂本年9月生产了30 000吨生啤，当月销售了20 000吨，取得含税销售收入232万元。则甲啤酒厂应缴纳消费税的计税依据是（　　）。

A. 30 000吨　　B. 20 000吨　　C. 232万元　　D. 200万元

7. 纳税人采取预收货款结算方式销售应税消费品的，其消费税纳税义务发生时间为（　　）。

A. 签订销售合同的当天　　B. 收到预收货款的当天

C. 开具预收款发票的当天　　D. 发出应税消费品的当天

8. 纳税人账簿、凭证、财务会计制度比较健全，能够如实反映生产经营成果，正确计算应纳税款的，税务机关应当对其采用的税款征收方式是（　　）。

A. 定期定额征收　　B. 查验征收　　C. 查定征收　　D. 查账征收

9. （　　）不是我国企业所得税的纳税义务人。

A. 集体企业　　B. 合伙企业　　C. 中外合资企业　　D. 国有企业

10. 根据税收征收管理法律制度的规定，纳税人对税务机关作出的下列具体行政行为不服时，可以选择申请行政复议或者直接提起行政诉讼的是（　　）。

A. 确认适用税率　　B. 加收税收滞纳金

C. 确认计税依据　　D. 收缴发票

11. 根据《个人所得税法》，我国个人所得税的征收方式是（　　）。

A. 由税务机关上门征收　　B. 自行申报和代扣代缴

C. 定期定额征收　　D. 代收代缴

12. 下列不属于不得领购使用增值税专用发票的单位或个人的是（　　）。

A. 年应税销售额超过小规模纳税人标准的个人

B. 年应税销售额在600万元以下的商品批发企业

C. 销售货物全部属于免税项目的

D. 一般纳税人有私自印刷专用发票行为，经税务机关责令限期改正且已改正者

13. 下列各项中，属于按照税收的征收管理分工体系分类的是（　　）。

A. 流转税类　　B. 工商税类　　C. 财产税类　　D. 资源税类

14. 涉及税务领域的具体行政处罚种类不包括（　　）。

A. 停止出口退税权　　B. 罚款

C. 监禁　　D. 没收非法财产

15. 下列各项中，（　　）不属于税收的特征。

A. 强制性　　B. 无偿性　　C. 及时性　　D. 固定性

16. 甲钢铁厂为增值税一般纳税人，本年7月销售钢材一批，不含增值税的价格为40 000元，适用的增值税税率为16%。则其增值税销项税额为（　　）元。

A. 40 000　　B. 6 400　　C. 4 000　　D. 6 000

17. 根据增值税的征收管理，纳税人发生视同销售货物行为（不包括代销行为）的，其纳税义务发生时间为（　　）。

A. 货物发出的当天　　B. 合同约定的收款日期的当天

C. 合同签订的当天　　D. 货物移送的当天

18. 自 2018 年 5 月 1 日起，增值税小规模纳税人标准统一为年应征增值税销售额（　　）万元及以下。

A. 50　　B. 80　　C. 500　　D. 1 000

19. 我国《个人所得税法》中的居民纳税人是指在中国境内有住所，或者无住所而在境内（　　）。

A. 居住满 2 年的个人　　B. 居住满 1 年的个人

C. 居住满 3 年的个人　　D. 居住满 5 年的个人

20. 整个税收征收管理的起点是（　　）。

A. 停业登记　　B. 变更登记　　C. 税务登记　　D. 开户登记

21. 税务师事务所合伙人或者股东由税务师、注册会计师、律师担任，税务师占比应高于（　　），国家税务总局另有规定的除外。

A. 10%　　B. 20%　　C. 30%　　D. 50%

22. 甲公司为增值税一般纳税人，本年 7 月购进免税农产品一批，支付给农业生产者收购价格为 40 000 元，并开具了农产品收购发票，当月全部领用用于生产增值税税率为 16% 的产品，该项业务准予抵扣的进项税额为（　　）元。

A. 4 000　　B. 4 800　　C. 6 800　　D. 0

23. 查定征收适用于（　　）的纳税人。

A. 财务会计制度健全、能够如实核算和提供生产经营状况、正确计算应纳税款

B. 经营规模小，达不到有关的设置账簿的标准，不能准确计算计税原则

C. 产品零星、税源分散、会计账册不健全，但能够控制原材料或进销货

D. 税收网络覆盖不到或税源很难控制的领域

24. 根据《增值税暂行条例》的有关规定，下列销售行为不需要缴纳增值税的是（　　）。

A. 农业生产者销售外购的农产品

B. 单位或者个体工商户聘用的员工为本单位或者雇主提供取得工资的服务

C. 寄售业代委托人销售物品

D. 自来水公司销售自来水

25.《企业所得税法》规定，在中国境内未设立机构、场所，但有来源于中国境内所得的企业归为（　　）。

A. 合伙企业　　B. 非居民企业　　C. 外资企业　　D. 居民企业

26. 根据增值税的规定，纳税人以 1 个月或者 1 个季度为一个纳税期的，自期满之日起（　　）日内申报纳税。

A. 5　　B. 7　　C. 15　　D. 30

27. 根据《消费税暂行条例》规定，纳税人将自产自用应税消费品用于连续生产应税消费品时（　　）。

A. 按产品成本计算缴纳消费税　　B. 按同类产品销售价格计算缴纳消费税
C. 不用缴纳消费税　　D. 按组成计税价格计算缴纳消费税

28. 自2018年5月1日起，纳税人发生增值税应税销售行为或者进口货物，原适用17%和11%税率的，税率分别调整为(　　)。

A. 16%、10%　　B. 13%、10%
C. 16%、6%　　D. 10%、6%

29. 纳税人提供(　　)采取预收款方式的，其纳税义务发生时间为收到预收款的当天。

A. 建筑服务　　B. 租赁服务
C. 交通运输服务　　D. 金融服务

30. 销售服务、无形资产或者不动产的纳税人的小规模纳税人标准为：年应税销售额在(　　)万元以下。

A. 200　　B. 300　　C. 500　　D. 100

31. 私营企业主林某欠税160多万元，经税务机关多次催缴，林某拒不缴纳，现税务机关决定对其采取强制执行措施，(　　)不在强制执行范围之内。

A. 银行存款　　B. 家用的电视机　　C. 仓库里的商品　　D. 小轿车

32. 甲酒厂为增值税一般纳税人，本年7月收购免税粮食，买价20万元，并开具了农产品收购发票，当月将其中的50%领用用于生产白酒(白酒的增值税税率为16%)，另外50%对外直接销售，则该笔业务可以计算抵扣的进项税额为(　　)万元。

A. 2　　B. 2.2　　C. 2.4　　D. 3

33. 纳税人停业期满未按期复业又不申请延长停业的，税务机关应当视其为(　　)。

A. 注销　　B. 变更
C. 自动延长停业登记　　D. 已恢复营业，实施正常的税收征收管理

34. 税务代理业务档案保存应不少于(　　)年。

A. 3　　B. 5　　C. 10　　D. 20

35. 对于经营品种比较单一，经营地点、时间和商品来源不固定的纳税，税务机关可以采取的税款征收方式是(　　)。

A. 查验征收　　B. 查定征收　　C. 查账征收　　D. 定期定额征收

36. 下列不属于税法构成要素的是(　　)。

A. 税目　　B. 纳税义务发生时间
C. 计税依据　　D. 税率

37. 委托加工从价计征的应税消费品，没有同类消费品销售价格的，按组成计税价格计算纳税，其组成计税价格等于(　　)。

A. (材料成本＋加工费)÷(1＋消费税税率)
B. (材料成本＋加工费)÷(1＋增值税税率)
C. (材料成本＋加工费)÷(1－消费税税率)
D. (材料成本＋加工费)÷(1－增值税税率)

38. 可以从销项税额中抵扣的进项税额有(　　)。

A. 购进的旅客运输服务　　B. 购进的餐饮服务
C. 购进的娱乐服务　　D. 购进的咨询服务

39. 下列关于增值税纳税义务发生时间的表述错误的是(　　)。

A. 纳税人发生销售服务、无形资产或者不动产行为的,为收讫销售款或者索取销售款项凭据的当天;先开具发票的,为开具发票的当天

B. 采取托收承付方式销售货物,为收到货款的当天

C. 纳税人从事金融商品转让的,为金融商品所有权转移的当天

D. 进口货物的,为报关进口的当天

40. 下列各项中,属于中央税的是(　　)。

A. 增值税　　B. 关税　　C. 土地增值税　　D. 契税

二、多项选择题

1. 下列关于增值税小规模纳税人的说法中,不正确的有(　　)。

A. 自 2018 年 5 月 1 日起,增值税小规模纳税人标准统一为年应征增值税销售额 500 万元及以下

B. 增值税小规模纳税人实行销售额与征收率计算应纳税额的简易办法

C. 增值税小规模纳税人可以按照 3%的税率计算进项税额予以抵扣

D. 年应税销售额超过小规模纳税人标准的个人按小规模纳税人纳税

2. 某企业所得税纳税人发生的下列支出中,在计算应纳税所得额时不得扣除的有(　　)。

A. 缴纳罚金 20 万元　　B. 直接捐赠某学校 16 万元

C. 支付法院诉讼费 2 万元　　D. 缴纳税收滞纳金 8 万元

3. 纳税人发生应税销售行为时收取的下列款项中,属于增值税价外费用的有(　　)。

A. 销项税额

B. 违约金

C. 受托加工应征消费税的消费品所代收代缴的消费税

D. 包装物租金

4. 下列关于消费税征收范围的表述中,正确的有(　　)。

A. 纳税人自产自用的应税消费品,用于连续生产应税消费品的,不缴纳消费税

B. 纳税人将自产自用的应税消费品用于馈赠、赞助的,缴纳消费税

C. 卷烟在生产和批发两个环节均征收消费税

D. 委托加工的应税消费品,受托方在交货时已代收代缴的消费税,委托方收回后直接销售(以不高于受托方的计税价格出售)的,再缴纳一道消费税

5. 甲公司本年 7 月进口一批应税消费品,海关应征进口关税 30 万元(关税税率假定为 20%),消费税税率为 10%,则海关应征(　　)。

A. 增值税 32 万元　　B. 消费税 60 万元

C. 增值税 30 万元　　D. 消费税 20 万元

6. 下列关于消费税税率的说法中,正确的有(　　)。

A. 消费税采用从价定率、从量定额、从价定率和从量定额复合征收三种方式

B. 根据《消费税暂行条例》规定,我国消费税税目共有 13 个

C. 消费税采用列举法,按照应税消费品分别设置税目,对不同的税目规定了不同的

税率

D. 黄酒、啤酒、成品油等分别按单位重量或单位体积确定单位税额

7. 下列各项中，属于增值税征收范围的有（ ）。

A. 销售货物　　B. 销售不动产

C. 进口货物　　D. 提供加工、修理修配劳务

8. 根据个人所得税的规定，以下各项所得适用累进税率形式的有（ ）。

A. 工资薪金所得　　B. 个体工商户生产经营所得

C. 承包承租经营所得　　D. 财产转让所得

9. 某学校四位老师共写一本书，共得稿费 40 000 元，其中 1 人得主编费 6 000 元，其余稿费四人平分，其个人所得税纳税情况包括（　　）。

A. 除主编以外的三人各纳税 952 元　　B. 四人各自纳税 980 元

C. 主编一人纳税 1 624 元　　D. 此笔稿费共纳税 4 480 元

10. 下列关于追征税款的表述中，符合《税收征管法》的有（　　）。

A. 因纳税人、扣缴义务人计算错误等失误，未缴或者少缴款的，税务机关在 3 年内可以追征税款，并加收滞纳金

B. 因纳税人、扣缴义务人计算错误等失误，未缴或者少缴款的，且数额在 10 万元以上的，追征期可以延长到 5 年

C. 因税务机关的责任，致使纳税人、扣缴义务人未缴或者少缴款的，税务机关在 3 年内可以要求纳税人、扣缴义务人补缴税款，但是不得加收滞纳金

D. 因纳税人、扣缴义务人和其他当事人偷税、抗税、骗税等原因而造成未缴或者少缴税款，或骗取退税款的，税务机关可以无限期追征

11. 根据税收征收管理法律制度的规定，纳税人发生的下列情形中，应办理税务注销登记的有（　　）。

A. 纳税人破产　　B. 纳税人变更法定代表人

C. 纳税人暂停经营活动　　D. 纳税人被吊销营业执照

12. 下列各项中，属于行为税的有（ ）。

A. 增值税　　B. 城市维护建设税

C. 房产税　　D. 车辆购置税

13. 下列各项中，采用比例税率计算应纳税额的有（ ）。

A. 增值税　　B. 车辆购置税

C. 车船税　　D. 城市维护建设税

14. 根据《消费税暂行条例》的规定，下列各项中，属于消费税税目的有（　　）。

A. 卷烟　　B. 彩电　　C. 大客车　　D. 实木地板

15. 采用（　　）结算方式的，增值税纳税义务的发生时间为发出货物并办妥手续的当天。

A. 托收承付　　B. 委托银行收款

C. 分期收款　　D. 视同销售货物

16. 下列关于增值税税率的表述中，正确的有（ ）。

A. 提供有形资产租赁服务税率为 6%

B. 提供交通运输服务税率为10%
C. 农机零部件按照10%的低税率征收增值税
D. 纳税人出口货物一般适用零税率
17. 根据增值税法律制度的规定，下列各项中，视同销售货物的行为包括（　　）。
A. 将货物交付他人代销　　B. 将购买的货物用于集体福利
C. 销售代销货物　　D. 将自产的货物用于个人消费
18. 增值税普通发票除了原来常用的增值税普通发票以外，还新增了（　　）。
A. 增值税定额普通发票　　B. 农产品收购发票
C. 增值税电子普通发票　　D. 增值税普通发票（卷票）
19. 增值税专用发票基本联次的用途表述正确的有（　　）。
A. 记账联，作为销售方核算销售收入和增值税销项税额的记账凭证
B. 抵扣联，作为购买方报送主管税务机关认证和留存备查的凭证
C. 发票联，作为购买方核算采购成本和增值税进项税额的记账凭证
D. 发票联，作为购买方报送主管税务机关认证和留存备查的凭证
20. 下列关于税务登记的说法中，正确的有（　　）。
A. 纳税人应当于恢复生产经营之前，向税务机关申报办理复业登记
D. 纳税人在办理注销税务登记前，应当向税务机关结清应纳税款、滞纳金等
C. 税务机关按照180天设置报验管理的固定有效期
D. 纳税人跨区域经营前不再开具相关证明，改为填报《跨区域涉税事项报告表》
21. 下列各项中，属于“营改增”范围的有（　　）。
A. 邮政服务　　B. 交通运输服务
C. 建筑服务　　D. 修理修配劳务
22. 纳税人对税务机关下列（　　）具体行为不服的，应当先向行政复议机关申请行政复议；对行政复议决定不服的，可以再向人民法院提起行政诉讼。
A. 确认征税范围　　B. 加收滞纳金
C. 税收保全措施　　D. 出具完税凭证
23. 下列选项中，属于税收程序法的有（　　）。
A. 税收管理法　　B. 发票管理法
C. 地方税法　　D. 税务争议处理法
24. 根据税基和购进固定资产的进项税额是否扣除及如何扣除的不同，各国增值税的类型可分为（　　）。
A. 生产型增值税　　B. 收入型增值税
C. 增值型增值税　　D. 消费型增值税
25. 税法的构成要素一般包括（　　）。
A. 征税对象　　B. 计税依据
C. 减免税　　D. 纳税期限
26. 根据消费税法律制度的规定，下列环节中，既征收增值税又征收消费税的有（　　）。
A. 从国外进口小汽车　　B. 从国外进口数码相机

C. 批发环节销售的卷烟　　D. 批发环节销售的白酒

27. 税款征收的方式包括(　　)。

A. 查账征收　　B. 代扣代缴、代收代缴

C. 查验征收　　D. 定期定额征收

28. 下列各项中,属于企业所得税免税收入的有(　　)。

A. 财政拨款

B. 依法收取并纳入财政管理的行政事业性收费

C. 符合规定条件的居民企业之间的股息、红利等权益性投资收益

D. 在中国境内设立机构、场所的非居民企业从居民企业取得与该机构、场所有实际联系的股息、红利等权益性投资收益

29. 开业税务登记中领取营业执照从事生产、经营的纳税人,具体包括(　　)。

A. 企业(即从事生产经营的单位或组织)

B. 企业在外地设立的分支机构和从事生产、经营的场所

C. 个体工商户

D. 从事生产、经营的事业单位

30. 下列关于开具发票的说法,正确的有(　　)。

A. 所有单位和从事生产、经营活动的个人在购买商品、接受服务以及从事其他经营活动支付款项,应当向收款方取得发票

B. 开具发票应当按照规定的时限、顺序、栏目,全部联次一次性如实开具,并加盖发票专用章

C. 任何单位和个人不得转借、转让发票

D. 可以拆本使用发票

31. 下列纳税期限为一个季度的增值税纳税人有(　　)。

A. 银行　　B. 信托投资公司

C. 保险公司　　D. 信用社

32. 下列关于增值税专用发票和增值税普通发票的说法正确的有(　　)。

A. 增值税普通发票主要由增值税小规模纳税人使用

B. 增值税一般纳税人在不能开具专用发票的情况下也可使用增值税普通发票

C. 增值税普通发票除了原来常用的增值税普通发票以外,还新增了增值税电子普通发票和增值税普通发票(卷票)

D. 增值税专用发票除具备增值税普通发票的基本特征以外,还具备抵扣增值税税款的功能

三、判断题

1. 纳税人停业期满不能及时恢复生产经营的,应当在停业期满后向税务机关提出延长停业登记申请。(　　)

2. 纳税人在办理开业或变更税务登记的同时应当申请填报税种登记,由税务机关根据其生产、经营范围及拥有的财产等情况,认定纳税人所适用的税种、税目、税率、报缴税款期限、征收方式和缴库方式等。(　　)

3. 目前，我国的税收法律制度中的累进税率主要采用全额累进的方式。（ ）

4. 购进旅客运输服务、贷款服务、餐饮服务、居民日常服务和娱乐服务，不得计算进项税额抵扣。（ ）

5. 按照企业所得税法的规定准予在计算应纳税所得额时扣除的税金，是指企业在生产经营活动中发生的增值税、消费税、城建税、教育费附加、资源税和土地增值税等。（ ）

6. 视同销售行为发生时，所涉及的外购货物的进项税额，凡符合规定的，允许作为当期进项税额抵扣。（ ）

7. 纳税人将不动产无偿赠送其他单位或者个人的，不征收增值税。（ ）

8. 2012 年增值税的第四次改革，属于增值税的"营改增"阶段。（ ）

9. 委托加工环节已由受托方代收代缴消费税的应税消费品收回后直接销售（以不高于受托方的计税价格出售）的，仍应再次缴纳消费税。（ ）

10. 某演员取得一次性的演出收入 30 000 元，按规定应实行加成征收办法计算个人所得税。（ ）

11. 财政部门是发票的主管机关。（ ）

12. 对个人独资企业投资者取得的生产经营所得应征收企业所得税，不征收个人所得税。（ ）

13. 从量税是以课税对象的实物量作为计税依据征收的一种税。（ ）

14. 纳税人在期限内已缴纳税款，税务机关未立即解除税收保全措施，使纳税人的合法利益遭受损失的，税务机关应当承担赔偿责任。（ ）

15. 采取税收强制执行措施时，对纳税人、扣缴义务人、纳税担保人未缴纳的滞纳金及罚款必须同时强制执行。（ ）

16. 税务机关采取强制执行措施时，对纳税人未缴纳的滞纳金应同时强制执行。（ ）

17. 企业接受捐赠所得不属于企业的生产经营所得，因此不是企业所得税的征税对象。（ ）

18. 纳税人收取的销售额如为含增值税的销售额，在计算增值税应纳税额时，应换算为不含增值税的销售额。（ ）

19. 自 2018 年 5 月 1 日起，从事货物批发或零售的纳税人，年应税销售额在 80 万元以下的为增值税小规模纳税人。（ ）

20. 查定征收是指对账务不全，但能控制其材料、产量或进销货物的纳税单位或个人，由税务机关依据正常条件下的生产能力对其生产的应税产品查定产量、销售额并据以征收税款的征收方式。（ ）

21. 税率是计算税额的尺度，也是衡量税负轻重与否的重要标志。（ ）

22. 减免税是对税率的一种灵活补充和延伸，具有统一性和相对稳定性。（ ）

23. 增值税一般纳税人在不能开具增值税专用发票的情况下也可以使用增值税普通发票。（ ）

24. 已开具的发票存根联和发票登记簿应当保存 5 年。（ ）

25. 增值税专用发票只限于增值税一般纳税人领购使用；增值税小规模纳税人一律不得领购使用。（ ）

26. 税务登记是整个税收征收管理的起点。（　　）

27. 机动车销售统一发票属于增值税专用发票。（　　）

28. 税务机关采取税收保全措施的前提是从事生产、经营的纳税人有偷漏税行为。（　　）

29. 税务机关采取税收保全措施的期限一般不得超过6个月。重大案件需要延长保全期限的，应当报当地税务部门批准。（　　）

30. 纳税人兼有不同税率或者征收率的情况下，必须分别核算适用不同税率或者征收率的销售额。（　　）

31. 根据相关规定，“跨区域涉税事项报验管理”现在已经更名为“外出经营活动税收管理”。（　　）

32. 当纳税人不能提供纳税担保，经县级以上税务局（分局）局长批准，可以冻结纳税人所有存款。（　　）

33. 减税和免税是国家对某些纳税人和征税对象给予鼓励和照顾的一种特殊规定。（　　）

34. 核定应纳税额是针对由于纳税人的原因导致税务机关难以查账征收税款，而采取的一种被迫或补救措施。（　　）

35. 纳税人在享受减税、免税期间可不办理纳税申报，但在减税、免税期满后，应及时向税务机关办理纳税申报。（　　）

36. 单位或者个人向其他单位或者个人无偿转让无形资产或者不动产视同发生应税行为。（　　）

37. 纳税人进口货物，应当自海关填发税款缴纳书之日起15日内缴纳增值税税款。（　　）

38. 税务机关采取强制执行措施时，对上述纳税人、扣缴义务人、纳税担保人未缴纳的滞纳金同时强制执行。个人及其所扶养家属维持生活必需的住房和用品，也在强制执行措施的范围之内。（　　）

39. 纳税人进行虚假纳税申报，不缴或少缴应纳税款的，属于骗税行为。（　　）

40. 销售基础电信服务、金融服务、现代服务和生活服务，销售土地使用权以外的无形资产，增值税税率为6%。（　　）

41. 纳税人发生视同销售服务、无形资产或者不动产行为的，其纳税义务发生时间为销售服务、无形资产或者不动产权属变更的当天。（　　）

42. 应税消费品卷烟若是用外购已缴纳消费税的应税消费品烟丝连续生产出来的，在对这些连续生产出来的应税消费品卷烟征税时，以当期生产领用烟丝的数量计算准予扣除的外购应税消费品烟丝已缴纳的消费税税款。（　　）

43. 计税依据是指计算应纳税额的依据或标准，是区别不同税种的重要标志。（　　）

44. 按照征税对象分类，可将全部税收划分为工商税类、关税类。（　　）

45. 简易申报方式节省了时间，降低了纳税成本，是纳税申报的一种变通的方法。（　　）

46. 消费税是价外税，而增值税是价内税。（　　）

四、案例分析题

(一) 某税务机关核定个体户吴某应纳税额为 9 000 元,经该税务机关责令缴纳,吴某仍拒不缴纳,税务机关依法扣押了其相当于 9 000 元税款的货物,并为其开具了收据。

要求:根据上述资料,回答下列 1~5 问题。

1. 该税务机关的扣押行为需要经过(　　)批准。

A. 税务所所长　　B. 县以上税务局(分局)局长

C. 县人大常委会主任　　D. 县检察院检察长

2. 税务机关对吴某采取的措施属于(　　)。

A. 税收保全　　B. 税收强制执行

C. 纳税担保　　D. 税务行政处罚

3. 税务机关对单价(　　)元以下的其他生活用品,不采取强制执行措施。

A. 1 000　　B. 1 500　　C. 2 000　　D. 5 000

4. 如果在扣押吴某货物后,吴某仍不缴纳税款,税务机关可以采取的措施有(　　)。

A. 将扣押的货物交由依法成立的拍卖机构拍卖

B. 若扣押的货物无法拍卖,可以交由当地商业企业代为销售

C. 责令提供纳税担保

D. 向人民法院提起行政诉讼

5. 关于税收检查及法律责任,下列说法中,正确的有(　　)。

A. 个人及所抚养家属维持生活必需的住房和用品,不在税收保全措施的范围之内

B. 税务机关按照拍卖优先的原则确定抵税财物拍卖、变卖的顺序

C. 对于纳税主体而言,其行政法律责任形式主要是行政处分

D. 税务行政复议程序包括申请、受理、审理、决定等环节

(二) 甲企业为居民企业,本年经营业务如下:取得销售收入 2 500 万元,销售成本 1 100 万元,发生销售费用 670 万元(其中广告费 450 万元),管理费用 480 万元(其中业务招待费 15 万元),财务费用 60 万元,税金及附加 40 万元,营业外收入 70 万元,营业外支出 50 万元(含通过公益性社会团体向贫困山区捐款 30 万元,支付税收滞纳金 6 万元),计入成本、费用中的实发工资总额 150 万元,拨缴职工工会经费 3 万元,发生职工福利费支出 23 万元、职工教育经费 13.25 万元。要求:根据上述案例回答下列问题。(答案保留小数点后 2 位)

(1)甲企业本年度利润总额为(　　)万元。

A. 20　　B. −11　　C. 170　　D. 150

(2) 甲企业本年实际发生的广告费支出应调增应纳税所得额(　　)万元。

A. 375　　B. 75　　C. −75　　D. −375

(3) 甲企业本年实际发生的业务招待费支出应调增应纳税所得额(　　)万元。

A. 12.5　　B. 9　　C. 2.5　　D. 6

(4) 甲企业本年实际发生的工资及三项经费支出应调增应纳税所得额(　　)万元。

A. 3.25　　B. 27.75　　C. 4　　D. 31

(5) 甲企业本年实际应缴纳的企业所得税税额为(　　)万元。

A. 65.07　　B. 67.46　　C. 22.22　　D. 48.32

（三）甲棉纺业企业为增值税一般纳税人，本年7月发生下列业务。

（1）购进纺织设备一台，不含税价款40万元，取得增值税专用发票，另支付不含税运费2 000元，取得承运部门开具的增值税专用发票。

（2）从当地农民生产者购进免税棉花5吨，每吨2.8万元，收购凭证上注明价款14万元。当月全部领用用于生产税率为16%的产品。该批棉花当月被全部领用用于生产增值税税率为16%的棉布。

（3）从当地供销公司（增值税一般纳税人）购进棉花15吨，每吨不含税价格3万元，取得增值税专用发票。该批棉花当月被全部领用用于生产增值税税率为16%的棉布。

（4）本月向一般纳税人销售甲型号棉布2.4万米，售价每米80元（不含税），向个体工商户销售乙型号棉布5.8万米，售价每米100元（含税）。

已知：有关票据在本月均通过主管税务机关认证并申报抵扣；1月初增值税留抵税额为0。

要求：根据上述资料，回答下列1～5问题。

1. 该企业购进纺织设备及支付运费可抵扣的进项税额为（　　）万元。

A. 6.8　　B. 6.294　　C. 6.42　　D. 6.4

2. 下列关于该企业向农民生产者购进棉花和向供销公司购进棉花计算的可抵扣进项数额的说法中，正确的有（　　）。

A. 向供销公司购进棉花可抵扣的进项税额为5.4万元

B. 向供销公司购进棉花可抵扣的进项税额为4.5万元

C. 向农民生产者购进棉花可抵扣的进项税额为0

D. 向农民生产者购进棉花可抵扣的进项税额为1.68万元

3. 该企业本月销售货物应确认的销项税额为（　　）万元。

A. 110.72　　B. 99.45　　C. 132.09　　D. 101.01

4. 该企业本月应该缴纳的增值税税额为（　　）万元。

A. 101.37　　B. 97.22　　C. 101.356　　D. 101.336

5. 该企业缴纳增值税的纳税期限可以是（　　）。

A. 15日　　B. 3日　　C. 1个月　　D. 1个季度

（四）作家张某是一名自由职业者，本年开了一家书店并取得个体工商户营业执照，其本年收入如下。

（1）被某电视台"元旦"文艺晚会组聘为顾问，取得顾问费2 000元。

（2）在某高校中文系兼课，每月两次，每次课酬200元。

（3）与某高校两位老师共写一本书，共得稿费12 000元，张某得主编费3 000元，其余稿费3人平分。

（4）出版个人作品集，取得收入10 000元。

（5）张某书店全年销售额45 000元，扣除进货成本、税金、费用后，应纳税所得额15 000元。

个体工商户生产、经营所得和企事业单位的承包经营、承租经营所得个人所得税税率表如下表所示。

级数	全年应纳税所得税额	税率	速算扣除数
1	不超过 15 000 元的	5%	0
2	超过 15 000 元至 30 000 元的部分	10%	750
3	超过 30 000 元至 60 000 元的部分	20%	3 750
4	超过 60 000 元至 100 000 元的部分	30%	9 750
5	超过 100 000 元的部分	35%	14 750

要求：根据上述材料，回答下列 1～5 问题。

1. 张某取得的顾问费 2 000 元属于(　　)。

A. 劳务报酬所得　　B. 偶然所得

C. 稿酬所得　　D. 工资薪金所得

2. 张某与两位老师共写一本书，三人的个人所得税纳税情况为(　　)。

A. 三人各自纳税 336 元　　B. 除张某外的其他两人各纳税 308 元

C. 张某一人纳税 672 元　　D. 此笔稿费共纳税 1 288 元

3. 出版个人作品集属于稿酬收入，稿酬所得应纳个人所得税税额的计算公式为(　　)。

A. 每次收入不足 4 000 元的，应纳税额＝(每次收入额－800)×20%

B. 每次收入超过 4 000 元的，应纳税额＝每次收入额×(1－20%)×20%

C. 每次收入超过 4 000 元的，应纳税额＝每次收入额×(1－20%)×20%×(1－30%)

D. 每次收入不足 4 000 元的，应纳税额＝(每次收入额－800)×20%×(1－30%)

4. 张某本年书店收入应缴纳个人所得税税额为(　　)元。

A. 3 000　　B. 3 875　　C. 1 500　　D. 750

5. 张某本年度应缴纳的个人所得税税额为(　　)元。

A. 4 567　　B. 4 231　　C. 2 782　　D. 4 151

(五) 王教授系中国公民，现在在国内某大学任职，20×7 年 12 月取得收入情况如下。

(1) 当月工资收入 9 000 元，奖金收入 3 200 元。

(2) 受某出版社委托，为其编写《心理咨询》一书。按协议约定，出版社于 20×7 年 12 月 10 日支付给王教授稿酬 20 000 元。

(3) 20×7 年 12 月 14 日，受某科技公司培训部邀请，为该公司员工进行心理咨询讲座，公司支付给王教授讲课报酬 4 200 元。

(4) 王教授 20×7 年的收入总额为 22 万元；20×8 年税务部门在进行税务检查时，发现王教授的稿酬和讲课报酬均无纳税记录。

工资、薪金所得税税率表

级数	全月应纳税所得额	税率	速算扣除数
1	不超过 1 500 元的	3%	0
2	超过 1 500 元至 4 500 元的部分	10%	105
3	超过 4 500 元至 9 000 元的部分	20%	555
4	超过 9 000 元至 35 000 元的部分	25%	1 005

（续表）

级数	全月应纳税所得额	税率	速算扣除数
5	超过35 000元至55 000元的部分	30%	2 755
6	超过55 000元至80 000元的部分	35%	5 505
7	超过80 000元的部分	45%	13 505

要求：根据上述资料，回答下列1～5问题。

1. 根据我国税法规定，个人所得税的征税项目包括（　　）。

A. 个体工商户的生产、经营所得　　B. 保险赔款所得

C. 股息、红利所得　　D. 特许权使用费所得

2. 关于20×7年12月王教授取得的工资收入，以下说法中，正确的有（　　）。

A. 20×7年12月，王教授取得的工资和奖金收入应缴纳的个人所得税税额为1 185元

B. 20×7年12月，王教授取得的工资和奖金收入应缴纳的个人所得税税额为1 285元

C. 20×7年12月，王教授取得的工资和奖金收入应缴纳的个人所得税由本人于年末缴纳

D. 20×7年12月，王教授取得的工资和奖金收入应缴纳的个人所得税由所在单位代扣代缴

3. 关于稿酬和讲课报酬，以下说法中，正确的有（　　）。

A. 劳务报酬所得，属于一次性收入的，以取得该项收入为一次

B. 王教授稿酬所得应缴纳的个人所得税，应由出版社代扣代缴

C. 王教授讲课报酬应缴纳的个人所得税，应由科技公司代扣代缴

D. 稿酬所得和讲课报酬应缴纳的个人所得税，应由王教授自行缴纳

4. 关于税款缴纳，以下说法中，正确的有（　　）。

A. 王教授应当在20×8年3月31日前办理纳税申报

B. 王教授应当在20×8年6月30日前办理纳税申报

C. 王教授应当补交稿酬和讲课报酬的税款

D. 出版社和科技公司应当补交稿酬和讲课报酬的税款

5. 关于王教授取得的稿酬和讲课报酬，应缴纳的个人所得税，下列说法中，正确的有（　　）。

A. 稿酬所得应缴纳个人所得税2 240元

B. 讲课报酬应缴纳个人所得税608元

C. 稿酬所得应缴纳个人所得税2 880元

D. 讲课报酬应缴纳个人所得税672元

【分节习题必会】答案及解析

第一节　税收概述

一、单项选择题

1.【答案】 D

【解析】 税收程序法是税务管理方面的法律规范。税收程序法主要包括税收管理法、纳税程序法、发票管理法、税务机关组织法、税务争议处理法等。

2.【答案】 B

【解析】 我国的法律由全国人民代表大会及其常委会制定。

3.【答案】 D

【解析】 征税对象是各个税种之间相互区别的根本标志。

4.【答案】 D

【解析】 税基式减免是指通过缩小计税依据来实现减免税。

5.【答案】 B

【解析】 税率是计算税额的尺度,也是衡量税负轻重与否的重要标志,反映了征税的深度。

6.【答案】 B

【解析】 在税收特征中,无偿性是关键特征。

二、多项选择题

1.【答案】 ABC

【解析】 行为税也称"特定目的税",是指国家为了实现特定目的,以纳税人的某些特定行为为征税对象的一类税收。我国现行的印花税、契税、耕地占用税、车辆购置税、城市维护建设税等属于此类税收。

2.【答案】 ABCD

【解析】 四个选项的表述都正确。

3.【答案】 ABCD

【解析】 减免税主要包括减税和免税、起征点、免征额。

4.【答案】 ABD

5.【答案】 ABC

【解析】 税收具有强制性、无偿性和固定性三个特征,因此选项A、C错误。财政职能指国家凭借政治权力,通过税收把经济单位及个人占有的一部分社会产品或价值集中起来,形成由国家集中支配的财政收入,以满足国家提供公共产品需要的职责或功能,是税收的基本功能,因此选项B错误。

6.【答案】 ABC

【解析】 按照主权国家行使税收管辖权的不同,可以将税法分为国内税法、国际税法、外国税法。

7.【答案】 CD

【解析】 流转税包括增值税、消费税和关税。特定行为税类,是指对某些法定行为实施征收的一类税种。我国行为税类包括车船税、车辆购置税、耕地占用税、印花税等。因此选项C、D错误。

8.【答案】 BD

【解析】 选项A、C属于税收程序法。

9.【答案】 ABC

【解析】 税收具有强制性、无偿性和固定性三个特征,即所谓的税收"三性"。

三、判断题

1.【答案】 √

2.【答案】 ×

【解析】 税收的无偿性是税收"三性"的核心。

3.【答案】 √

4.【答案】 √

第二节 主要税种

一、单项选择题

1.【答案】 B

【解析】 选项A、C属于征税收入;选项D属于免税收入。

2.【答案】 B

【解析】 选项A原材料用于免征增值税项目,不得抵扣进项税行为,而不是视同销售行为;选项C属于外购货物用于个人消费,不得抵扣进项税行为,而不是视同销售行为;选项D将购进的啤酒用于集体福利,不得抵扣进项税行为,而不是视同销售行为。

3.【答案】 B

【解析】 自2013年8月1日起,在全国范围内开展交通运输业(除铁路运输外)和部分现代服务业"营改增"试点。自2014年1月起,"营改增"试点扩大到铁路运输和邮政服务业。自2014年6月1日起,"营改增"试点扩大到电信业。自2016年5月1日起,将建筑业、房地产业、金融业、生活服务业4个行业纳入"营改增"试点范围,至此,营业税全部改征增值税。加工劳务本身就属于增值税的应税行为。

4.【答案】 C

【解析】 根据规定,除个体经营者以外的其他个人,不属于增值税一般纳税人,应按小规模纳税人纳税。自2018年5月1日起,增值税小规模纳税人标准为年应征增值税销售额500万元及以下。一般纳税人是指年应征增值税销售额超过税法规定的小规模纳税人标准的企业和企业性单位。

5.【答案】 D

【解析】 小规模纳税人不能抵扣进项税额,应纳增值税税额=16.48÷(1+3%)×3%=0.48(万元)。

6.【答案】 B

【解析】 "营改增"后,交通运输业的税率为10%,有形动产租赁的税率为16%,金融业的税率为6%,建筑业的税率为10%。

7.【答案】 A

【解析】 增值税纳税期限分别为1日、3日、5日、10日、15日、1个月或者1个季度。

8.【答案】 C

【解析】 食用盐的增值税税率为10%,适用于低税率。

9.【答案】 D

【解析】 纳税人自产自用应税消费品用于连续生产应税消费品的，不纳税。

10.【答案】 D

【解析】 乙烟丝厂应代扣代缴的消费税税额＝(60 000 ＋10 000)÷(1－30％)×30％ ＝30 000(元)。

11.【答案】 B

【解析】 可抵扣的进项税额＝1 500÷(1＋10％)×10％＝136.36(元)。

12.【答案】 D

【解析】 应纳消费税税额＝100×2 000×0.000 05＋300×20％ ＝70(万元)。

13.【答案】 D

【解析】 企业发生的公益性捐赠支出，在年度利润总额12％内的部分，准予在计算应纳税所得额时扣除；超过年度利润总额12％的部分，准予结转以后3年内在计算应纳税所得额时扣除。

14.【答案】 C

【解析】 计算方法一：

应纳税所得额＝7 000－3 500 ＝3 500(元)；

适用税率：10％；速算扣除数105。应纳税额＝3 500×10％－105＝245(元)；

计算方法二：

按照超额累进税率定义分解计算：

1 500×3％＋(3 500－1 500)×10％ ＝45＋200＝245(元)。

15.【答案】 B

【解析】 纳税人发生年度亏损的，可以用下一纳税年度的所得弥补；下一纳税年度的所得不足弥补的，可以逐年延续弥补，但是延续弥补期最长不得超过5年。

16.【答案】 D

【解析】 提供有形动产租赁服务税率为16％，提供建筑服务税率为10％。纳税人销售货物、加工修理修配劳务、服务、无形资产或者不动产适用不同税率或者征收率的，应当分别核算适用不同税率或者征收率的销售额，未分别核算销售额的，从高适用税率或者征收率。

17.【答案】 B

【解析】 自年度终了之日起5个月内，向税务机关报送年度企业所得税纳税申报表，并汇算清缴，结清应缴应退税款。

18.【答案】 B

19.【答案】 C

【解析】 应纳增值税税额＝(9 000＋1 000)÷(1＋3％)×3％ ＝291.26(元)。

20.【答案】 C

【解析】 选项A、B、D属于居民企业。

21.【答案】 D

【解析】 对劳务报酬所得一次收入畸高的，可以实行加成征收。

22.【答案】 B

【解析】 企业发生业务招待费的60％＝2 500×60％＝1 500(元)，当年销售收入的

5‰=136 000×5‰=680(元)，所以当年可以在税前扣除的业务招待费最高为680元。

23.【答案】 D

【解析】 企业发生的公益性捐赠支出，在年度利润总额12%以内的部分，准予在计算应纳税所得额时扣除；超过年度利润总额12%的部分，准予结转以后3年内在计算应纳税所得额时扣除。该企业本年应纳企业所得税=[300+(60-300×12%)]×25%=81(万元)。

24.【答案】 C

【解析】 我国从2009年1月1日起实行消费型增值税。

25.【答案】 B

26.【答案】 B

【解析】 一项销售行为如果既涉及货物又涉及服务，为混合销售。从事货物的生产、批发或者零售的单位和个体工商户的混合销售行为，按照销售货物缴纳增值税；其他单位和个体工商户的混合销售行为，按照销售服务缴纳增值税。

27.【答案】 D

【解析】 对个人将其所得通过中国境内非营利的遭受自然灾害地区的捐赠，捐赠额不超过所得额的30%的部分，可以从其应纳税所得额中扣除。应纳税所得额=40 000×(1-20%)=32 000(元)；捐赠可扣除金额=32 000×30% =9 600(元)；应纳个人所得税=(32 000-9 600)× 14%=3 136(元)。

28.【答案】 A

【解析】 增值税一般纳税人当期进项税额大于当期销项税额时，应将当期未能抵扣的进项税额可全部结转下期继续抵扣。

29.【答案】 A

【解析】 实行从价定率征税的应税消费品，其计税依据为含消费税而不含增值税的销售额。

30.【答案】 D

【解析】 选项A、B属于超额累进税率；选项C不征个人所得税。

二、多项选择题

1.【答案】 BD

【解析】 单位或个体经营者将购进的货物用于对外投资、分配给股东、无偿赠送给他人视同销售货物，征收增值税，其相关进项税额可以抵扣。将购进的货物用于集体福利或个人消费，不视同销售，其相关进项税额也不可以抵扣。

2.【答案】 ABD

【解析】 选项A、D适用于五级超额累进税率，选项B适用于七级超额累进税率。

3.【答案】 BD

【解析】 企业所得税税率25%的适用对象为居民企业和在中国境内设立机构、场所且所得与机构、场所有关联的非居民企业。

4.【答案】 ABD

【解析】 选项A：因管理不善造成被盗、丢失、霉烂变质的损失不能抵扣进项税额，因自然灾害损失的产品所耗用的进项税额可以抵扣。选项B:仅用于免征增值税项目的固定资产不可以抵扣进项税额,但同时用于增值税应税项目和免征增值税项目的固定资产可以抵扣进项税额。选项D:进口生产用原材料取得海关进口增值税专用缴款书上注明的增值税额可以抵扣。

5.【答案】 ACD

【解析】 纳税人采取预收货款结算方式的,消费税纳税义务发生时间为发出应税消费品的当天,选项B表述错误。

6.【答案】 AB

【解析】 居民纳税人是指在中国境内有住所,或者无住所但在中国境内居住满1年的个人。

7.【答案】 AD

【解析】 利息、股息、红利所得,偶然所得和其他所得,以每次收入额(全额)为应纳税所得额。

8.【答案】 ABCD

【解析】 四个选项的表述均正确。

9.【答案】 AD

【解析】 劳务报酬所得、稿酬所得和特许权使用费所得按照定额与比例相结合的方法扣除费用:每次收入不超过4 000元的减除费用800元,每次收入在4 000元以上的减除20%的费用,其余额为应纳税所得额,选项A、D正确;对企事业单位的承包经营、承租经营所得以某一纳税年度的收入总额,减除必要的费用后的余额,为应纳税所得额,选项C错误;财产转让所得以转让财产的收入额减除财产原值和合理费用后的余额,为应纳税所得额,选项B错误。

10.【答案】 ABCD

【解析】 增值税是以销售货物、劳务、服务、无形资产以及不动产过程中产生的增值额作为计税依据而征收的一种流转税,其征税范围是销售或进口货物,提供加工、修理修配劳务及销售服务无形资产或者不动产,因此选项A错误;货物是指有形动产,包括电力、热力、气体在内,因此选项B错误;我国从2009年1月1日起全面实行消费型增值税,因此选项C错误;生产型增值税以销售收入总额减去所购中间产品价值后的余额为税基计算,因此选项D错误。

11.【答案】 ABCD

【解析】 四个选项的表述都正确。

12.【答案】 ABCD

【解析】 全面营改增后,四个选项均应当征收增值税。

13.【答案】 ACD

14.【答案】 ABC

【解析】 个体工商户、个人独资企业、合伙企业不缴纳企业所得税。

15.【答案】 ABD

【解析】 出租固定资产收入、转让无形资产收入、转让股票的净收益均应计入应纳税所得额。国债利息收入不计入应纳税所得额,为免税收入。

16.【答案】 BD

【解析】 选项A应办理一般纳税人资格登记；选项C必须按小规模纳税人纳税，而不是“选择”。

17.【答案】 BCD

18.【答案】 ABCD

【解析】 纳税人用外购和委托加工收回下列应税消费品连续生产应税消费品的，已缴纳的消费税税款准予从应纳的消费税税额中抵扣。抵扣范围包括：①以外购或委托加工收回的已税烟丝为原料生产的卷烟；②以外购或委托加工收回的已税高档化妆品为原料生产的高档化妆品；③以外购或委托加工收回的已税珠宝玉石为原料生产的贵重首饰及珠宝玉石；④以外购或委托加工收回的已税鞭炮、焰火为原料生产的鞭炮、焰火；⑤以外购或委托加工收回的已税杆头、杆身和握把为原料生产的高尔夫球杆；⑥以外购或委托加工收回的已税木制一次性筷子为原料生产的木制一次性筷子；⑦以外购或委托加工收回的已税实木地板为原料生产的实木地板；⑧以外购或委托已税汽油、柴油、石脑油、燃料油、润滑油生产的应税成品油。

19.【答案】 ABCD

【解析】 四个选项的表述都正确。

20.【答案】 ABD

【解析】 选项C，应该是从中国境内两处或者两处以上取得工资、薪金所得。

21.【答案】 ABD

【解析】 纳税人按照合同约定支付的违约金(包括银行罚息)和诉讼费可以在税前扣除。

22.【答案】 ACD

【解析】 增值税纳税人销售化肥适用10%的税率，因此选项A错误。农机零配件不属于按10%的低税率计征增值税，因此选项C错误。从事图书、报纸、杂志销售的纳税人按低税率10%计征增值税，因此选项D错误。

23.【答案】 ABCD

【解析】 在卷烟的批发环节，纳税人应缴纳增值税和消费税；生产销售的小汽车，在销售环节既要缴纳增值税，也要缴纳消费税；金银首饰在零售环节征收增值税和消费税；高档化妆品在进口环节征收关税、增值税和消费税。

24.【答案】 ABCD

【解析】 四个选项的表述都正确。

25.【答案】 ABC

【解析】 货物运输代理属于“商务辅助服务”中的“经纪代理服务”，而非“物流辅助服务”。

26.【答案】 BCD

【解析】 选项A，年应税销售额超过小规模纳税人标准的其他个人(指个体工商户以外的个人)按小规模纳税人纳税。

27.【答案】 ABCD

28.【答案】 BC

【解析】 选项A、D属于将外购的货物用于“投资、分配、无偿赠送”，应视同销售计算销项税额，其对应的进项税额准予抵扣；选项B、C属于将外购的货物用于“免征增值税项目、集体福利和个人消费”，不视同销售，不得抵扣进项税额。

29.【答案】 ABCD

【解析】 一般纳税人凭“发票领购簿”、IC卡和经办人身份证领购专用发票。有下列行为之一，经税务机关责令限期改正而仍未改正的，不得领购使用专用发票：①虚开增值税专用发票；②私自印制专用发票；③向税务机关以外的单位和个人买取专用发票；④借用他人专用发票；⑤未按《增值税专用发票使用规定》的要求开具专用发票；⑥未按规定保管专用发票和专用设备；⑦未按规定申请办理防伪税控系统变更发行；⑧未按规定接受税务机关检查。

三、判断题

1.【答案】 √

2.【答案】 √

3.【答案】 √

4.【答案】 ×

【解析】 委托个人加工的应税消费品，由委托方向其机构所在地或者居住地主管税务机关申报纳税。

5.【答案】 ×

【解析】 委托方将收回的应税消费品以不高于受托方的计税价格出售的，为直接出售，不再缴纳消费税；但委托方以高于受托方的计税价格出售的，不属于直接出售，需按照规定申报缴纳消费税，在计税时准予扣除受托方已代收代缴的消费税。

6.【答案】 ×

【解析】 在中国境内无住所且在境内居住不满1年的个人属于个人所得税的非居民纳税义务人。

7.【答案】 ×

【解析】 总机构和分支机构不在同一县（市）的，应当分别向各自所在地主管税务机关申报纳税；经国家税务总局或其授权的税务机关批准，可以由总机构汇总向总机构所在地主管税务机关申报纳税。

8.【答案】 ×

【解析】 采取折扣销售方式，如果销售额和折扣额在同一张发票上分别注明的，可按折扣后的余额作为销售额计算增值税。

9.【答案】 ×

【解析】 非正常损失的购进货物，以及相关的加工修理修配劳务和交通运输服务，其进项税额不得从销项税额中抵扣。

10.【答案】 ×

【解析】 A企业虽然属于非居民企业，但是有来自中国境内的所得，应缴纳企业所得税。

11.【答案】 ×

【解析】 财产转让所得，以转让财产的收入额减除财产原值和合理费用后的余额，为应纳税所得额。

12.【答案】 ×

【解析】 单位或者个人向其他单位或者个人无偿转让不动产的，视同销售不动产，应当征收增值税。

13.【答案】 √

【解析】 不含税销售额是指不含增值税，但如果是应税消费品则含消费税。消费税是价内税，增值税是价外税。

14.【答案】 ×

【解析】 年所得12万元以上的纳税人，在年度终了后3个月内向主管税务机关办理纳税申报。

15.【答案】 √

16.【答案】 √

17.【答案】 ×

【解析】 该农机厂应分别核算，分别计税；如果不能分别核算，则按16%的税率从高计征增值税。

18.【答案】 √

【解析】 自2018年5月1日起，从事图书、报纸、杂志销售的纳税人按低税率10%计征增值税。

四、案例分析题

1.【答案】 D

【解析】 甲企业实际销售额＝9 280÷(1＋16%)×100＋8 120÷(1＋16%)×50 ＝1 150 000(元)，但根据规定，纳税人采用以旧换新方式销售货物的，计算增值税的销售额仍应为全额＝9 280÷(1＋16%)×100＋9 280÷(1＋16%)×50＝1 200 000 (元)。

(2)【答案】 AD

【解析】 选项B，纳税人采取以旧换新方式销售货物，应按新货物的同期销售价格确定销售额，不得扣减旧货物的收购价格。选项C，纳税人采取还本销售方式销售货物，其销售额就是货物的销售价格，不得从销售额中减除还本支出。

(3)【答案】 A

(4)【答案】 B

【解析】 开具增值税普通发票销售货物取得的含税销售额换算为不含税销售额：不含税销售额＝含税销售额÷(1＋税率)＝2 320 000÷(1＋16%)＝2 000 000(元)，该超市本年7月增值税的销售额＝400 000＋2 000 000 ＝2 400 000(元)。

(5)【答案】 A

【解析】 销售额＝含税销售额÷(1＋征收率)＝10 3000÷(1＋3%)＝100 000(元)。

第三节 税收征收管理

一、单项选择题

1.【答案】 D

【解析】 选项A,税收强制执行措施适用于生产、经营的纳税人,扣缴义务人,纳税担保人;选项B,机动车辆、金银饰品,古玩字画,豪华住宅或一处以上的住宅不属于个人及其所扶养家属维持生活必需的住房和用品,应在强制执行的范围之内;选项C,税务机关对单价5 000元以下的生活用品,不得采取强制执行措施。

2.【答案】 A

【解析】 甲为上市公司,所以财务会计制度健全,会计记录完整,所以适合用查账征收。

3.【答案】 D

【解析】 查定征收适用于生产经营规模较小、产品零星、会计核算不健全,但能控制原材料或进销货的小型厂矿和作坊。

4.【答案】 A

【解析】 复议机关应当自受理申请之日起60日内作出行政复议决定。

5.【答案】 C

6.【答案】 D

【解析】 税务机关采取税收保全措施的期限一般不得超过6个月。

7.【答案】 D

【解析】 代扣代缴是指负有扣缴税款的法定义务人,在向纳税人支付款项时,从所支付的款项中直接扣收税款的方式。

8.【答案】 D

【解析】 选项D是税款征收措施。

9.【答案】 D

二、多项选择题

1.【答案】 BCD

【解析】 选项B,增值税专用发票的样式、印制及管理均由国家税务总局制定;选项C,增值税专用发票的记账联,作为销售方核算销售收入和增值税销项税额的记账凭证,增值税专用发票的发票联,作为购买方核算采购成本和增值进项税额的会计凭证使用;选项D,增值税一般纳税人在不能开具增值税专用发票的情况下也可使用增值税普通发票。

2.【答案】 ABD

【解析】 选项C,在发票联和抵扣联加盖单位发票专用章。

3.【答案】 ABCD

【解析】 涉税专业服务机构可以从事以下涉税业务:(1)纳税申报代理;(2)一般税务咨询;(3)专业税务顾问;(4)税收策划;(5)涉税鉴证;(6)纳税情况审查;(7)其他税务事项代理;(8)其他涉税服务。

4.【答案】 BD

【解析】 选项A、C属于税收强制执行措施;选项B、D属于税收保全措施。

5.【答案】 ACD

【解析】 纳税人的停业期限不得超过1年。纳税人停业期满未按期复业又不申请延长停业的,税务机关应当视为已恢复营业,实施正常的税收征收管理,因此选项B错误。其他各项均正确。

6.【答案】 AD

【解析】 税务行政处罚的种类主要有:责令限期改正;罚款;没收财产(包括没收财物和违法所得两种);收缴未用发票和暂停供应发票;停止出口退税权。

7.【答案】 ABCD

【解析】 特定范围继续使用的其他发票包括农产品收购发票、农产品销售发票、门票、过路(过桥)费发票、定额发票、客运发票和二手车销售统一发票等。

8.【答案】 ACD

【解析】 纳税人发生解散、破产、撤销以及其他情形,依法终止纳税义务的,应当持有关证件和资料向原税务登记机关申报办理注销税务登记;纳税人因住所、经营地点变动,涉及改变税务登记机关的,要办理注销税务登记。选项B需办理变更税务登记。

9.【答案】 ABCD

【解析】 四个选项的表述都正确。

10.【答案】 ABCD

【解析】 我国税款征收方式有查账征收、查定征收、查验征收、定期定额征收、核定征收、代扣代缴、代收代缴、委托代征和其他方式等。

11.【答案】 ABCD

【解析】 四个选项的表述都正确。

12.【答案】 ABC

【解析】 税务师事务所合伙人或者股东由税务师、注册会计师、律师担任,税务师占比应高于50%,国家税务总局另有规定的除外。

13.【答案】 CD

【解析】 任何单位和个人不得以其他凭证代替发票使用,因此选项C错误。纳税人享受减税、免税待遇的,在减税、免税期间应当按照规定办理纳税申报。纳税人在纳税期限内没有应纳税款的,也应当按照规定办理纳税申报,因此选项D错误。

14.【答案】 ABC

【解析】 查验征收是税务机关对某些难以进行源泉控制的征收对象,通过查验证、照和实物,据以征税而采取的一种征收方式。这种征收方式适用于经营品种比较单一,经营地点、时间和商品来源不固定的纳税单位。委托代征税款是税款的一种征收方式,是指税务机关委托代征人以税务机关的名义征收税款,并将税款缴入国库的方式。这种方式一般适用于小额、零散税源的征收。

15.【答案】 ABCD

【解析】 税务登记(广义的税务登记含税务管理)种类包括:①设立登记(开业登记);②变更登记;③停业、复业登记;④注销登记;⑤跨区域涉税事项报验管理;⑥纳税人税种登记；⑦扣缴义务人扣缴税款登记等。

三、判断题

1.【答案】 √

2.【答案】 ×

【解析】 根据《税收征管法》的规定税收强制执行措施的对象包括：从事生产经营的纳税人、扣缴义务人、纳税担保人。

3.【答案】 ×

【解析】 纳税人对国家税务总局的具体行政行为不服的，可以选择以下两种途径：第一，向国家税务总局申请行政复议，对行政复议决定不服的，纳税人还可以向人民法院提起行政诉讼；第二，向国务院申请裁决，但应注意，国务院的裁决为终局裁决，对该裁决不服的，不能再向法院提起行政诉讼。

4.【答案】 ×

【解析】 采用数据电文申报的，收件人未指定特定系统的，该数据电文进入收件人的任何系统的首次时间，视为到达时间。

5.【答案】 √

6.【答案】 ×

【解析】 邮寄申报以寄出的邮戳日期为实际申报日期。

7.【答案】 ×

【解析】 纳税人享受减税、免税待遇的，在减税、免税期间也应当按照规定办理纳税申报。

8.【答案】 ×

【解析】 纳税人被工商行政管理部门吊销营业执照的，应当自营业执照被吊销之日起 15 日内，向原税务机关登记机关申报办理注销登记。

9.【答案】 ×

【解析】 税务行政复议决定书一经送达，即产生法律效力。

【本章习题必练】答案及解析

一、单项选择题

1.【答案】 C

【解析】 选项 A 属于流转税；选项 B 属于资源税；选项 D 属于行为税。

2.【答案】 D

【解析】 税法是指税收法律制度，是国家权力机关和行政机关制定的用于调整国家与纳税人之间在税收征纳方面的权利与义务关系的法律规范的总称，是国家法律的重要组成部分。

3.【答案】 C

【解析】 选项 A、B、D 属于企业所得税的应税收入；选项 C 属于企业所得税免税收入。

4.【答案】 B

【解析】 A、C、D适用增值税低税率10%。

5.【答案】 D

【解析】 选项A、B、C，将外购的货物用于投资、分配、赠送的，视同销售；选项D，将外购的货物用于简易计税项目、免征增值税应税项目、集体福利、个人消费，不视同销售，而是进项税额不得抵扣。

6.【答案】 B

【解析】 啤酒从量定额计征消费税，与价格无关，与数量有关；销售应税消费品的，消费税计税依据为应税消费品的销售数量。

7.【答案】 D

【解析】 根据消费税法律制度的规定，纳税人采取预收货款结算方式的，其消费税纳税义务的发生时间，为发出应税消费品的当天。

8.【答案】 D

【解析】 查账征收适用于纳税人账簿、凭证、财务会计制度比较健全，能够如实反映生产经营成果的情况。

9.【答案】 B

【解析】 合伙企业缴纳个人所得税，不属于企业所得税的纳税义务人。

10.【答案】 D

【解析】 选项A、B、C对税务机关作出的"征税行为"不服，应当先申请行政复议，对行政复议决定不服的，才能提起行政诉讼。征税行为，包括确认纳税主体、征税对象、征税范围、减税、免税、退税、抵扣税款、适用税率、计税依据、纳税环节、纳税期限、纳税地点和税款征收方式等具体行政行为，征收税款、加收滞纳金，扣缴义务人、受税务机关委托的单位和个人作出的代扣代缴、代收代缴、代征行为等。

11.【答案】 B

12.【答案】 D

【解析】 一般纳税人有下列情形之一者，不得领购使用专用发票：①会计核算不健全，即不能按会计制度和税务机关的要求准确核算增值税的销项税额、进项税额和应纳税额者；②不能向税务机关准确提供增值税销项税额、进项税额、应纳税额数据及其他有关增值税税务资料者；③有以下行为，经税务机关责令限期改正而仍未改正者：私自印制专用发票；向个人或税务机关以外的单位买取专用发票；借用他人专用发票；向他人提供专用发票；未按规定开具专用发票；未按规定保管专用发票；未按规定申报专用发票的购、用、存情况；未按规定接受税务机关检查。

13.【答案】 B

【解析】 按征收管理的分工体系分类，税收可分为工商税类、关税类。

14.【答案】 C

【解析】 税务违法行政处罚包括责令期限改正；罚款；没收非法财产；收缴未用发票或暂停供应发票；停止出口退税权。

15.【答案】 C

【解析】 税收具有强制性、无偿性和固定性三个特征。

16.【答案】 B

【解析】 销项税额是指纳税人销售货物或者提供应税劳务，按照销售额和规定的税率计算并向购买方收取的增值税税额。销项税额＝销售额×适用税率＝40 000×16％＝6 400(元)。

17.【答案】 D

【解析】 纳税人发生视同销售货物行为(不包括代销行为)的，其纳税义务发生时间为货物移送的当天。纳税人发生视同销售服务、无形资产或者不动产行为的，其纳税义务发生时间为销售服务、无形资产或者不动产权属变更的当天。

18.【答案】 C

【解析】 自2018年5月1日起，增值税小规模纳税人标准统一为年应征增值税销售额500万元及以下。

19.【答案】 B

【解析】 根据《个人所得税法》的规定，居民纳税义务人是指在中国境内有住所，或者无住所但在中国境内居住满1年的个人。居民纳税义务人负有无限纳税义务，其从中国境内和境外取得的所得，都要在中国缴纳个人所得税。

20.【答案】 C

【解析】 税务登记是税务机关依据税法规定，对纳税人的生产、经营活动进行登记管理的一项法定制度，也是纳税人依法履行纳税义务的法定手续。税务登记是整个税收征收管理的起点。

21.【答案】 D

【解析】 税务师事务所合伙人或者股东由税务师、注册会计师、律师担任，税务师占比应高于50％，国家税务总局另有规定的除外。

22.【答案】 B

【解析】 自2018年5月1日起，纳税人购进用于生产销售或委托加工16％税率货物的农产品，按照12％的扣除率计算进项税额。可以抵扣的进项税额＝买价×扣除率＝40 000×12％＝4 800(元)。

23.【答案】 C

【解析】 查定征收是指由税务机关根据纳税人的从业人员、生产设备等在正常情况下的生产、销售情况，对其生产的应税产品查定产量和销售额，然后依照税法规定的税率征收的一种税款征收方式，这种方式适用于生产经营规模较小、产品零星、税源分散、会计账册不健全的纳税单位采用。

24.【答案】 B

【解析】 单位或者个体工商户聘用的员工为本单位或者雇主提供取得工资的服务，以及单位或者个体工商户为聘用的员工提供服务均不缴纳增值税。

25.【答案】 B

【解析】 非居民企业是指依照外国(地区)法律成立而实际管理机构不在中国境内，但在中国境内设立机构、场所的，或者在中国境内未设立机构、场所，但有来源于中国境内所得的企业。

26.【答案】 C

【解析】 纳税人以1个月或者1个季度为一个纳税期的，自期满之日起15日内申报纳税。

27.【答案】 C

28.【答案】 A

【解析】 自2018年5月1日起，纳税人发生增值税应税销售行为或者进口货物，原适用17%和11%税率的，税率分别调整为16%、10%。

29.【答案】 B

【解析】 纳税人提供租赁服务采取预收款方式的，其纳税义务发生时间为收到预收款的当天。

30.【答案】 C

【解析】 销售服务、无形资产或者不动产的纳税人的小规模纳税人标准为：年应税销售额在500万元以下。

31.【答案】 B

【解析】个人及其所扶养家属维持生活必需的住房和用品，不在强制执行措施的范围之内。

32.【答案】 B

【解析】自2018年5月1日起，纳税人购进用于生产销售或委托加工16%税率货物的农产品，按照12%的扣除率计算进项税额。可以抵扣的进项税额＝20×50%×12%＋20×50%×10%＝2.2(万元)。

33.【答案】 D

【解析】 根据停业、复业登记管理规定，纳税人停业期满未按期复业又不申请延长停业的，税务机关应当视为已恢复营业，实施正常的税收征收管理。

34.【答案】 B

【解析】 税务代理业务档案保存应不少于5年。

35.【答案】 A

【解析】 根据我国采取的纳税征收方式，对于经营品种比较单一，经营地点、时间和商品来源不固定的纳税，税务机关可以采取的税款征收方式为查验征收。

36.【答案】 B

【解析】 税法的构成要素一般包括征税人、纳税义务人、征税对象、税目、税率、计税依据、纳税环节、纳税期限、纳税地点、减免税和法律责任等。选项B不属于税法的构成要素。

37.【答案】 C

【解析】 委托加工从价计征的应税消费品，没有同类消费品销售价格的，按组成计税价格计算纳税，其组成计税价格＝(材料成本＋加工费)÷(1－消费税税率)。

38.【答案】 D

【解析】 购进的旅客运输服务、贷款服务、餐饮服务、居民日常服务和娱乐服务的进项税额不得从销项税额中抵扣。

39.【答案】 B

【解析】 采取托收承付方式销售货物，为发出货物并办妥托收手续的当天。

40.【答案】 B

【解析】 中央税是指由中央政府征收和管理使用或者地方政府征税后全部划解中央，由中央所有和支配的税收。消费税(含进口环节由海关代征的部分)、关税、海关代征的进口环节增值税等为中央税。

二、多项选择题

1.【答案】 CD

【解析】 增值税小规模纳税人进项税额不予抵扣，选项C错误；年应税销售额超过小规模纳税人标准的其他个人(指个体工商户以外的个人)按小规模纳税人纳税，选项D错误。

2.【答案】 ABD

【解析】 支付的法律诉讼费可以作为费用进行扣除。

3.【答案】 BD

【解析】 根据增值税法律制度的规定，违约金和包装物租金属于增值税价外费用，应当缴纳增值税；销项税额和受托加工应征消费税的消费品所代收代缴的消费税不属于价外费用，不缴纳增值税。

4.【答案】 ABC

【解析】 根据消费税法律制度的规定，委托加工的应税消费品，受托方在交货时已代收代缴消费税，委托方收回后直接销售(以不高于受托方的计税价格出售)的，不再缴纳消费税。选项D错误，其余三个选项都正确。

5.【答案】 AD

【解析】 增值税＝(30÷20％＋30)÷(1－10％)×16％＝32(万元)；消费税＝(30÷20％＋30)÷(1－10％)×10％＝20(万元)。

6.【答案】 ACD

【解析】 选项B错误，我国消费税税目共有15个税目。

7.【答案】 ABCD

【解析】 增值税征税范围的基本规定：①销售或者进口货物；②提供加工、修理修配劳务；③销售服务、无形资产或者不动产。

8.【答案】 ABC

【解析】 财产转让所得适用20％的比例税率，不采用累进税率。

9.【答案】 ACD

【解析】 主编6 000元与平分的8 500元合并计税纳税，①主编应纳个人所得税＝[6 000＋(40 000－6 000)÷4]×(1－20％)×20％×(1－30％)＝1 624(元)；②除主编以外的三人各纳税＝[(40 000－6 000)÷4]×(1－20％)×20％×(1－30％)＝952(元)；③四人共纳税＝1 624＋952×3＝4 480(元)。选项A、C、D计算正确。

10.【答案】 ABCD

【解析】 四个选项的表述都正确。

11.【答案】 AD

【解析】 纳税人变更法定代表人的，需要办理变更登记；纳税人暂停经营活动的，需要办理停业登记，而不是注销税务登记。

12.【答案】 BD

【解析】 选项A，增值税属于流转税类；选项C，房产税属于财产税类。

13.【答案】 ABD

【解析】 选项C采用的是定额税率。

14.【答案】 AD

【解析】 现行消费税的征收范围主要包括：烟，酒，鞭炮、焰火，高档化妆品，成品油，贵重首饰及珠宝玉石，高尔夫球及球具，高档手表，游艇，木制一次性筷子，实木地板，摩托车，小汽车、电池、涂料等税目，有的税目还进一步划分若干子目。

15.【答案】 AB

【解析】 选项C，采用分期收款方式销售货物的，为书面合同约定的收款日期的当天，无书面合同的或者书面合同没有约定收款日期的，为货物发出的当天；选项D，视同销售货物的，为货物移送的当天。

16.【答案】 BD

【解析】 提供有形资产租赁服务税率为16%；农机零部件的增值税税率为16%。因此选项A、C错误。

17.【答案】 ACD

【解析】 单位或个体经营者的下列行为，视同销售货物：①将货物交付其他单位或者个人代销；②销售代销货物；③设有两个以上机构并实行统一核算的纳税人，将货物从一个机构移送其他机构用于销售，但相关机构设在同一县（市）的除外；④将自产、委托加工的货物用于非增值税应税项目（2016年5月1日起全面营改增，由于不再存在非增值税应税项目，因此本条实际上失去意义）；⑤将自产、委托加工的货物用于集体福利或个人消费；⑥将自产、委托加工或购进的货物作为投资，提供给其他单位或个体工商户；⑦将自产、委托加工或购进的货物分配给股东或投资者；⑧将自产、委托加工或购进的货物无偿赠送其他单位或个人。

18.【答案】 CD

【解析】 增值税普通发票除原来常用的增值税普通发票以外，还新增了增值税电子普通发票和增值税普通发票（卷票）。

19.【答案】 ABC

【解析】 增值税专用发票基本联次的第一联为记账联，作为销售方核算销售收入和增值税销项税额的记账凭证；第二联为抵扣联，作为购买方报送主管税务机关认证和留存备查的凭证；第三联为发票联，作为购买方核算采购成本和增值税进项税额的记账凭证。其他联次用途，由一般纳税人自行确定。

20.【答案】 ABD

【解析】 选项C，税务机关不再按照180天设置报验管理的固定有效期，改按跨区域经营合同执行期限作为有效期限。合同延期的，纳税人可向经营地或机构所在地的税务机关办理报验管理有效期限延期手续。

21.【答案】 ABC

【解析】 自2016年5月1日起，营业税全面改征增值税。修理修配劳务属于原增值税范围，不属于营改增范围。

22.【答案】 AB

【解析】 申请人对征税行为中的具体行为不服的，应当先向行政复议机关申请行政复议；对行政复议决定不服的，可以再向人民法院提起行政诉讼。征税行为，包括确认纳税主体、征税对象、征税范围、减税、免税、退税、抵扣税款、适用税率、计税依据、纳税环节、纳税期限、纳税地点和税款征收方式等具体行政行为和征收税款、加收滞纳金，扣缴义务人、受税务机关委托的单位和个人做出的代扣代缴、代收代缴、代征行为等。

23.【答案】 ABD

【解析】 税法按照功能作用不同，分为税收实体法和税收程序法。其中税收程序法主要包括税收管理法、纳税程序法、发票管理法、税务机关组织法和税务争议处理法等。

24.【答案】 ABD

【解析】 根据税基和购进固定资产的进项税额是否扣除及如何扣除的不同，各国增值税可以分为生产型增值税、收入型增值税和消费型增值税三种类型。

25.【答案】 ABCD

【解析】 税法的构成要素一般包括征税人、纳税义务人、征税对象、税目、税率、计税依据、纳税环节、纳税期限、纳税地点、减免税和法律责任等。

26.【答案】 AC

【解析】 选项 A，进口小汽车征收关税、增值税和消费税；选项 B，进口数码相机征收关税、增值税，不征收消费税；选项 C、D，在批发环节加征消费税的仅限于卷烟，不包括白酒。

27.【答案】 ABCD

【解析】 税款征收的方式包括查账征收、查定征收、查验征收、代扣代缴、代收代缴、委托征收、定期定额征收和其他方式。

28.【答案】 CD

【解析】 免税收入是指属于企业的应税所得但按照税法规定免予征收企业所得税的收入。免税收入包括国债利息收入，符合条件的居民企业之间的股息、红利收入，在中国境内设立机构、场所的非居民企业从居民企业取得与该机构、场所有实际联系的股息、红利收入，符合条件的非营利组织的收入等。

29.【答案】 ABCD

【解析】设立登记的纳税人分为以下两类：(1)领取营业执照从事生产、经营活动的纳税人。包括：①企业；②企业在外地设立的分支机构和从事生产经营的场所；③个体工商户；④从事生产经营的机关团体、部队、学校和其他事业单位。(2)其他纳税人。对不从事生产经营活动，但依法负有纳税义务的单位和个人，除临时取得应税收入或发生应税行为的，也应该按规定向税务机关办理税务登记。此外，依法负有代扣代缴或者代收代缴税款的扣缴义务人，也应该依法办理扣缴税款登记。其他纳税人和扣缴税款义务人办理税务登记的具体对象范围由国务院另行规定。

30.【答案】 ABC

【解析】 选项 D，任何单位和个人不得拆本使用发票。

31.【答案】 ABD

【解析】 银行、财务公司、信托投资公司、信用社的纳税期限为1个季度。保险业的纳税期限为1个月。

32.【答案】 ABCD

三、判断题

1.【答案】 ×

【解析】 纳税人停业期满不能及时恢复生产经营的,应当在停业期满前向税务机关提出延长停业登记申请。

2.【答案】 √

3.【答案】 ×

【解析】 累进税率主要采用超额累进的方式。

4.【答案】 √

5.【答案】 ×

【解析】 增值税不能扣除。

6.【答案】 √

7.【答案】 ×

【解析】 单位或者个人将不动产或者土地使用权“无偿赠送”其他单位或者个人,视同发生应税行为,缴纳增值税。

8.【答案】 √

9.【答案】 ×

【解析】 委托加工环节已由受托方代收代缴消费税的应税消费品收回后直接销售(以不高于受托方的计税价格出售)的,不再缴纳消费税。

10.【答案】 √

【解析】 应纳税所得额=30 000 ×(1−20%)=24 000(元)>20 000(元),所以需要进行加成征收。

11.【答案】 ×

【解析】发票的主管机关是税务机关。

12.【答案】 ×

【解析】 企业所得税是对具有法人资格的企业征收的所得税,而个人独资企业不具有法人资格。对个人独资企业投资者取得的生产经营所得应征收个人所得税,不征收企业所得税。

13.【答案】 √

【解析】 从量税是以课税对象的实物量作为计税依据征收的一种税,一般采用定额税率。如我国现行的车船税、土地使用税、消费税中的啤酒和黄酒等。

14.【答案】 √

【解析】 如果纳税人在税务机关采取税收保全措施后按照税务机关规定的期限缴纳了税款,税务机关应按规定在收到税款或银行转回的税票后24小时内解除税收保全。如果因税务机关未解除税收保全措施,使纳税人的合法利益遭受损失的,税务机关应当承担赔偿责任。

15.【答案】 ×

【解析】 采取税收强制执行措施时，对纳税人、扣缴义务人、纳税担保人未缴纳的滞纳金必须同时强制执行，但不包括罚款。

16.【答案】 √

17.【答案】 ×

【解析】 企业所得税的征税对象是企业的生产经营所得、其他所得和清算所得。包括销售货物所得、提供劳务所得、转让财产所得、接受捐赠所得和其他所得等。

18.【答案】 √

19.【答案】 ×

【解析】 自 2018 年 5 月 1 日起，增值税小规模纳税人标准统一为年应征增值税销售额 500 万元及以下。

20.【答案】 √

21.【答案】 √

【解析】 税率是指应纳税额与征税对象的比例或者征收额度，它是计算税额的尺度，也是衡量税负轻重与否的重要标志。

22.【答案】 ×

【解析】 减免税是对某些纳税人或课税对象给予鼓励或照顾的一种特殊规定。

23.【答案】 √

24.【答案】 √

【解析】 已开具的发票存根联和发票登记簿应当保存 5 年，保存期满，报经税务机关查验后销毁。

25.【答案】 ×

【解析】 小规模纳税人可以向主管税务机关申请代开增值税专用发票。到目前为止，住宿业、鉴证咨询业、建筑业、工业以及信息传输、软件和信息技术服务业等小规模纳税人可以通过增值税发票管理新系统自行开具增值税专用发票。

26.【答案】 √

【解析】 税务登记是整个税收征收管理的起点。

27.【答案】 √

28.【答案】 ×

【解析】 税务机关采取税收保全措施的前提是从事生产、经营的纳税人有逃避纳税义务的行为。

29.【答案】 ×

【解析】 税务机关采取税收保全措施的期限一般不得超过 6 个月，重大案件需要延长期限的，应当报国家税务总局批准。

30.【答案】 ×

【解析】 纳税人兼有不同税率或者征收率的情况下，应当分别核算适用不同税率或者征收率的销售额。未分别核算的，从高适用税率或征收率。

31.【答案】 ×

【解析】 根据相关规定，“外出经营活动税收管理”现在已经更名为“跨区域涉税事项报验管理”。

32.【答案】×

【解析】当纳税人不能提供纳税担保，经县级以上税务局（分局）局长批准，可以冻结纳税人相当于应纳税款的存款。

33.【答案】√

34.【答案】√

【解析】查定征收是指税务机关根据纳税人的从业人员、生产设备、原材料耗用情况等因素，查实核定其在正常生产经营条件下应税产品的数量、销售额，并据以征收税款的一种方式。而核定应纳税额是针对由于纳税人的原因导致税务机关难以查账征收税款，而采取的一种被迫或补救措施。

35.【答案】×

【解析】纳税申报的对象是包括依法已向国家税务机关办理税务登记的纳税人：各项收入均应当纳税的纳税人；按税收法律规定，全部或部分产品、项目或者税种享受减税、免税照顾的纳税人；当期营业额未达到起征点或没有营业收入的纳税人；实行定期定额纳税的纳税人；应当向国家税务机关缴纳企业所得税以及其他税种的纳税人。

36.【答案】√

37.【答案】√

38.【答案】×

【解析】税务机关采取强制执行措施时，对上述纳税人、扣缴义务人、纳税担保人未缴纳的滞纳金同时强制执行。个人及其所扶养家属维持生活必需的住房和用品，不在强制执行措施的范围之内。

39.【答案】×

【解析】纳税人伪造、变造、隐匿、擅自销毁账簿、记账凭证，或者在账簿上多列支出或者不列、少列收入，或者经税务机关通知申报而拒不申报，或者进行虚假的纳税申报，不缴或者少缴应纳税款的，属于偷税行为。

40.【答案】×

【解析】销售基础电信服务，增值税税率为10%；销售增值电信服务，增值税税率为6%。

41.【答案】√

【解析】纳税人发生视同销售服务、无形资产或者不动产行为的，其纳税义务发生时间为销售服务、无形资产或者不动产权属变更的当天。

42.【答案】√

【解析】应税消费品若是用外购已缴纳消费税的应税消费品连续生产出来的，在对这些连续生产出来的应税消费品征税时，按当期生产领用数量计算准予扣除的外购应税消费品已缴纳的消费税税款。

43.【答案】×

【解析】计税依据是指计算应纳税额的依据或标准，即根据什么来计算纳税人应缴纳的税额。征税对象是区别不同税种的重要标志。

44.【答案】×

【解析】 按照征税对象分类，可将全部税收划分为流转税、所得税、财产税、资源税和行为税五种类型。

45.【答案】 √

46.【答案】 ×

【解析】 增值税是价外税，消费税是价内税。

四、案例分析题

(一)

1.【答案】 B

【解析】 经县以上税务局(分局)局长批准，税务机关可以采取下列税收保全措施：①书面通知纳税人开户银行或者其他金融机构冻结纳税人的金额相当于应纳税款的存款；②扣押、查封纳税人的价值相当于应纳税款的商品、货物或者其他财产。

2.【答案】 B

【解析】 从事生产、经营的纳税人、扣缴义务人未按照规定的期限缴纳或者解缴税款，纳税担保人未按照规定的期限缴纳所担保的税款，由税务机关责令限期缴纳，逾期仍未缴纳的，经县以上税务局(分局)局长批准，税务机关可以采取强制执行措施。

3.【答案】 D

【解析】 个人及其所扶养家属维持生活必需的住房和用品，不在强制执行措施的范围之内。税务机关对单价 5 000 元以下的其他生活用品，不采取强制执行措施。

4.【答案】 AB

【解析】 纳税人在规定的限期内缴纳税款的，税务机关必须立即解除税收保全措施；限期期满仍未缴纳税款的，经县以上税务局(分局)局长批准，税务机关可以书面通知纳税人开户银行或者其他金融机构，从其冻结的存款中扣缴税款，或者依法拍卖或者变卖所扣押、查封的商品、货物或者其他财产，以拍卖或者变卖所得抵缴税款。税务机关将扣押、查封的商品、货物或者其他财产变价抵缴税款时，应当交由依法成立的拍卖机构拍卖；无法委托拍卖或者不适于拍卖的，可以交由当地商业企业代为销售。

5.【答案】 ABD

【解析】 选项 C 对于纳税主体(纳税人、扣缴义务人)而言，其行政法律责任形式主要是行政处罚。

(二)

1.【答案】 C

【解析】 年度利润总额＝2 500＋70－1 100－670－480－60－40－50＝170(万元)。

2.【答案】 B

【解析】 广告费调增应纳税所得额＝450－2 500×15%＝75(万元)。

3.【答案】 D

【解析】 业务招待费支出的限额为 2 500×5‰＝12.5(万元)＞15×60% ＝9(万元)，业务招待费调增应纳税所得额＝15－15×60%＝6(万元)。

4.【答案】 A

【解析】 工会经费的扣除限额为 150×2% ＝3(万元)，实际拨缴 3 万元，无需调整；

职工福利费扣除限额为150×14% =21(万元),实际发生23万元,应调增23−21 =2(万元);职工教育经费的扣除限额为150×8% =12(万元),实际发生13.25万元,应调增13.25 − 12 = 1.25(万元);三项经费总共调增2+1.25=3.25(万元)。

5.【答案】 B

【解析】 (1) 捐赠支出应调增所得额=30−170×12% =9.6(万元)。

(2) 税收滞纳金不得在企业所得税税前扣除,应计入应纳税所得额。

(3) 应纳税所得额=170+75+6+9.6+3.25+6=269.85(万元)。

(4) 本年该企业实际应缴纳的企业所得税税额=269.85×25% = 67.46(万元)。

(三)

1.【答案】 C

【解析】 可抵扣的进项税额=40×16% +2 000×10% ÷ 10 000 =6.42(万元)。

2.【答案】 AD

【解析】 自2018年5月1日起,纳税人购进用于生产销售或委托加工16%税率货物的农产品,按照12%的扣除率计算进项税额。向供销公司购进棉花可抵扣的进项税额=3×15×12%=5.4(万元)。当地农民生产者购进免税棉花可抵扣的进项税额=14×12%=1.68(万元)。

3.【答案】 A

【解析】 本月销售货物应确认的销项税额=80×2.4×16% +100×5.8÷(1+16%)×16% =110.72(万元)。故选A。

4.【答案】 B

【解析】 本月应缴纳的增值税税额=110.72−6.42−5.4−1.68=97.22(万元)。

5.【答案】 ABCD

【解析】 增值税的纳税期限分为1日、3日、5日、10日、15日、1个月或者1个季度。

(四)

1.【答案】 A

2.【答案】 BCD

【解析】 张某应纳税额=[3 000+(12 000−3 000)÷3]×(1− 20%)×20% ×(1−30%)=672(元),其余两人各纳应纳税额 =[(12 000−3 000)÷3−800]×20%×(1−30%)=308(元)。此笔稿费共纳税额=672+308+308=1 288(元)。

3.【答案】 CD

4.【答案】 D

【解析】 张某本年书店收入应缴纳个人所得税税额=15 000 ×5% =750(元)。

5.【答案】 C

【解析】 (1)应纳税额=(2 000−800)×20% =240(元);(2)不缴纳个人所得税;(3)张某应纳税额=6 000×(1−20%)×20%×(1−30%)=672(元);(4)应纳税额=10 000×(1−20%)×20%×(1−30%)=1 120(元);(5)应纳税额为750元。因此,张某本年度应缴纳的个人所得税税额为2 782元。

(五)

1.【答案】 ACD

【解析】 现行个人所得税共有11个应税项目：①工资、薪金所得；②个体工商户的生产、经营所得；③对企事业单位的承包经营、承租经营所得；④劳务报酬所得；⑤稿酬所得；⑥特许权使用费所得；⑦利息、股息、红利所得；⑧财产租赁所得；⑨财产转让所得(指个人转让有价证券、股票、建筑物、土地使用权、机器设备、车船以及其他财产取得的所得)；⑩偶然所得(指个人得奖、中奖、中彩以及其他偶然性质的所得)；⑪经国务院财政部门确定征税的其他所得。

2.【答案】 AD

【解析】 王教授12月取得的工资和奖金收入应缴纳的个人所得税＝(9 000＋3 200－3 500)×20%－555＝1 185(元)，其个人所得税由所在单位代扣代缴。

3.【答案】 ABC

【解析】 代扣代缴的范围包括：工资、薪金所得；对企事业单位的经营、承租经营所得；劳务报酬所得；稿酬所得、特许权使用费所得；利息、股息、红利所得；财产租赁所得；财产转让所得；偶然所得等。

4.【答案】 AC

【解析】 稿酬年所得12万元以上的，在年度终了后3个月内到主管税务机关办理纳税申报。

5.【答案】 AD

【解析】 稿酬所得应缴纳个人所得税＝20 000×(1－20%)×20%×(1－30%)＝2 240(元)；讲课报酬应缴纳个人所得税＝4 200×(1－20%)×20%＝672(元)。

第四章 财政法律制度

【本章学习知识体系】

- 财政法律制度
  - 一、预算法律制度
    - (1) 预算法律制度的构成(★)
    - (2) 国家预算概述(★★★)
    - (3) 预算管理的职权(★★★)
    - (4) 预算收入与预算支出(★★)
    - (5) 预算组织程序(★★★)
    - (6) 决算(★★)
    - (7) 预决算的监督(★★★)
  - 二、政府采购法律制度
    - (1) 政府采购法律制度的构成(★)
    - (2) 政府采购的概念与原则(★)
    - (3) 政府采购的功能与执行模式(★★★)
    - (4) 政府采购当事人(★★)
    - (5) 政府采购方式(★★★)
    - (6) 政府采购的监督检查(★★★)
  - 三、国库集中收付制度
    - (1) 国库集中收付制度的概念(★)
    - (2) 国库单一账户体系(★★★)
    - (3) 财政收支的方式(★★★)

【分节习题必会】

第一节 预算法律制度

一、单项选择题

1. 国家预算既是保障国家机器运转的物质条件，又是政府实施各项社会经济政策的有效保证，体现的是国家预算的(　　)。

A. 制约作用　　　　B. 反映监督作用

C. 调节作用　　　　D. 财力保证作用

2. 根据《预算法》规定，属于全国人民代表大会常务委员会预算管理职权的是(　　)。

A. 审查中央和地方预算草案及中央和地方预算执行情况的报告

B. 批准中央预算和中央预算执行情况的报告

C. 审查和批准中央预算的调整方案
D. 改变或者撤销全国人民代表大会常务委员会关于预算、决算的不适当的决议
3. 乡级政府编制的本级决算草案，由(　　)审批。
A. 本级人大常委会　　B. 县级以上人民政府
C. 县级人大　　D. 本级人大
4. 根据我国《预算法》的规定，不属于国务院财政部门预算职权的是(　　)。
A. 具体编制中央预算、决算草案　　B. 具体组织中央和地方预算的执行
C. 具体编制中央预算的调整方案　　D. 审查和批准中央预算的调整方案
5. 新修订的《预算法》于(　　)2014年8月31日通过，自2015年1月1日起施行。
A. 2014年10月31日　　B. 2014年9月30日
C. 2014年7月31日　　D. 2014年8月31日
6. 对本级各部门、各单位和下级政府的预算执行情况、决算实施审计监督的部门是(　　)。
A. 各级政府财政部门　　B. 各级政府
C. 上一级政府财政部门　　D. 各级政府审计部门
7. 我国国家预算体系中不包括(　　)。
A. 中央预算　　B. 省级(省、自治区、直辖市)预算
C. 县级以上地方政府的派出机关　　D. 乡镇级(乡、民族乡、镇)预算
8. 下列各项中，不符合《预算法》规定的是(　　)。
A. 下级政府只有本级预算的，下级政府总预算即指下级政府的本级预算
B. 各部门预算由本部门所属各单位预算组成
C. 中央预算是指中央政府预算，由中央部门的预算组成，但不含其直属单位的预算
D. 总预算是指政府的财政汇总预算
9. 下列关于预算体系组成的表述中，错误的是(　　)。
A. 地方预算由省、自治区、直辖市总预算组成
B. 预算组成不受限制，可随意编制
C. 总预算包括本级预算和本级政府行政隶属的下一级政府的总预算
D. 部门单位预算是指部门、单位的收支预算
10. 下列有关各部门预算管理职权的表述中，不正确的是(　　)。
A. 各部门编制本部门预算、决算草案
B. 组织和监督本部门预算的执行
C. 定期向本级政府和上一级政府财政部门报告本级总预算的执行情况
D. 定期向本级政府财政部门报告预算的执行情况
11. 地方各级政府预算由(　　)审查和批准。
A. 上级人民政府　　B. 本级人民政府
C. 本级人民代表大会常委会　　D. 本级人民代表大会
12. 下列有关对预算、决算监督的表述中，不正确的是(　　)。
A. 全国人民代表大会及其常务委员会对中央和地方预算、决算进行监督
B. 乡、民族乡、镇人民代表大会对本级预算、决算进行监督

C. 县级以上地方各级人民代表大会对本级和下级政府预算、决算进行监督

D. 各级政府审计部门对本级各部门、各单位和下级政府的预算执行和决算实行审计监督

13. 国务院财政部门编制中央决算草案，经国务院(　　)审计后，报国务院审定，由国务院提请全国人民代表大会常务委员会审查和批准。

A. 财政部门　B. 税务部门　C. 司法部门　D. 审计部门

二、多项选择题

1. 预算调整方案应当说明预算调整的(　　)。

A. 理由　B. 项目　C. 数额　D. 时间

2. 下列有关预算的执行的表述中正确的有(　　)。

A. 各级预算由本级政府组织执行，具体工作由本级政府财政部门负责

B. 各部门、各单位是本部门、本单位的预算执行主体，负责本部门、本单位的预算执行，并对执行结果负责

C. 预算收入征收部门和单位，必须依照法律、行政法规的规定，及时、足额征收应征的预算收入

D. 各级政府可以向预算收入征收部门和单位下达收入指标

3. 下列关于中央预算的表述中，正确的有(　　)。

A. 由中央各部门(含直属单位)的预算组成

B. 中央预算不包括中央对地方返还或者给予补助的数额

C. 经济发展区域规划

D. 中央预算不包括企业和事业单位的预算

4. 下列各项关于国家预算的说法中，正确的有(　　)。

A. 财力保证作用属于国家预算作用

B. 部门单位预算是总预算的基础

C. 各级预算都要实行收入大于支出的原则

D. 中央预算由中央各部门(含直属单位)的预算组成

5. 下列关于地方预算的表述中，正确的有(　　)。

A. 地方预算由各省、自治区、直辖市总预算组成

B. 包括下级政府向上级政府上缴的收入数额

C. 地方预算不包括政党组织的预算

D. 包括上级政府对下级政府返还或者给予补助的数额

6. (　　)属于全国人民代表大会常务委员会的预算管理职权。

A. 监督中央和地方预算的执行

B. 审查和批准中央预算的调整方案

C. 撤销国务院制定的同宪法、法律相抵触的关于预算、决算的行政法规定、决定和命令

D. 撤销省、自治区、直辖市人民代表大会及其常务委员会制定的同宪法、法律和行政法规相抵触的关于预算、决算的地方性法规和决议

7. 关于预算的执行，下列说法中，正确的有（　　）。

A. 预算收入征收部门，必须依法及时、足额征收应征的预算收入

B. 各级预算由本级政府组织执行，具体工作由上级政府财政部门负责

C. 有预算收入上缴任务的部门和单位，必须依照法律、行政法规和国务院财政部门的规定，将应当上缴的预算资金及时、足额地上缴国家金库

D. 各级政府财政部门必须依照法律、行政法规和国务院财政部门的规定，及时、足额地拨付预算支出资金，加强对预算支出的管理和监督

8. 下列各项中，属于各级国家权力机关、政府及其财政、审计部门对各级政府预算、决算进行监督的内容有（　　）。

A. 对预算编制的监督　　B. 对预算执行的监督

C. 对预算调整的监督　　D. 对决算的监督

9. 下列关于国家预算的说法中，正确的有（　　）。

A. 国家预算具有收入、支出、分配、调控、监督的职能

B. 国家预算的作用包括财力保证作用、调节制约作用和反映监督作用

C. 我国的国家预算共分5级

D. 通过国家预算的编制和执行便于掌握国民经济的运行状况、发展趋势以及出现的问题，从而采取对策措施，促进国民经济稳定协调地发展，体现的是调节制约作用

10. 预算按照收支的内容可分为（　　）。

A. 一般公共预算　　B. 政府性基金预算

C. 国有资本经营预算　　D. 社会保险基金预算

11. 按来源划分，一般公共预算收入包括（　　）。

A. 税收收入　　B. 行政事业性收费收入

C. 国有资源（资产）有偿使用收入　　D. 转移性收入和其他收入

12. 国务院预算管理的职权包括（　　）。

A. 编制中央预算、决算草案

B. 决定中央预算预备费的动用

C. 编制中央预算调整方案

D. 监督中央各部门和地方政府的预算执行

13. 乡、民族乡、镇政府预算管理的职权包括（　　）。

A. 向上级人民代表大会作关于本级预算草案的报告

B. 组织本级预算的执行

C. 决定本级预算预备费的动用

D. 编制本级预算调整方案

14. 经全国人民代表大会批准的中央预算和经地方各级人民代表大会批准的地方各级预算，在执行中出现下列（　　）之一的，应当进行预算调整。

A. 需要增加或者减少预算总支出的

B. 需要调入预算稳定调节基金的

C. 需要调减预算安排的重点支出数额的

D. 需要增加举债债务数额的

15. 一般公共预算支出按其经济性质可分为(　　)。

A. 工资福利支出　　B. 商品和服务支出

C. 债务性支出　　D. 其他支出

16. 根据《预算法》规定,下列有关预算、决算监督的表述中,正确的有(　　)。

A. 全国人民代表大会及其常务委员会对中央和地方预算、决算进行监督

B. 县级以上地方各级人民代表大会及其常务委员会对本级和下级政府预算、决算进行监督

C. 乡、民族乡、镇人民代表大会对本级预算、决算进行监督

D. 各级政府审计部门对本级各部门、各单位和下级政府的预算执行、决算实行审计监督

17. 下列有关预算的编制的说法,正确的有(　　)。

A. 我国预算年度自公历1月1日起至12月31日止

B. 各级预算支出应当依照预算法规定,按其功能和经济性质分类编制

C. 各级政府、各部门、各单位应当依照预算法规定,将所有政府收入全部列入预算,不得隐瞒、少列

D. 各级一般公共预算应当按照本级一般公共预算支出额的1%至5%设置预备费,用于当年预算执行中的自然灾害等突发事件处理增加的支出及其他难以预见的开支

三、判断题

1. 中央预算和地方各级政府预算,应当参照上1年预算执行情况和本年度收支预测进行编制。(　　)

2. 国家预算按照预算收支的内容可分为一般公共预算、国有资本基金预算。(　　)

3. 各级预算由本级政府组织执行,具体工作由本级政府财政部门负责。(　　)

4. 决算是对预算执行的总结,它反映年度国家预算收支的最终结果。(　　)

5. 我国国家预算的级次划分不是按照一级政府对应一级预算设立,而是根据各级政府需要进行划分。(　　)

第二节　政府采购法律制度

一、单项选择题

1. 下列各项中,属于政府采购部门规章的是(　　)。

A.《广东省实施(政府采购法)办法》　　B.《上海市政府采购管理办法》

C.《政府采购信息公告管理办法》　　D.《政府采购法》

2. 下列采购活动中,适用《政府采购法》调整的是(　　)。

A. 某国有企业构建厂房　　B. 某事业单位使用财政性资金采购汽车

C. 某国有独资公司采购大型机械设备　　D. 某合伙企业采购办公用品

3. 依据有关法律规定,下列选项中,适用《政府采购法》的是(　　)。

A. 某中外合资经营企业采购设备

B. 某高等院校用教育经费拨款购买教学用计算机
C. 某国有独资公司采购基本建设项目设备
D. 某上市公司承揽了国家重点建设项目而采购加工设备
4. 下列各项中，不属于政府采购中采购人的权利的是（　　）。
A. 依法确定中标供应商的权利
B. 审查政府采购供应商资格的权利
C. 限制外地供应商进入本地区政府采购市场的权利
D. 自行选择采购代理机构的权利
5. 在不可预见的紧急情况发生时，对于不能从其他供应商处采购的货物或服务，可以采用的采购方式是（　　）。
A. 公开招标　　B. 邀请招标
C. 竞争性谈判　　D. 单一来源采购
6. 根据《政府采购法》的规定，下列各项关于政府采购的表述中，正确的是（　　）。
A. 政府采购只能由集中采购机构代理
B. 政府采购的对象只包括货物和工程
C. 各级财政部门是政府采购监督管理部门
D. 政府采购只能采用公开招标的方式
7. 下列体现政府采购中"公正原则"的是（　　）。
A. 政府采购当事人不得伪造、变造、隐匿、销毁需要依法保存的文件
B. 政府采购的法规和规章制度要公开
C. 评标委员会以及有关的小组人员必须要有一定数量的要求，要有各方面代表，而且人数必须为单数，相关人员要回避
D. 将竞争机制引入采购活动中，实行优胜劣汰
8. 根据《政府采购法》的规定，对于具有特殊性，只能从有限范围的供应商处采购的货物，其适用的政府采购方式是（　　）。
A. 公开招标方式　　B. 单一来源方式
C. 竞争性谈判方式　　D. 邀请招标方式
9. 与过去分散的采购体制相比较，实行统一集中的政府采购使采购规模得到扩大，有助于形成政府采购买方市场，这体现了政府采购的（　　）功能。
A. 强化宏观调控　　B. 节约财政支出
C. 活跃市场经济　　D. 保护民族产业
10. 政府采购不仅可以使政府得到物美价廉的商品和劳务，大幅度节约支出，降低行政成本，而且可以强化预算约束，减少资金的流通环节，提高资金使用效率。这体现了政府采购（　　）的功能。
A. 活跃市场经济
B. 强化宏观调控
C. 保护民族产业
D. 节约财政支出、提高采购资金的使用效益

二、多项选择题

1. 根据《政府采购法》的规定，下列各项中，属于供应商参与政府采购活动应具备的条件的有（　　）。

A. 具有履行合同所必需的设备和专业技术能力

B. 具有独立承担民事责任的能力

C. 具有依法缴纳税收和社会保障资金的良好记录

D. 具有良好的商业信誉和健全的财务会计制度

2. 下列关于实行分散采购优点的说法中，正确的有（　　）。

A. 灵活性　　B. 降低采购成本

C. 满足采购及时性　　D. 取得规模效益

3. 下列属于集中采购模式的缺点有（　　）。

A. 集中采购周期长、程序复杂难以满足用户多样化的需求

B. 采购成本高

C. 无法满足紧急情况的采购需要

D. 不便于实施统一的管理和监督

4. 下列选项中，可以作为政府采购当事人中采购人的有（　　）。

A. 商务部　　B. 中国红十字会　　C. 个人独资企业　　D. 财政部

5. 根据《预算法》的规定，下列各项关于政府采购的表述中，正确的有（　　）。

A. 政府采购中采购人具有审查政府采购供应商资格的权利

B. 邀请招标是政府采购的主要采购方式

C. 政府采购中采购代理机构具有中介性

D. 政府采购具有保护民族产业的功能

6. 我国政府采购法律制度由（　　）构成。

A.《政府采购法》　　B. 政府采购部门规章

C. 国务院行政法规　　D. 政府采购地方性法规和政府规章

7. 下列采购活动中，不属于政府采购的有（　　）。

A. 国有企业采购办公用品　　B. 事业单位使用预算资金采购办公用品

C. 团体组织使用自有资金采购办公用品　　D. 国有独资公司采购办公用品

8. 下列关于政府采购的说法中，正确的有（　　）。

A. 政府采购的资金来源为财政性资金，即包括预算内资金又包括预算外资金

B. 属于地方预算的政府采购项目，其集中采购目录由地方各级人民政府或者其授权机构制定

C. 我国《政府采购法》规定除极少数法定情形外，政府采购应当采购本国的货物、工程和服务

D. 政府采购的对象既包括法人和其他组织也包括自然人

9. 下列选项中，可以采用邀请招标方式采购的有（　　）。

A. 具有特殊性，只能从有限范围的供应商处采购的

B. 技术复杂或者性质特殊，不能确定详细规格或者具体要求的

C. 发生了不可预见的紧急情况不能从其他供应商处采购的

D. 采用公开招标方式的费用占政府采购项目总价值的比例过大的

10. 我国政府采购的原则包括(　　)。

A. 公正原则　　B. 公平竞争原则

C. 公开透明原则　　D. 诚实信用原则

三、判断题

1.《中华人民共和国政府采购法实施条例》2014 年 12 月 31 日通过,2015 年 1 月 1 日起施行。(　　)

2. 国有企业的采购,不属于政府采购的主体范围。(　　)

3.《政府采购法》规定,采购未纳入集中采购目录的政府采购项目,只能自行采购。(　　)

4. 集中采购,采购单位必须委托集中采购机构代理采购,不得自行组织采购。(　　)

5. 政府采购方式中,竞争性谈判是指采购人或其委托的政府采购代理机构通过与多家供应商就采购事宜进行谈判,经分析比较后从中确定中标供应商的采购方式。(　　)

6. 政府采购当事人包括采购人、供应商和采购代理机构。(　　)

7. 邀请招标应作为政府采购的主要采购方式。(　　)

8. 政府采购监督管理部门可以设置集中采购机构。(　　)

9. 我国的政府采购法律制度由《中华人民共和国政府采购法》《中华人民共和国政府采购法实施条例》、国务院各部门特别是财政部颁布的一系列部门规章以及地方性法规和政府规章组成。(　　)

10. 政府采购是指各级国家机关、事业单位和国有企业,使用财政性资金采购依法制定的集中采购目录以内的或者采购限额标准以上的货物、工程和服务的行为。(　　)

11. 各级人民政府财政部门是负责政府采购监督管理的部门,依法履行对政府采购活动的监督管理职责。(　　)

第三节　国库集中收付制度

一、单项选择题

1. 根据国库集中收付制度的规定,用于财政直接支付的账户是(　　)。

A. 预算单位零余额账户　　B. 特设专户

C. 预算外财政资金专户　　D. 财政部门零余额账户

2. 下列关于国库单一账户体系的说法中,错误的是(　　)。

A. 国库单一账户在中国人民银行开设,主要用于管理预算内资金的收付

B. 财政部门零余额账户主要用于财政直接支付

C. 预算外财政资金专户用于记录核算和反映预算单位的特殊专项支出活动

D. 预算单位零余额账户可以办理转账、提取现金等结算业务

3. 实行财政直接支付的支出不包括(　　)。

A. 工资支出　　B. 工程采购支出

C. 特急支出　　　　　　　　　　　D. 服务采购支出

4. 下列关于国库单一账户的表述中，不正确的是(　　)。

A. 用于记录、核算和反映纳入预算管理的财政收入和财政支出活动

B. 用于与财政部门零余额账户进行清算

C. 用于与预算单位零余额账户进行清算

D. 用于预算单位办理转账、提取现金等结算业务

二、多项选择题

1. 下列关于财政部门的零余额账户的表述中，正确的有(　　)。

A. 账户用于财政直接支付和与国库单一账户支出清算

B. 账户每日发生的支付，于当日营业终了前与国库单一账户清算

C. 营业中每笔支付额 5 000 万元人民币以上的(含 5 000 万元)，应当及时与国库单一账户清算

D. 财政部门的零余额账户在国库会计中使用，行政单位和事业单位会计中不设置该账户

2. 下列关于国库单一账户体系的表述中，正确的有(　　)。

A. 所有财政性资金的收入和支付均在该账户体系中运行

B. 该体系以财政国库存款账户为核心

C. 所有财政性资金的存储和资金清算活动均在该账户体系中运行

D. 该体系是各类财政性资金账户的集合

3. 下列各项中，属于国库集中支付方式的有(　　)。

A. 财政直接支付　　B. 财政直接缴库　　C. 财政授权支付　　D. 财政集中汇缴

4. 下列关于财政直接支付的表述中，不正确的有(　　)。

A. 由中国人民银行向代理银行签发支付指令

B. 由财政部门向中国人民银行和代理银行签发支付指令

C. 代理银行根据预算单位支付指令通过国库单一账户体系将资金直接支付到收款人账户

D. 代理银行根据财政部门支付指令通过国库单一账户体系将资金直接支付到收款人账户

5. 下列各项中，属于财政收入收缴方式的有(　　)。

A. 间接缴库　　B. 授权汇缴　　C. 直接缴库　　D. 集中汇缴

三、判断题

财政授权支付方式适用于年度财政资金不足 50 万元人民币的工程采购支出。(　　)

【本章习题必练】

一、单项选择题

1. 我国国家预算分为(　　)级。

A. 6　　B. 4　　C. 5　　D. 3

2. 按照归属划分，我国的预算收入(　　)。

A. 仅包括中央预算收入

B. 仅包括中央预算收入和地方预算收入

C. 包括中央预算收入、地方预算收入以及中央和地方预算共享收入

D. 仅包括中央和地方预算共享收入

3. 下列属于我国政府采购的主要法律依据的是(　　)。

A.《中央单位政府采购管理实施办法》　B.《政府采购信息公告管理办法》

C.《政府采购法》　D.《政府采购管理规定》

4. 地方各级政府应当经批准的决算及下一级政府上报备案的决算汇总，报(　　)政府备案。

A. 上一级　B. 下一级　C. 本级　D. 国务院

5. 政府采购被誉为“阳光下的交易”，体现了(　　)。

A. 公平竞争原则　B. 公开透明原则

C. 公正原则　D. 诚实信用原则

6. 必须保证原有采购项目一致性或者服务配套的要求，需要继续从原供应商处添购，且添购资金总额不超过原合同采购金额的(　　)，可以采用单一来源采购的方式。

A. 20%　B. 3%　C. 10%　D. 5%

7. (　　)是指由缴款单位或者缴款人按有关法律、法规规定，直接将应缴收入缴入国库单一账户或预算外资金财政专户。

A. 集中汇缴　B. 汇总缴纳　C. 直接缴库　D. 分次缴库

8. 与财政部直接发生预算缴款、拨款关系的国家机关、军队、政党组织和社会团体属于(　　)体系。

A. 地方预算　B. 中央预算　C. 总预算　D. 部门单位预算

9. 根据《政府采购法》的有关规定，招标后没有供应商投标或者没有合格标的或重新招标未能成立的，其适用的政府采购方式是(　　)。

A. 询价方式　B. 竞争性谈判方式　C. 公开招标方式　D. 邀请招标方式

10. 根据《政府采购法》的规定，下列各项关于政府采购的表述中，不正确的是(　　)。

A. 政府采购具有保护民族产业的功能

B. 政府采购中采购人具有审查政府采购供应商资格的权利

C. 政府采购中采购代理机构具有依法发布采购信息的义务

D. 邀请招标是政府采购的主要采购方式

11. 下列选项体现政府采购中“诚实信用原则”的是(　　)。

A. 招标信息及中标或成交结果要公开，开标活动要公开

B. 政府采购当事人不得散布虚假信息，不得有欺诈、串通、隐瞒等行为

C. 竞争必须公平，不能设置妨碍充分竞争的不正当条件

D. 严格按照统一的评标标准评定中标或成交供应商，不得存在任何主观倾向

12. 预算单位按照财政部门的授权，自行向代理银行签发支付指令，代理银行根据支付指令，在财政部门批准的预算单位的用款额度内，通过国库单一账户体系将资金支付到收款人账户，这种支付方式称为(　　)。

A. 财政直接支付　　B. 财政委托支付

C. 财政授权支付　　D. 财政集中支付

13. 根据《政府采购法》的规定，供应商在参加政府采购活动前(　　)年，在经营活动中没有重大违法记录。

A. 2　　B. 4　　C. 3　　D. 5

14. 全国人民代表大会的预算管理职权不包括(　　)。

A. 审查中央和地方预算草案及中央和地方预算执行情况的报告

B. 批准中央预算和中央预算执行情况的报告

C. 监督中央预算和地方预算的执行

D. 改变或撤销全国人民代表大会常务委员会关于预算、决算的不适当的决议

15. 预算收入按归属分类，不包括(　　)。

A. 中央预算收入　　B. 地方预算收入

C. 中央和地方预算共享收入　　D. 税收收入

16. 一般公共预算支出按功能分类，不包括(　　)。

A. 工资福利支出　　B. 国防支出

C. 农业、环境保护支出　　D. 一般公共服务支出

17. 国家预算收入的最主要的部分是(　　)。

A. 国有资源(资产)有偿使用收入　　B. 税收收入

C. 转移性收入　　D. 行政事业性收费收入

18. 县级以上地方各级政府财政部门编制本级决算草案，经本级政府(　　)审计后，报本级政府审定，由本级政府提请本级人民代表大会常务委员会审查和批准。

A. 审计部门　　B. 工商管理部门　　C. 税务部门　　D. 财政部门

19. 各部门应当在接到本级政府财政部门批复的本部门决算后起(　　)日内向所属各单位批复决算。

A. 15 日　　B. 20 日　　C. 30 日　　D. 60 日

20. 政府采购程序中，货物和服务项目实行招标方式采购的，自招标文件开始发出之日起至投标人提交投标文件截止之日止，不得少于(　　)日。

A. 15　　B. 30　　C. 20　　D. 25

21. 根据政府采购法律制度的规定，采用邀请招标方式的，采购人应当从符合相应资格条件的供应商中邀请不能少于(　　)家参与投标。

A. 5　　B. 3　　C. 10　　D. 15

22. (　　)是指由各预算单位自行开展采购活动的一种采购组织实施形式。

A. 合并采购　　B. 集中采购　　C. 分散采购　　D. 单一采购

23. 集中采购机构以外的采购代理机构主要负责(　　)业务。

A. 供应商采购　　B. 公开采购　　C. 集中采购　　D. 分散采购

24. 乡级政府编制的决算草案，由(　　)审批。

A. 国务院　　B. 县级以上人民政府

C. 本级人大常委会　　D. 本级人大

25. 采购的货物规格、标准统一、现货货源充足且价格变化幅度小的政府采购项目，可

以采用(　　)方式。

A. 单一来源采购　　B. 内部采购　　C. 邀请采购　　D. 询价采购

26. 下列各项关于政府采购方式的表述中,属于单一来源采购的是(　　)。

A. 采购人或其委托的政府采购代理机构以招标邀请书的方式邀请 3 家或 3 家以上特定的供应商参与投标的采购方式

B. 采购人或其委托的政府采购代理机构通过与多家供应商就采购事宜进行谈判,经分析比较后从中确定中标供应商的采购方式

C. 采购人采购不具备竞争条件的物品,只能从唯一的供应商取得采购货物或服务的情况下,直接向该供应商协商采购的采购方式

D. 采购人或其委托的政府采购机构以招标公告的方式邀请不特定的供应商参加投标竞争,从中择优选择中标供应商的采购方式

27. 根据《预算法》的规定,下列各项中,负责接收县级以上地方各级政府接受返还或者补助款项有关情况报告的是(　　)。

A. 本级人民代表大会　　B. 本级财政部门

C. 本级审计部门　　D. 本级人民代表大会常委会

28. 下列关于政府采购的采购人的内部监督的说法中,错误的是(　　)。

A. 采购人选择采购程序应当符合法定要求

B. 在采购过程中只公开政府采购项目的采购标准和采购结果

C. 采购人必须按照法定的采购方式和采购程序进行采购,否则中标、成交结果无效

D. 采购人选择采购方式应当符合法定要求

二、多项选择题

1. 下列有关各部门预算管理职权的表述中,不正确的有(　　)。

A. 编制本部门预算、决算草案

B. 定期向上级政府财政部门报告预算的执行情况

C. 监督和组织本部门预算的执行

D. 按照国家规定上缴预算收入,安排预算支出,并接受国家有关部门的监督

2. 下列各项中,属于政府采购公开信息的标准有(　　)。

A. 内容真实　　B. 准确可靠　　C. 发布及时　　D. 便于获得查找

3. 下列关于政府采购原则的说法中,正确的有(　　)。

A. 公开透明原则是指政府采购所进行的有关活动必须公开进行

B. 公平竞争原则是指政府采购要通过公平竞争选择最优的供应商,取得最好的采购效果,所有参与竞争的供应商机会均等并受到同等待遇,不得有任何歧视行为

C. 公正原则是指公开、公平原则上所取得的结果的公正和整个操作程序和过程的公正

D. 诚实信用原则是指要求政府采购各方都要诚实守信,不得有欺骗背信的行为,以善意的方式行使权力,尊重他人和公共利益,忠实履行约定义务

4. 以下能成为政府采购的采购人的有(　　)。

A. 省财政厅　　B. 个体工商户　　C. 某公办高校　　D. 中国红十字会

5. 根据政府采购法律制度的规定,下列情形中,采购人可以采用单一来源方式采购的

有(　　)。

A. 只能从唯一供应商处采购的

B. 采用招标方式所需时间不能满足用户紧急需要的

C. 发生了不可预见的紧急情况从而不能从其他供应商处采购的

D. 不能事先计算出价格总额的

6. 国家预算按照收支管理范围的不同，分为(　　)。

A. 中央预算　　B. 总预算　　C. 部门单位预算　　D. 地方预算

7. 下列关于国家预算的说法中，正确的有(　　)。

A. 国家预算是指经法定程序批准的，国家年度财政收支计划

B. 我国国家预算是具有法律效力的基本财政计划，是国家为了实现政治经济任务，有计划地集中和分配财政收入的重要工具，是国家经济政策的反映

C. 我国的预算收入采取税收等形式，是社会主义经济的内部积累

D. 我国的预算支出，主要用于经济建设和国防、文化、教育、科学、卫生、社会福利等各项事业

8. 根据《政府采购法》的规定，政府采购监督管理分散采购的特点有(　　)。

A. 自行组织实施采购

B. 采购项目往往专业化程度较高

C. 充分调动单位政府采购的积极性和主动性

D. 利于实现政府采购不断"扩面增量、稳步渐进"的目标

9. 国务院财政部门的预算管理职权有(　　)。

A. 具体编制中央预算、决算草案

B. 具体组织中央和地方预算的执行

C. 提出中央预算预备费动用方案

D. 定期向国务院报告中央和地方预算的执行情况

10. 下列各项中，属于各级国家权力机关、政府及其财政审计部门对各级政府预算、决算进行监督的内容有(　　)。

A. 对预算编制的监管　　B. 对预算执行的监管

C. 对预算调整的监管　　D. 对决算的监管

11. 下列各项中，属于财政收支的收缴方式的有(　　)。

A. 直接缴库　　B. 间接缴库　　C. 集中汇缴　　D. 授权汇缴

12. 我国《预算法》规定的预算支出形式包括(　　)。

A. 经济建设支出

B. 教育、科学、文化、卫生、体育等事业发展支出

C. 国家管理费用支出

D. 国防支出

13. 下列体现政府采购中"公开透明原则"的有(　　)。

A. 政府采购当事人在政府采购活动中，本着诚实、守信的态度履行各自的权利和义务

B. 政府采购的招标信息要公开

C. 政府采购要按照事先约定的条件和程序进行，对所有供应商一视同仁

D. 政府采购的中标结果要公开

14. 预算单位适用财政直接支付的财政性资金包括（　　）。

A. 工资支出　　B. 工程采购支出

C. 物品采购支出　　D. 服务采购支出

15. 下列关于政府集中采购目录和政府采购限额标准的表述中，正确的有（　　）。

A. 属于中央预算的政府采购项目，其集中采购目录和政府采购限额标准由国务院确定并公布

B. 集中采购的范围由市级以上人民政府公布的集中采购目录确定

C. 属于地方预算的政府采购项目，其集中采购目录和政府采购限额标准可以由省、自治区、直辖市人民政府确定并公布

D. 属于地方预算的政府采购项目，其集中采购目录和政府采购限额标准可以由省、自治区、直辖市授权的机构确定并公布

16. 政府采购监督管理部门监督检查的主要内容有（　　）。

A. 政府采购的法律、行政法规和规章的执行情况

B. 采购范围、采购方式和采购程序的执行情况

C. 采购标准和采购结果应当公开

D. 采购人员的职业素质和专业技能

17. 下列选项中，适用《政府采购法》的有（　　）。

A. 某国有企业采购工程物资用于建设

B. 注册会计师协会采购办公设备

C. 香港特区政府从内地采购纺织用品

D. 教育局以财政预算外资金采购工程劳务

18. 下列关于实行集中采购的特点，说法正确的有（　　）。

A. 操作相对规范　　B. 便于满足用户多样性需求

C. 社会影响大　　D. 采购成本低

19. 政府采购监督管理部门监督检查的主要内容有（　　）。

A. 有关政府采购的法律、行政法规和规章的执行情况

B. 采购范围、采购方式和采购程序的执行情况

C. 政府采购具体的询价报价清单

D. 政府采购人员的职业素质和专业技能

20. 下列各项中，属于政府采购中采购人应承担的义务的有（　　）。

A. 接受和配合审计机关的审计监督以及监察机关的监察

B. 遵守政府采购的各项法律、法规和规章制度

C. 接受和配合政府采购监督管理部门的监督检查

D. 遵守采购代理机构的工作秩序

21. 供应商的义务主要包括（　　）。

A. 接受供应商资格审查

B. 在资格审查中客观真实地反映自身情况

C. 满足采购人或采购代理机构的正当要求

D. 签订政府采购合同并严格履行合同义务

三、判断题

1. 我国的预算分为中央预算和地方预算，而中央预算是由各地方预算组成的。（ ）

2. 中央预算包括地方向中央上缴的收入数额，但不包括中央返还地方或者补助地方的数额。（ ）

3. 中央预算支出由中央财政承担并列入中央预算支出，包括中央本级支出和地方按规定上缴中央的支出。（ ）

4. 采用公开招标方式的费用占政府采购项目总价值的比例过大的，可以采用邀请招标方式采购。（ ）

5. 中央预算和地方各级政府预算，进行编制时唯一参考的依据是本年度收支预测情况。（ ）

6. 政府采购实行集中采购和分散采购相结合的方式。政府集中采购目录和采购限额标准由县级以上人民政府确定并公布。（ ）

7. 公平竞争原则要求政府采购要按照事先约定的条件和程序进行，对所有供应商一视同仁，不得有歧视条件和行为，任何单位或个人无权干预采购活动的正常开展。（ ）

8. 政府采购的基本功能是活跃市场经济。（ ）

9. 参与邀请招标的供应商没有数量的限制。（ ）

10. 中央预算由国务院审查和批准。（ ）

11. 询价小组根据采购需求，从符合条件的供应商名单中确定不少于5家的供应商，并向其发出询价通知书让其报价。（ ）

12. 政府采购中，通过对采购地区的选择以平衡地区间的经济发展是“活跃市场经济”功能的体现。（ ）

13. 我国国家预算体系中不包括县市级以下的预算。（ ）

14. 政府采购只能实行集中采购的方式。（ ）

15. 政府采购中的集中采购是指由政府设立的职能机构统一为其他政府机构提供采购服务的一种采购组织实施形式。（ ）

16. 集中采购机构应当建立健全外部监督管理制度。（ ）

17. 政府采购中，供应商具有平等地获得政府采购信息的权利。（ ）

18. 财政直接支付是指预算单位按照财政部门的授权，自行向代理银行签发支付指令，代理银行根据支付指令，在财政部门批准的预算单位的用款额度内，通过国库单一账户体系将资金支付到收款人账户的支付方式。（ ）

19. 国务院财政部门编制中央决算草案，经国务院审计部门审计后，报国务院审定，由国务院提请全国人民代表大会审查和批准。（ ）

20. 单一来源方式，是指采购人向唯一供应商进行采购的方式。（ ）

21. 我国国有企业不属于政府采购的主体范围。（ ）

22. 预算单位零余额账户用于财政直接支付和与国库单一账户清算。（ ）

23. 国家预算的收支结构可调节社会总供给和需求的平衡，预算收支的规模可调节国民经济结构。（ ）

24. 预算调整方案由各级人大审查批准。 （ ）

25. 我国预算采取的是农历年制，预算年度自农历1月1日起，至12月31日止。 （ ）

26. 纳入集中采购目录的政府采购项目，经批准可以不实行集中采购。 （ ）

27. 加强对政府采购活动的监督是政府采购监督管理部门的重要职责，依照法律、行政法规的规定，对政府采购负有行政监督职责的政府有关部门，也同样要认真履行职责，加强对政府采购活动的监督。 （ ）

28. 采购人使用国际组织和外国政府贷款进行的政府采购必须适用《政府采购法》。 （ ）

四、案例分析题

（一）甲市是我国某直辖市，市政府因办公需要，拟通过政府采购购进一批办公用品，由办公室王主任具体负责此项工作。

要求：根据上述资料，回答下列1～5问题。

1. 以下说法中，不符合政府采购法律规章制度的有（ ）。

A. 王主任并未拟定招标公告，而是将该事项私下告诉了其小舅子吴某，最终由吴某向市政府供应了这批办公用品

B. 采购的物品中没有列示在集中采购目录中的货物

C. 在乙公司中标后吴主任又对采购货物的标准提出了更高的要求

D. 整个过程应遵循公开透明、公平竞争、公正、诚实信用的原则

2. 此次甲市政府办公用品的采购是属于地方预算的政府采购项目，其集中采购目录和政府采购限额标准由（ ）确定并公布。

A. 甲市上级主管部门　　B. 甲市人民政府授权的机构

C. 甲市全国人民代表大会　　D. 甲市人民政府

3. 政府采购的对象包括（ ）。

A. 燃料　　B. 装修　　C. 拆除　　D. 设备

4. 该政府采购适用的采购方式是（ ）。

A. 邀请招标　　B. 竞争性谈判　　C. 公开招标　　D. 询价

5. 甲市政府作为采购人，拥有的权利包括（ ）。

A. 自行选择供应商的权利　　B. 依法确定中标供应商的权利

C. 尊重供应商的正当合法权益　　D. 依法答复供应商的询问和质疑

（二）甲单位是实行国库集中支付的事业单位。20×8年5月，审计机构对该单位20×7年年度财政资金使用情况进行检查，对以下情况提出质疑。

（1）20×7年3月，该单位将其代收的纳入预算管理的行政事业性收费存入本单位在商业银行开设的基本账户；5月，该单位将部分行政事业性收费缴入国库，剩余部分直接用于购买本单位办公设备。

（2）20×7年6月，该单位通过零余额账户借款40万元给所属下级单位。

（3）20×7年7月至8月，该单位对办公楼进行内部装修，按照规定应采用财政直接支

付方式支付工程款，该单位通过零余额账户支付施工方工程款项 300 万元。

(4) 20×7 年 9 月，该单位与一家供应商签订了设备采购合同，设备价款为 160 万元，根据预算安排，价款中应采用财政授权支付的金额为 100 万元，剩余金额由某单位自行负担。该单位通过零余额账户向本单位在商业银行开设的基本账户转账 100 万元。再从基本账户向供应商转账 160 万元。

(5) 20×7 年 11 月，某单位通过零余额账户支付日常办公用品零星支出 4 万元。

要求：根据上述资料，回答下列 1～2 问题。

1. 根据国库集中收付制度有关规定，下列关于行政事业性收费管理的表述中，正确的有(　　)。

A. 由国务院或者财政部批准设立的政府性基金

B. 所收款项全额上缴财政

C. 收取时开具省级以上财政部门印制的财政票据

D. 预算单位代收的纳入预算管理的行政事业性收费可根据单位的需要部分缴库

2. 根据《政府采购法》的规定，政府采购的资金来源有(　　)。

A. 财政性资金　　B. 纳税人的税收

C. 对公共服务的收费　　D. 对旅游业的收费

(三) 甲县财政部门编制本年决算草案后，提交甲县所在的乙市政府财政部门进行审查和批准。同时，应由甲县人民代表大会及其常务委员会对甲县的决算进行监督。

要求：根据上述材料，回答下列 1～5 问题。

1. 属于实施预算、决算监督的主体的有(　　)。

A. 各级国家权力机关　　B. 县级以上人民政府

C. 省级以上审计部门　　D. 县级以上财政部门

2. 对预算、决算的监督按照监督的主体可以分为(　　)。

A. 各级人民代表大会及其常务委员会对预算、决算进行的监督

B. 各级政府对本级政府预算执行的监督

C. 各级政府财政部门对本级各部门、各单位预算执行的监督检查

D. 各级政府审计部门对预算执行情况实行的审计监督

3. 对预算、决算的监督按照监督的内容可以分为(　　)。

A. 对预算的事中监督　　B. 对预算编制的监督

C. 对预算执行的监督　　D. 对决算的监督

4. 以下关于预算、决算监督的内容符合《预算法》规定的有(　　)。

A. 全国人民代表大会及其常务委员会对中央预算、决算进行监督

B. 全国人民代表大会对地方预算、决算进行监督

C. 县以上地方各级人民代表大会及其常务委员会对下级政府预算、决算进行监督，不能对本级政府预算、决算进行监督

D. 各级政府审计部门对本级各部门、各单位和下级政府的预算执行和决算实行审计监督

5. 下列关于上述资料的说法不符合我国法律、行政法规的有(　　)。

A. 由甲县政府财政部门编制决算草案

B. 由乙市财政部门对决算草案进行审查

C. 由乙市财政部门对决算草案进行批准

D. 由甲县人民代表大会及其常务委员会对甲县的决算进行监督

（四）甲事业单位本年年初准备使用财政性资金修缮一幢办公楼，预算金额为1 600万元，采用公开招标方式。经确认，此次采购项目已经达到公开招标的标准。该单位委托乙公司代理进行公开招标的事宜，已知乙公司是取得了政府采购代理机构资格的中介机构。

本年3月1日，乙公司在财政部指定的媒体上公开发布招标文件，招标文件中确认的投标截止时间为本年3月6日。招标活动中，乙公司确定的符合专业条件的供应商为5家，最终确定中标的供应商为丙建筑公司。

本年10月1日，办公楼的修缮工程完工验收，实际结算金额与预算的相同。由于施工质量极佳，甲事业单位准备再将其另外一幢楼房按照同样的标准进行外墙修缮，但不再进行内部装修，并与丙建筑公司签订补充合同，该合同的预算金额为1 000万元。

要求：根据上述资料，回答下列1～5问题。

1. 政府采购方式有（　　）。

A. 竞争性谈判　　B. 单一来源及询价

C. 公开招标　　D. 邀请招标

2. 采购代理机构分为（　　）。

A. 重要采购代理机构　　B. 集中采购代理机构

C. 集中采购机构以外的采购代理机构　　D. 分散采购代理机构

3. 邀请招标需向（　　）家以上，符合相应资格条件的供应商发出邀请书。

A. 3　　B. 2　　C. 1　　D. 4

4. 政府采购当事人可以是（　　）。

A. 采购人　　B. 供应商

C. 采购代理机构　　D. 其他人员

5. 该公司与丙建筑公司签订补充合同，该合同的预算金额1 000万元（　　）。

A. 不属于财政授权支付　　B. 属于财政授权支付

C. 不属于财政直接支付　　D. 属于财政直接支付

【分节习题必会】答案及解析

第一节　预算法律制度

一、单项选择题

1.【答案】 D

2.【答案】 C

【解析】 选项A、B、D属于全国人民代表大会预算管理职权，审查和批准中央预算的调整方案属于全国人民代表大会常务委员会预算管理职权。

3.【答案】 D

4.【答案】 D

【解析】 审查和批准中央预算的调整方案属于全国人民代表大会常务委员会的预算职权,不属于国务院财政部门预算职权。

5.【答案】 D

【解析】 新修订的《预算法》于2014年8月31日通过,自2015年1月1日起施行。

6.【答案】 D

【解析】 各级政府审计部门对本级各部门、各单位和下级政府的预算执行、决算实行审计监督。

7.【答案】 C

【解析】 我国国家预算共分为五级预算,具体包括:(1)中央预算;(2)省级(省、自治区、直辖市)预算;(3)地市级(设区的市、自治州)预算;(4)县市级(县、自治县、不设区的市、市辖区)预算;(5)乡镇级(乡、民族乡、镇)预算。

8.【答案】 C

【解析】 中央预算由所属中央各部门(含直属单位)的预算组成,因此选项C错误,其他三个选项正确。

9.【答案】 B

【解析】 我国的预算组成并非没有限制的,中央预算由中央各部门(含直属单位)的预算组成。地方预算由各省、自治区、直辖市总预算组成。

10.【答案】 C

【解析】 选项C属于地方各级政府财政部门的职权。

11.【答案】 D

【解析】 地方各级政府预算由本级人民代表大会审查和批准。

12.【答案】 C

【解析】 县级以上地方各级人民代表大会及其常务委员会对本级和下级政府的预算、决算进行监督。

13.【答案】 D

【解析】 国务院财政部门编制中央决算草案,经国务院审计部门审计后,报国务院审定,由国务院提请全国人民代表大会常务委员会审查和批准。

二、多项选择题

1.【答案】 ABC

【解析】 预算调整方案应当说明预算调整的理由、项目和数额。

2.【答案】 ABC

【解析】 各级政府不得向预算收入征收部门和单位下达收入指标。

3.【答案】 AC

【解析】 中央预算由中央各部门(含直属单位)的预算组成,包括地方向中央上缴的收入数额和中央对地方返还或者给予补助的数额。中央预算包括了中央直属企业和事业单位的预算。

4.【答案】 ABD

【解析】 各级预算都要实行收支平衡的原则,因此选项C错误。

5.【答案】 ABD

【解析】 地方预算由各省、自治区、直辖市总预算构成，地方各级政府预算由本级各部门(含直属单位)的预算组成，包括下级政府向上级政府上缴的收入数额和上级政府对下级政府返还或者补助的数额。其中，本级各部门是指与本级政府财政部门直接发生预算缴款、拨款关系的地方国家机关、军队、政党组织和社会团体。因此选项C错误，其他三个选项正确。

6.【答案】 ABCD

【解析】 四个选项内容都属于全国人民代表大会常务委员会的预算管理职权。

7.【答案】 ACD

【解析】 各级预算由本级政府组织执行，具体工作由本级政府财政部门负责。选项B错误，其他三个选项表述正确。

8.【答案】 ABCD

【解析】 按照监督的内容，对各级政府预算、决算进行监督的内容包括对预算编制的监督、对预算执行的监督、对预算调整的监督、对决算的监督等。

9.【答案】 BC

【解析】 选项A，国家预算具有分配、调控、监督的职能；选项D，通过国家预算的编制和执行便于掌握国民经济的运行状况、发展趋势以及出现的问题，从而采取对策措施，促进国民经济稳定协调地发展，这体现的是反映监督作用。

10.【答案】 ABCD

【解析】 按照预算收支的内容可分为一般公共预算、政府性基金预算、国有资本经营预算、社会保险基金预算。

11.【答案】 ABCD

【解析】 一般公共预算收入按来源可分为税收收入、行政事业性收费收入、国有资源(资产)有偿使用收入、转移性收入和其他收入。

12.【答案】 ABCD

13.【答案】 BCD

【解析】 选项A，应该是向本级人民代表大会作关于本级预算草案的报告。

14.【答案】 ABCD

【解析】 经全国人民代表大会批准的中央预算和经地方各级人民代表大会批准的地方各级预算，在执行中出现下列情况之一的，应当进行预算调整：需要增加或者减少预算总支出的；需要调入预算稳定调节基金的；需要调减预算安排的重点支出数额的；需要增加举债债务数额的。

15.【答案】 ABD

【解析】 一般公共预算支出按其经济性质可分为工资福利支出、商品和服务支出、资本性支出和其他支出。

16.【答案】 ABCD

【解析】 四个选项的表述都正确。

17.【答案】 ABC

【解析】 各级一般公共预算应当按照本级一般公共预算支出额的1%至3%设置预备费，用于当年预算执行中的自然灾害等突发事件处理增加的支出及其他难以预见的开支。因此,选项D错误。

三、判断题

1.【答案】 √

2.【答案】 ×

【解析】 国家预算按照预算收支的内容可分为一般公共预算、政府性基金预算、国有资本经营预算、社会保险基金预算。

3.【答案】 √

4.【答案】 √

5.【答案】 ×

【解析】 我国的预算级次是按照“一级政府设立一级预算”的原则划分的。

第二节 政府采购法律制度

一、单项选择题

1.【答案】 C

【解析】《广东省实施(政府采购法)办法》《上海市政府采购管理办法》属于地方性法规和政府规章,因此选项A、B不选;《政府采购法》属于政府采购法律,因此选项D不选。

2.【答案】 B

【解析】 国有企业、私营企业、集体企业都不属于政府采购的主体范围,不适用《政府采购法》调整。因此某国有企业构建厂房、某国有独资公司采购大型机械设备、某合伙企业采购办公用品不适用《政府采购法》调整。

3.【答案】 B

【解析】 政府采购的主体是指使用财政性资金采购依法制定的集中采购目录以内的或者限额标准以上的货物、工程和服务的国家机关、事业单位和团体组织。对于选项A、D,中外合资经营企业和上市公司不属于上述国家机关、事业单位和团体组织的范畴;选项C,《政府采购法》没有将国有企业纳入政府采购的主体范围;选项B,符合条件,应当选择。

4.【答案】 C

【解析】 限制外地供应商进入本地区政府采购市场不属于采购人的权利。

5.【答案】 D

【解析】 符合下列情形之一的货物或者服务,可以依法采用单一来源方式采购:①只能从唯一供应商处采购的;②发生了不可预见的紧急情况,不能从其他供应商处采购的;③必须保证原有采购项目一致性或者服务配套的要求,需要继续从原供应商处添购,且添购资金总额不超过原合同采购金额10%的。

6.【答案】 C

【解析】 采购未纳入集中采购目录的政府采购项目,可以自行采购,也可以委托集中采购机构或其他具有政府采购代理资格的社会中介机构代理采购,选项A错误;政府采购的对象包括货物、工程和服务,选项B错误;公开招标是政府采购的主要采购方式,但不是唯一的方式,选项D错误。

7.【答案】 C

【解析】 选项A体现的是诚实信用原则;选项B体现的是公开透明原则;选项D体现的是公平竞争原则。

8.【答案】 D

【解析】 符合下列情形之一的货物或者服务,可以采用邀请招标方式采购:①具有特殊性,只能从有限范围的供应商处采购的;②采用公开招标方式的费用占政府采购项目总价值的比例过大的。

9.【答案】 B

【解析】 扩大采购规模,形成规模效应,有利于降低采购成本。因此它体现了政府采购节约财政支出的功能。

10.【答案】 D

【解析】 政府采购可以节约财政支出,提高采购资金的使用效益。

二、多项选择题

1.【答案】 ABCD

【解析】 四个选项都属于供应商参与政府采购活动应具备的条件。

2.【答案】 AC

【解析】 选项B、D属于集中采购的优点。

3.【答案】 AC

【解析】 选项B、D是分散采购的缺点。

4.【答案】 ABD

【解析】 采购人指依法利用国家财政性资金和政府借款购买货物、工程或服务的国家机关、事业单位、团体组织。商务部是国家机关,中国红十字会是团体组织,财政部是国家机关。

5.【答案】 ACD

【解析】 公开招标是政府采购的主要采购方式,选项B表述错误。其他三个选项表述正确。

6.【答案】 ABD

【解析】 我国政府采购法律制度由《政府采购法》、国务院各部门特别是财政部颁布的一系列政府采购部门规章以及政府采购地方性法规和政府规章构成。

7.【答案】 ACD

【解析】 选项A、D,政府采购的主体范围包括国家机关、事业单位和团体组织,不包括国有企业;选项C,财政性资金是指预算内资金、预算外资金,以及与财政资金相配套的单位自筹资金的总和,但不包括自有资金的购买。

8.【答案】 AC

【解析】 选项B,属于地方预算的政府采购项目,其集中采购目录由省、自治区、直辖市人民政府或者其授权机构制定。选项D,政府采购的供应商既包括法人和其他组织也包括自然人,而不是政府采购的对象。

9.【答案】 AD

【解析】 可以采用邀请招标方式采购的有:①具有特殊性,只能从有限范围的供应商处采购的;②采用公开招标方式的费用占政府采购项目总价值的比例过大的。

10.【答案】 ABCD

【解析】 我国政府采购的原则包括公开透明、公平竞争、公正和诚实信用原则。

三、判断题

1.【答案】 ×

【解析】《中华人民共和国政府采购法实施条例》2014 年 12 月 31 日通过,2015 年 3 月 1 日起施行。

2.【答案】 √

【解析】 政府采购的主体不包括个人、私营企业和公司。国有企业也不属于政府采购的主体范围。

3.【答案】 ×

【解析】 采购未纳入集中采购目录的政府采购项目,可以自行采购,也可以委托集中采购机构在委托的范围内代理采购。

4.【答案】 √

5.【答案】 √

6.【答案】 √

7.【答案】 ×

【解析】 公开招标是政府采购的主要采购方式。

8.【答案】 ×

9.【答案】 √

10.【答案】 ×

【解析】 政府采购的主体不包括企业。

11.【答案】 √

第三节 国库集中收付制度

一、单项选择题

1.【答案】 D

【解析】 财政部门零余额账户用于财政直接支付和与国库单一账户清算。

2.【答案】 C

【解析】 预算外财政资金专户主要用于预算外资金的管理。

3.【答案】 C

【解析】 选项 C 属于财政授权支付。

4.【答案】 D

【解析】 国库单一账户用于记录、核算、反映财政预算资金和纳入预算管理的政府性基金的收入和支出活动,并用于与财政部门在商业银行开设的零余额账户的支付清算,实现支付。

二、多项选择题

1.【答案】 ABCD

【解析】 四个选项的表述都正确。

2.【答案】 ABCD

【解析】 国库单一账户体系是指以财政国库存款账户为核心的各类财政性资金账户的集合。所有财政性资金的收入、支付、存储及资金清算活动均在该账户体系内运行。

3.【答案】 AC

【解析】 财政支出的支付方式分为财政直接支付和财政授权支付两种方式。

4.【答案】 AC

【解析】 财政直接支付是指财政部门向中国人民银行和代理银行签发支付指令,代理银行根据支付指令通过国库单一账户体系将资金支付到收款人(即商品或劳务的供应商等)或用款单位(即具体申请和使用财政资金的预算单位)账户,选项B、D正确。

5.【答案】 CD

【解析】 财政收入的收缴方式分为直接缴库和集中汇缴两种方式。

三、判断题

【答案】 √

【本章习题必练】答案及解析

一、单项选择题

1.【答案】 C

【解析】 我国国家预算共分为5级。

2.【答案】 C

【解析】 从归属上来看,预算收入划分为:中央预算收入、地方预算收入、中央和地方预算共享收入。

3.【答案】 C

4.【答案】 A

【解析】 地方各级政府应当经批准的决算及下一级政府上报备案的决算汇总,报上一级政府备案。

5.【答案】 B

【解析】 政府采购被誉为"阳光下的交易",体现了政府采购的公开透明原则。

6.【答案】 C

【解析】 必须保证原有采购项目一致性或者服务配套的要求,需要继续从原供应商处添购,且添购资金总额不超过原合同采购金额的10%的,可以采用单一来源采购的方式。

7.【答案】 C

【解析】 直接缴库是指由缴款单位或者缴款人按有关法律、法规规定,直接将应缴收入缴入国库单一账户或预算外资金财政专户。

8.【答案】 B

【解析】 中央预算包括了与财政部直接发生预算缴款、拨款关系的国家机关、军队、政党组织和社会团体的预算(中央各部门),也包括了与财政部直接发生预算缴款、拨款关系的企业和事业单位的预算(中央直属单位)。

9.【答案】 B

【解析】 符合下列情形之一的货物或服务,可采用竞争性谈判方式采购:①招标后没有供应商投标或没有合格标的或重新招标未能成立的;②技术复杂或者性质特殊,不能确定详细规格或者具体要求的;③采用招标所需时间不能满足用户紧急需要的;④不能事先计算出价格总额的。

10.【答案】 D

【解析】 选项D,公开招标是政府采购的主要采购方式。

11.【答案】 B

【解析】 选项A体现的是"公开透明原则";选项C体现的是"公平竞争原则";选项D体现的是"公正原则"。

12.【答案】 C

13.【答案】 C

【解析】 供应商应在参加政府采购活动前3年内,在经营活动中没有重大违法记录。

14.【答案】 C

【解析】 监督中央预算和地方预算的执行属于全国人民代表大会常务委员会的预算管理职权。

15.【答案】 D

【解析】 预算收入按归属可分为中央预算收入、地方预算收入以及中央和地方预算共享收入。

16.【答案】 A

【解析】 一般公共预算支出按功能可分为一般公共服务支出,外交、公共安全、国防支出,农业、环境保护支出,教育、科技、文会、卫生、体育支出,社会保障及就业支出和其他支出。一般公共预算支出按其经济性质可分为工资福利支出、商品和服务支出、资本性支出和其他支出。

17.【答案】 B

【解析】 一般公共预算收入按来源可分为税收收入、行政事业性收费收入、国有资源(资产)有偿使用收入、转移性收入和其他收入。其中,税收收入是国家预算收入的主体部分。

18.【答案】 A

【解析】 县级以上地方各级政府财政部门编制本级决算草案,经本级政府审计部门审计后,报本级政府审定,由本级政府提请本级人民代表大会常务委员会审查和批准。

19.【答案】 A

【解析】 各部门应当在接到本级政府财政部门批复的本部门决算后起15日内向所属各单位批复决算。

20.【答案】 C

【解析】 根据《政府采购法》第35条的规定,货物和服务项目实行招标方式采购的，自招标文件开始发出之日起至投标人提交投标文件截止之日止，不得少于20日。

21.【答案】 B

【解析】 邀请招标也称选择性招标，是由采购人根据供应商或承包商的资信和业绩，选择一定数目的法人或其他组织(不能少于3家)，向其发出招标邀请书，邀请他们参加投标竞争，从中选定中标供应商的一种采购方式。

22.【答案】 C

【解析】 分散采购是指各预算单位自行开展采购活动的一种采购组织形式。

23.【答案】 D

【解析】 集中采购机构以外的采购代理机构主要负责分散采购的代理业务。

24.【答案】 D

【解析】 乡、民族乡、镇政府编制本级决算草案，提请本级人民代表大会审查和批准。

25.【答案】 D

【解析】 询价采购是指采购人向有关供应商发出询价单让其报价，在报价寄出上进行比较并确定最优供应商的一种采购方式。采购的货物规格、标准统一、现货货源充足且价格变化幅度小的政府采购项目，可以采用询价方式采购。

26.【答案】 C

【解析】 选项A适用于邀请招标的采购方式；选项B适用于竞争性谈判的采购方式；选项D适用于公开招标的采购方式。

27.【答案】 D

【解析】 接受返还或者补助款项的县级以上地方各级政府应当向本级人民代表大会常务委员会报告有关情况；接受返还或者补助款项的乡、民族乡、镇政府应当向本级人民代表大会报告有关情况。

28.【答案】 B

【解析】 根据《政府采购法》的规定，除涉及商业秘密外，政府采购的所有信息，都应当及时向社会公开发布。

二、多项选择题

1.【答案】 BD

【解析】 定期向本级政府财政部门报告预算的执行情况才是部门预算管理的职权。选项B表述错误。按照国家规定上缴预算收入，安排预算支出，并接受国家有关部门的监督是各单位的预算管理职权，选项D表述错误。

2.【答案】 ABCD

3.【答案】 ABCD

【解析】 四个选项的表述都正确。

4.【答案】 ACD

【解析】 采购人指依法进行政府采购的国家机关、事业单位、团体组织。个体工商户不属于以上范畴，因此选项B错误。

5.【答案】 AC

【解析】 符合下列情形之一的货物或者服务，可以采用单一来源方式采购：①只能从唯一供应商处采购的，因此选项A正确；②发生了不可预见的紧急情况不能从其他供应商处采购的，因此选项C正确；③必须保证原有采购项目一致性或者服务配套的要求，需要继续从原供应商处添购，且添购资金总额不超过原合同采购金额10%的。选项B、D均可以采用竞争性谈判方式。

6.【答案】 BC

【解析】 国家预算按照收支管理范围可分为总预算和部门单位预算。

7.【答案】 ABCD

【解析】 四个选项的表述都正确。

8.【答案】 ABCD

【解析】 分散采购的特点有：①采购单位可以依法自行组织实施采购，也可以委托集中采购机构或其他具体政府采购代理资格的社会中介机构代理采购；②列入分散采购的项目往往是一些专业化程度较高或单位有特定需求的项目，一般不具有通用性的特征；③可以借助受托单位的技术优势和社会中介代理机构的专业优势，可充分调动单位政府采购的积极性和主动性，提高采购效率，同时也利于实现政府采购不断"扩面增量、稳步渐进"的工作目标。

9.【答案】 ABCD

【解析】 国务院财政部门具体编制中央决算、预算草案；具体组织中央和地方预算的执行；提出中央预算预备费动用方案；具体编制中央预算的调整方案；定期向国务院报告中央和地方预算的执行情况。

10.【答案】 ABCD

【解析】 四个选项的表述都正确。

11.【答案】 AC

12.【答案】 ABCD

【解析】 我国预算支出包括：经济建设支出、事业发展支出、国家管理费用支出、国防支出、各项补贴支出、其他支出。

13.【答案】 BD

【解析】 选项A体现的是诚实信用原则，选项C体现的是公正原则。

14.【答案】 ABCD

【解析】 预算单位实行财政直接支付的支出包括：财政统一发放的工资支出、工程采购和物品、服务采购等购买支出的集中采购部分和转移支出。

15.【答案】 ACD

【解析】 集中采购的范围由省级以上人民政府公布的集中采购目录确定。选项B错误。

16.【答案】 ABD

【解析】 政府采购监督管理部门应当加强对政府采购活动及集中采购机构的监督检查。监督检查的主要内容是：有关政府采购的法律、行政法规和规章的执行情况；采购范围、采购方式和采购程序的执行情况；政府采购人员的职业素质和专业技能。

17.【答案】 BD

【解析】 国有企业、香港特区政府、澳门特区政府都不适用于我国的《政府采购法》,因此选项A、C错误。

18.【答案】 ACD

【解析】 选项B属于分散采购的优点。

19.【答案】 ABD

【解析】 监督检查的主要内容是:有关政府采购的法律、行政法规和规章的执行情况;采购范围、采购方式和采购程序的执行情况;政府采购人员的职业素质和专业技能。

20.【答案】 ABCD

【解析】 四个选项的表述都正确。

21.【答案】 ABCD

【解析】 供应商的义务主要包括:①遵守政府采购的各项法律、法规和规章制度;②按规定接受供应商资格审查,并在资格审查中客观真实地反映自身情况;③在政府采购活动中,满足采购人或采购代理机构的正当要求;④投标中标后,按规定程序签订政府采购合同并严格履行合同义务;⑤其他法定义务。

三、判断题

1.【答案】 ×

【解析】 我国的预算分为中央预算和地方预算,而中央预算由中央各部门(含直属单位)的预算组成。

2.【答案】 ×

【解析】 中央预算包括地方向中央上缴的收入数额和中央返还地方或者补助地方的数额。

3.【答案】 ×

【解析】 中央预算支出由中央财政承担并列入中央预算支出,包括中央本级支出和中央规定返还或者补助地方的支出。

4.【答案】 √

5.【答案】 ×

【解析】 中央预算和地方各级政府预算,应当参照上一年预算执行情况和本年度收支预测进行编制。

6.【答案】 ×

【解析】 政府集中采购目录和采购限额标准由省级以上人民政府确定并公布。

7.【答案】 ×

【解析】 公正原则要求政府采购要按照事先约定的条件和程序进行,对所有供应商一视同仁,不得有歧视条件和行为,任何单位或个人无权干预采购活动的正常开展。

8.【答案】 ×

【解析】 政府采购的基本功能是节约财政支出,提高资金使用效益。

9.【答案】 ×

【解析】 参与邀请招标的供应商不得少于3家。

10.【答案】 ×

【解析】 全国人民代表大会审查、批准中央和地方预算草案及中央和地方预算执行情况的报告。

11.【答案】 ×

【解析】 询价小组根据采购需求，从符合条件的供应商名单中确定不少于3家的供应商，并向其发出询价通知书让其报价。

12.【答案】 ×

【解析】 体现的强化宏观调控的功能。

13.【答案】 ×

【解析】 我国实行一级政府设立一级预算，一共分为5级预算：中央；省、自治区、直辖市；设区的市、自治州；县、自治县、不设区的市、市辖区；乡、民族乡、镇。

14.【答案】 ×

【解析】 政府采购的执行模式有集中采购和分散采购两种。

15.【答案】 √

16.【答案】 ×

【解析】 集中采购机构应当建立健全内部监督管理制度。采购活动的决策和执行程序应当明确，并相互监督、相互制约。

17.【答案】 √

18.【答案】 ×

【解析】 财政授权支付是指预算单位按照财政部门的授权，自行向代理银行签发支付指令，代理银行根据支付指令，在财政部门批准的预算单位的用款额度内，通过国库单一账户体系将资金支付到收款人账户。

19.【答案】 ×

【解析】 国务院财政部门编制中央决算草案，经国务院审计部门审计后，报国务院审定，由国务院提请全国人民代表大会常务委员会审查和批准。

20.【答案】 √

【解析】 单一来源采购也称直接采购，是指采购人向唯一供应商进行采购的方式。

21.【答案】 √

【解析】 我国《政府采购法》规定，政府采购的主体主要指国家机关、事业单位和社会团体。

22.【答案】 ×

【解析】 预算单位零余额账户用于财政授权支付和清算。

23.【答案】 ×

【解析】 国家预算的收支规模可调节社会总供给和需求的平衡，预算收支的结构可调节国民经济结构。

24.【答案】 ×

【解析】 中央预算的调整方案必须提请全国人大常委会审查批准；县级以上各级地方政府预算的调整方案必须提请本级人大常委会审查批准；乡、民族乡和镇政府预算的调整方案必须提请本级人大审查批准。

25.【答案】 ×

【解析】 我国采取的是公历年制。《预算法》第10条规定,预算年度自公历1月1日起,至12月31日止。

26.【答案】 ×

【解析】 纳入集中采购目录的政府采购项目,应当实行集中采购。

27.【答案】 √

28.【答案】 ×

【解析】 采购人使用国际组织和外国政府贷款进行的政府采购,贷款方、资金提供方与中方达成的协议对采购的具体条件另有规定的,可以适用其规定。

四、案例分析题

(一)

1.【答案】 ABC

【解析】 选项A、B没有遵循公开透明和公平竞争的原则,选项C,不得擅自提高采购标准,否则是要承担相应法律责任的。

2.【答案】 BD

【解析】 属于地方预算的政府采购项目,其集中采购目录和政府采购限额标准由省、自治区、直辖市人民政府或者其授权机构确定并公布。

3.【答案】 ABCD

【解析】 政府采购的对象包括货物、工程和服务。

4.【答案】 C

5.【答案】 AB

【解析】 选项C、D属于采购人的义务。

(二)

1.【答案】 ABC

【解析】 符合以下条件的为收取的政府性基金或者行政事业性收费:①由国务院或者财政部批准设立的政府性基金,由国务院或者省级人民政府及其财政、价格主管部门批准设立的行政事业性收费;②收取时开具省级以上财政部门印制的财政票据;③所收款项全额上缴财政。

2.【答案】 ABC

【解析】 政府采购的资金来源为财政性资金和需要财政偿还的公共借款。这些资金的最终来源为纳税人的税收和政府对公共服务的收费。

(三)

1.【答案】 ABCD

【解析】 预决算的监督主要包括:国家权力机关的监督、各级政府的监督、各级政府财政部门的监督、各级政府审计部门的监督和社会监督等。

2.【答案】 ACD

【解析】 选项B,应该是各级政府对下一级政府预算执行的监督。

3.【答案】 BCD

【解析】 选项A属于按照时间的先后顺序进行的划分。

4.【答案】 AD

【解析】 全国人民代表大会及其常务委员会对中央预算、决算进行监督,县以上地方各级人民代表大会及其常务委员会对本级和下级政府预算、决算进行监督,各级政府审计部门对本级各部门、各单位下级政府的预算执行和决算实行审计监督。

5.【答案】 BC

【解析】 县级以上地方各级人民政府财政部门编制本级决算草案,报本级政府审定后,由本级政府提请本级人民代表大会常务委员会审查和批准。县级以上地方各级人民代表大会及其常务委员会对本级和下级政府预算、决算进行监督。

(四)

1.【答案】 ABCD

【解析】 政府采购方式有:公开招标、邀请招标、竞争性谈判、单一来源采购、询价采购。其中,公开招标应作为政府采购的主要采购方式。

2.【答案】 BC

【解析】 采购代理机构是指具备一定条件,经政府有关部门批准而依法拥有政府采购代理资格的社会中介机构。采购代理机构可分为集中采购代理机构和集中采购机构以外的采购代理机构。

3.【答案】 A

【解析】 邀请招标是由采购人根据供应商或承包商的资信和业绩,选择一定数目的法人或其他组织(不能少于3家),向其发出邀请书,邀请他们参加投标竞争,并从中选定中标供应商的一种采购方式。

4.【答案】 ABC

【解析】 政府采购当事人是指在政府采购活动中享有权利和承担义务的各类主体,包括采购人、供应商和采购代理机构等。

5.【答案】 AC

【解析】财政直接支付的支出包括:财政统一发放的工资支出、工程采购和物品服务采购等购买支出的集中采购部门和转移支出。财政授权支付的支出包括:暂未实行财政直接支付的专项支出和公用支出中的零星支出及小额现金的提取。因此,该预算金额既不属于财政授权支付,也不属于财政直接支付。

第五章

会计职业道德

【本章学习知识体系】

- 会计职业道德
  - 一、会计职业道德概述
    - (1) 职业道德的特征与作用(★)
    - (2) 会计职业道德的概念与特征(★★)
    - (3) 会计职业道德的功能与作用(★★)
    - (4) 会计职业道德与会计法律制度的关系(★★)
  - 二、会计职业道德规范的主要内容
    - (1) 爱岗敬业(★★★)
    - (2) 诚实守信(★★★)
    - (3) 廉洁自律(★★★)
    - (4) 客观公正(★★)
    - (5) 坚持准则(★★★)
    - (6) 提高技能(★★)
    - (7) 参与管理(★★)
    - (8) 强化服务(★★)
  - 三、会计职业道德教育
    - (1) 会计职业道德教育的含义(★★)
    - (2) 会计职业道德教育的形式(★★★)
    - (3) 会计职业道德教育的内容(★★)
    - (4) 会计职业道德教育的途径(★★)
  - 四、会计职业道德建设组织与实施
    - (1) 财政部门的组织推动(★★)
    - (2) 会计行业的自律(★)
    - (3) 企事业单位的内部监督(★★★)
    - (4) 社会各界的监督与配合(★)
  - 五、会计职业道德的检查与奖惩
    - (1) 会计职业道德的检查与奖惩的意义(★★★)
    - (2) 会计职业道德的检查与奖惩机制(★★★)

【分节习题必会】

第一节　会计职业道德概述

一、单项选择题

1. 狭义的会计职业道德，是指在一定职业活动中应遵循的、体现一定职业特征的、调整一定职业关系的职业行为的(　　)。

A. 规章和要求　　B. 规则和纪律　　C. 准则和规范　　D. 纪律和规范

2. 下列各项中,不属于会计职业道德功能的是(　　)。

A. 指导　　B. 宣传　　C. 评价　　D. 教化

3. 下列关于会计职业道德的说法中,正确的是(　　)。

A. 会计职业道德与会计法律制度作用范围不同

B. 会计职业道德不具有强制性

C. 会计职业道德的功能包括指导功能、规范功能和教化功能

D. 会计职业道德要求会计人员在职业活动中,遇到发生道德冲突时把单位集体利益放在第一位

4. 下列关于会计职业道德与会计法律制度主要区别的说法中,正确的是(　　)。

A. 两者的目标不同　　B. 两者的调整对象不同

C. 两者的职责不同　　D. 两者的作用范围不同

5. 职业道德的本质是由(　　)决定的。

A. 社会实践　　B. 经济基础　　C. 上层建筑　　D. 社会经济关系

6. 下列选项中,不属于职业道德内容的是(　　)。

A. 诚实守信　　B. 爱岗敬业　　C. 奉献社会　　D. 男女平等

二、多项选择题

1. 下列有关会计职业道德与会计法律制度的表述中,正确的有(　　)。

A. 会计职业道德是会计法律制度正常运行的社会和思想基础

B. 会计职业道德与会计法律制度有着不同的目标、不同的职责,调整着不同的对象

C. 会计法律制度是促进会计职业道德规范形成和遵守的重要保障

D. 会计法律制度侧重于规范会计人员的外在行为和结果的合法化,会计职业道德不仅要求调整会计人员的外在行为,还要调整会计人员内在的精神世界

2. 会计职业道德的调整对象有(　　)。

A. 调整会计职业关系

B. 调整会计职业中的经济利益关系

C. 调整与会计活动有关的所有关系

D. 调整单位内部各部门的关系

3. 职业道德的特征有(　　)。

A. 职业性　　B. 实践性　　C. 广泛性　　D. 继承性

4. 下列关于会计职业道德与会计法律制度的表述中,正确的有(　　)。

A. 两者有着共同目标

B. 两者承担着共同的职责

C. 两者在作用上相互补充、相互协调

D. 两者在内容上相互借鉴、相互吸收

5. 会计职业道德是在会计职业活动中应当遵循的,体现会计职业特征的,调整会计职业关系的职业行为准则和规范,其含义包括(　　)。

A. 是调整会计职业活动利益关系的手段

B. 具有相对的稳定性

C. 具有广泛的社会性

D. 具有一定的强制性和较多地关注公众利益

6. 会计法律制度与会计职业道德的相互作用表现在(　　)。

A. 道德是法律的坚实基础　　B. 法律是道德的有力保证

C. 道德是法律的前提条件　　D. 法律是道德的行为规范

7. 下列各项中,属于职业道德特征的有(　　)。

A. 职业性　　B. 实践性　　C. 继承性　　D. 多样性

三、判断题

1. 会计法律制度是会计职业的最高要求。(　　)

2. 会计作为经济活动中的一种职业,它所具有的特征与其他职业道德完全一致。(　　)

3. 职业道德是指在一定职业活动中应遵循的,体现一定职业特征的,调整一定职业关系的职业行为准则和规范。(　　)

4. 会计职业道德与会计法律制度一样,都是以国家强制力作为其实施的保障。(　　)

5. 会计人员不钻研业务,不加强新知识的学习,造成工作上的差错,缺乏胜任工作的能力,这是一种既违反会计职业道德,又违反会计法律制度的行为。(　　)

第二节　会计职业道德规范的主要内容

一、单项选择题

1. 李某家庭条件富裕,大学毕业后从事出纳工作。在办理现金收付过程中,时常出现长款短款,李某不以为然,短款自己垫上,长款仍放在单位保险柜中备用。李某违反了(　　)的会计职业道德内容要求。

A. 客观公正　　B. 提高技能　　C. 坚持准则　　D. 廉洁自律

2. 对一些损失浪费、违法乱纪的行为和一切不合法不合理的业务开支,要严肃认真地对待,把好关,守好口。这体现了“爱岗敬业”基本要求中的(　　)。

A. 热爱会计工作　　B. 敬重会计职业

C. 忠于职守,尽职尽责　　D. 严肃认真,一丝不苟

3. 中国现代会计学之父潘序伦先生倡导:“信以立志,信以守身,信以处事,信以待人,毋忘‘立信’,当必有成。”这句话体现的会计职业道德规范是(　　)。

A. 坚持准则　　B. 诚实守信　　C. 客观公正　　D. 廉洁自律

4. 下列各项中,既是会计职业道德的前提,也是会计职业道德的内在要求的是(　　)。

A. 诚实守信　　B. 客观公正　　C. 廉洁自律　　D. 坚持准则

5. 某公司资金紧张,需向银行贷款600万元。公司吴经理请返聘的王会计对公司提供给银行的会计报表进行技术处理。王会计很清楚公司目前的财务状况和偿债能力,但是在吴经理的反复开导下,王会计出于吴经理平时对自己的照顾,于是按照贷款所要求的指标编

造了一份经过技术处理后漂亮的会计报表，使公司获得了银行的贷款，下列对王会计的行为认定中，正确的是（　　）。

A. 王会计违反了爱岗敬业、客观公正的会计职业道德要求

B. 王会计违反了强化服务、客观公正的会计职业道德要求

C. 王会计违反了客观公正、坚持准则的会计职业道德要求

D. 王会计违反了参与管理、坚持准则的会计职业道德要求

6. 所有职业道德规范的共同要求是（　　）。

A. 办事公道　B. 爱岗敬业　C. 服务群众　D. 廉洁自律

7.（　　）是会计人员强化服务的关键。

A. 提高业务水平　B. 提高服务质量　C. 增强服务意识　D. 端正服务态度

8. “活到老学到老”体现了会计职业道德规范中（　　）的要求。

A. 坚持准则　B. 参与管理　C. 提高技能　D. 廉洁自律

9. “常在河边走，就是不湿鞋”、“理万金分文不沾”体现的会计职业道德要求是（　　）。

A. 诚实守信　B. 坚持准则　C. 廉洁自律　D. 提高技能

10. 会计钱某对本单位一项违反了国家统一的财政制度规定的财务收支，因其手续齐备并经单位领导审批签字而予以执行，钱某的以上行为违背了（　　）的会计职业道德要求。

A. 诚实守信　B. 参与管理　C. 坚持准则　D. 强化服务

11. 会计人员端正态度，依法办事，在处理涉及各方利益的会计事务时，不为他人所左右，不因个人好恶而取舍，实事求是，不偏不倚，这是会计职业道德中（　　）的要求。

A. 客观公正　B. 诚实守信　C. 提高技能　D. 坚持准则

二、多项选择题

1. 会计职业道德的内容中有“坚持准则”一项，这里的“准则”是指（　　）。

A. 会计准则　B. 会计法律

C. 会计行政法规　D. 与会计相关的法律制度

2. 会计职业技能的主要内容包括（　　）。

A. 会计实务操作能力　B. 主动更新知识的能力

C. 职业判断能力　D. 提供会计信息能力

3. 下列各项中，不符合会计职业道德“强化服务”要求的有（　　）。

A. 会计人员在采购部门人手不足的情况下，代理采购人员办理采购业务

B. 总会计师在单位负责人外出开会的情况下，代替单位负责人在财务会计报告上签章

C. 会计机构负责人在单位负责人苦于无法实现盈利目标时，主动提出虚构销售合同、虚增利润的建议

D. 出纳人员在稽核会计生病期间主动提出兼任稽核检查工作

4. 会计职业道德规范中的“参与管理”要求会计人员（　　）。

A. 全面熟悉单位经营活动的业务流程

B. 代替领导决策

C. 主动提出合理化建议

D. 积极参与管理

5. 下列关于“参与管理”的说法中，正确的有（　　）。

A. 参与管理要求会计人员不断地提高业务技能为参与管理打下基础

B. 参与管理要求会计人员积极主动直接地参与企业管理工作中，对企业经营活动作出决策

C. 参与管理要求会计人员熟悉服务对象的业务流程，使参与管理的决策更具针对性和有效性

D. 为保障单位的利润实现，在项目实施之前进行相关的税收筹划，是参与管理的体现

6. 下列各项中，属于诚实守信基本要求的有（　　）。

A. 做老实人，说老实话，办老实事，不搞虚假

B. 公私分明，不占不贪

C. 保密守信，不为利益所诱惑

D. 执业谨慎，信誉至上

7. 对于会计职业和会计工作而言，“公正”意味着（　　）。

A. 会计准则和制度要公正

B. 执行会计准则和制度的人要公正

C. 单位负责人要公正

D. 注册会计师应进行公正的判断和评判

三、判断题

1. 会计职业道德规范中的“坚持准则”就是要求会计人员在处理业务过程中，严格按照会计法律制度办事，不为主观或他人意志所左右。（　　）

2. 提高技能是在职业活动中做到客观公正、坚持准则的基础。（　　）

3. 爱岗敬业是会计职业道德的精髓。（　　）

第三节　会计职业道德教育

一、单项选择题

1. 通过对违反会计职业道德行为和违反会计行为的典型案例进行讨论和剖析，使会计人员从中得到警示，提高法律意识，加强会计职业道德观念和辨别是非的能力，这属于会计职业道德教育中的（　　）。

A. 会计职业道德观念教育　　B. 会计职业道德规范教育

C. 会计职业道德警示教育　　D. 会计职业道德自我教育

2. 下列各项中，不属于会计职业道德教育的途径的是（　　）。

A. 会计学历教育　　B. 会计人员继续教育

C. 会计专业技术资格考试　　D. 岗位职业道德继续教育

3.（　　）符合慎独精神。

A. 经常开展自我批评、自我解剖

B. 在无人监督的情况下，也自觉地按照道德准则去办事

C. 虚心向先进人物学习

D. 能独立自主地按照会计法规处理会计事务

二、多项选择题

1. 我国目前会计职业道德教育的途径主要包括(　　)。

A. 通过会计学历教育　　B. 通过会计继续教育

C. 通过会计人员的自我教育与约束　　D. 通过财政部监督检查

2. 会计职业道德教育应接受的教育途径包括(　　)两方面。

A. 会计法制教育　　B. 自我教育

C. 岗前职业道德教育　　D. 岗位职业道德继续教育

3. 会计人员的道德修养的内容包括(　　)。

A. 形成正确的会计职业道德认知　　B. 培养高尚的会计职业道德情操

C. 养成良好的会计职业道德行为　　D. 树立坚定的会计职业道德信念

4. 下列各项中,属于目前我国会计职业道德教育的主要途径的有(　　)。

A. 通过岗前职业道德教育　　B. 通过财政部监督检查

C. 通过会计人员的自我教育与约束　　D. 通过职业道德继续教育

5. 下列各项中,属于会计职业道德教育内容的有(　　)。

A. 其他与会计职业道德相关的教育　　B. 会计职业道德规范教育

C. 会计职业道德观念教育　　D. 会计职业道德警示教育

三、判断题

会计职业道德警示教育是指通过对违反会计职业道德行为和违法会计行为典型案例进行讨论和剖析,从中得到警示,提高法律意识、加强会计职业道德观念和辨别是非能力的一种教育。(　　)

第四节　会计职业道德建设组织与实施

一、多项选择题

财政部门组织推动会计职业道德建设采取的途径主要有(　　)。

A. 将会计执法检查与会计职业道德建设相结合

B. 将执法检查与会计职业道德检查相结合

C. 将会计专业技术资格考评、聘用与会计职业道德建设相结合

D. 将会计职业道德建设与会计人员表彰奖励制度相结合

二、判断题

在会计职业组织中设立专门的职业道德委员会,配备一定的专职人员,负责职业道德规范的制定、解释、修订和实施是非常必要的。(　　)

第五节　会计职业道德的检查与奖惩

一、单项选择题

1.（　　）是《会计法》的执法主体。

A. 工商行政管理部门　　B. 会计行业组织

C. 税务部门　　D. 财政部门

2.（　　）是对会计职业道德进行自律管理与约束的主要机构。

A. 工商行政管理部门　　B. 会计行业组织

C. 新闻媒体　　D. 财政部门

3. 对会计职业道德进行自律管理与约束的机构是（　　）。

A. 财政部门　　B. 会计行业组织

C. 工商行政管理部门　　D. 其他组织

二、多项选择题

1. 建立会计职业道德检查与奖惩机制的现实意义主要体现在（　　）。

A. 有利于督促会计人员在行为上遵守会计职业道德规范

B. 有利于形成抑恶扬善的社会环境

C. 有利于会计人员形成良好的道德情感

D. 有利于彻底杜绝不遵守会计职业道德的现象

2. 对会计人员违反会计职业道德的行为可由（　　）给予处罚。

A. 财政部门　　B. 本公司　　C. 人民法院　　D. 会计职业组织

3. 会计职业道德检查与奖惩机制包括（　　）。

A. 财政部门的监督检查　　B. 会计行业组织的自律管理与约束

C. 设置配套的机制岗位　　D. 激励机制的建立

4. 我国在会计专业技术资格考评、聘用中涉及会计职业道德方面要求的有（　　）。

A. 在考试时增加职业道德方面的内容

B. 规定一些关于会计职业道德规范的否决条款

C. 在评审方面对申报人员会计职业道德情况进行严格审查

D. 在组织考试报名时对会计人员职业道德情况进行检查

5. 会计职业道德检查与奖惩的意义主要体现在（　　）等几方面。

A. 促使会计人员遵守职业道德规范的作用

B. 有利于形成抑恶扬善的社会环境

C. 保护会计人员的作用

D. 裁决与教育的作用

三、判断题

1. 会计人员违反会计职业道德必将受到法律惩戒。（　　）

2. 对于那些自觉遵守会计职业道德规范的优秀会计人员，应当给予精神的或者物质的奖励。（　）

3. 对认真执行《会计法》，忠于职守，坚持原则，作出显著成绩的会计人员，应给予精神的或者物质的奖励。（　）

【本章习题必练】

一、单项选择题

1. 会计人员因职业特点经常接触到单位和客户的一些秘密。因而，会计人员应依法保守单位秘密，这是（　）的具体体现。

A. 诚实守信　B. 参与管理　C. 爱岗敬业　D. 提高技能

2. 在坚持准则的基础上尽量满足用户或服务主体的需要，这体现的会计职业道德内容是（　）。

A. 参与管理　B. 爱岗敬业　C. 强化服务　D. 诚实守信

3. “坚持好制度胜于做好事，制度大于天，人情薄如烟”，这句话体现的会计职业道德内容要求是（　）。

A. 参与管理　B. 提高技能　C. 强化服务　D. 坚持准则

4. 下列各项中，作为会计职业道德教育的核心内容，贯穿于会计职业道德教育始终的是（　）。

A. 会计职业道德观念教育　B. 其他相关教育

C. 会计职业道德警示教育　D. 会计职业道德规范教育

5. 某国有食品加工企业董事长担心原材料成本上升，达不到国有资产保值增值的目标，要求财务经理把年度财务会计报告编得漂亮点。财务经理认为这样做违反会计政策，予以拒绝。董事长告诉财务经理：“你不改思路，就要自找出路。”财务经理愤而辞职。财务经理的做法体现了会计职业道德中（　）的要求。

A. 爱岗敬业　B. 参与管理　C. 强化服务　D. 客观公正

6. 各级（　）应当利用行政管理上的优势，对会计职业道德情况实施必要的行政监督检查。

A. 政府　B. 行业组织　C. 财政部门　D. 人事部门

7. 会计职业道德规范是指在一定社会经济条件下，对会计职业行为及（　）的系统要求或明文规定。

A. 会计从业　B. 职业活动　C. 会计活动　D. 会计行业

8. “不贪污钱财，不收受贿赂，保持清白”体现了会计职业道德中的（　）。

A. 爱岗敬业　B. 诚实守信　C. 廉洁自律　D. 客观公正

9. 会计职业组织对发现违反会计职业道德规范的行为进行惩戒的方式中不包括（　）。

A. 通报批评　B. 参加继续教育　C. 处以罚金　D. 取消会员资格

10. 下列关于坚持准则的说法中，正确的是（　）。

A. 坚持准则中的“准则”仅指会计准则

B. 坚持准则即执行准则

C. 熟悉准则是遵循准则、坚持准则的前提

D. 会计人员只需对所在单位负责，对国家和社会公众的不必多事

11. 会计职业的特殊性要求会计人员客观公正，当发生道德冲突时要坚持准则，把(　　)放在第一位。

A. 国家利益　　B. 企业利益　　C. 社会公众利益　　D. 个人利益

12. 会计工作特点决定，(　　)是会计职业道德的前提，也是会计职业道德的内在要求。

A. 提高技能　　B. 坚持准则　　C. 廉洁自律　　D. 客观公正

13. 会计职业道德除具有职业道德的一般特征外，还具有一定的强制性和(　　)的特征。

A. 较多关注公众利益　　B. 教育性

C. 独立性　　D. 复杂性

14. 与其他职业道德相比较，下列各项中，不属于会计职业道德特征的是(　　)。

A. 利益性　　B. 合法性　　C. 社会公益性　　D. 强制性

15. 某集团公司组织一次会计诚信建设座谈会，与会会计人员谈了各自的观点，下列各项观点中，符合会计职业道德要求的是(　　)。

A. 会计人员应按照国家统一的会计准则制度记账、算账、报账，如实反映单位经济业务活动情况

B. 既然公司领导对公司会计工作和会计信息质量负责，会计人员就应该听领导的，在自己不贪不占的前提下，领导让干什么就干什么

C. 会计人员应保守公司的商业秘密，在任何情况下，都不能向外界提供或者泄露单位的会计信息

D. 会计工作无非是记记账、算算账，公司生产经营决策是领导的事，与会计人员无关，所以没有必要参与，也没有必要过问

16. 在一定职业活动中应遵循的、体现一定职业特征的、调整一定职业关系的职业行为准则和规范，称为(　　)。

A. 狭义的职业道德　　B. 广义的职业道德

C. 会计职业道德　　D. 普遍的职业道德

17. 不弄虚作假，(　　)是会计职业活动和职业道德的精髓。

A. 爱岗敬业　　B. 廉洁自律　　C. 诚实守信　　D. 客观公正

18. 下列会计职业道德规范中，要求会计人员熟悉国家法律、法规和国家统一的会计制度，始终按照法律、法规和国家统一的会计制度的要求实行会计核算，实施会计监督的是(　　)。

A. 廉洁自律　　B. 客观公正　　C. 坚持准则　　D. 提高技能

19. 李某是某国有单位的工作人员，从 20 岁参加工作直到今年 60 岁退休，一直从事会计工作。40 年会计工作中极少出现差错，多次受到单位及财政部门的表彰，这体现出了会计职业道德中(　　)的基本要求。

A. 参与管理　　B. 廉洁自律　　C. 爱岗敬业　　D. 客观公正

20. “慎独”是会计职业道德修养中的一种更高的境界，“慎独”的前提是（ ）。

A. 职业行为　　B. 职业技能

C. 职业信念和职业品德　　D. 职业实践

21. 会计职业道德要求调整会计人员的（ ）和内在精神世界。

A. 职业性　　B. 客观性　　C. 合法化　　D. 外在行为

22. 会计人员整天与钱财物资打交道，心中稍有杂念，就会陷入金钱的泥沼，走上邪恶的道路，这就要求会计职业道德具有（ ）功能，对会计行为提出相应要求，引导、规范、约束会计人员树立正确的职业观念，遵循职业道德要求，达到规范其会计行为的目的。

A. 指导　　B. 教化　　C. 评价　　D. 规范

23. “忠实于国家”这句话体现了会计职业道德（ ）的基本要求。

A. 客观公正　　B. 强化服务　　C. 爱岗敬业　　D. 诚实守信

24. 会计人员的下列行为中，属于违反会计法律制度的有（ ）。

A. 会计人员小王上班经常迟到早退

B. 会计人员李某沉溺于赌博，不爱钻研业务

C. 会计人员张某挪用公款还债

D. 会计机构负责人赵某满足于记账算账，不利用大量而丰富的会计信息参与本单位经营管理

25. （ ）是做人的基本准则，是人们在古往今来的交往中产生出的最根本的道德规范，也是会计职业道德的精髓。

A. 爱岗敬业　　B. 奉献社会　　C. 坚持准则　　D. 诚实守信

26. 建立激励机制，对会计人员遵守会计职业道德规范的情况进行考核和奖惩的主要依据是（ ）。

A. 会计职业道德准则和规范　　B. 会计行业组织的有关规定

C. 单位内部工作纪律　　D. 会计法等法律、法规

二、多项选择题

1. 客观公正要求会计人员（ ）。

A. 依法办事　　B. 实事求是　　C. 清正廉洁　　D. 如实反映

2. 下列各项中，体现会计职业道德“诚实守信”要求的有（ ）。

A. 忠于职守，尽职尽责　　B. 做老实人，说老实话，办老实事

C. 保密守信，不为利益所诱惑　　D. 执业谨慎，信誉至上

3. 下列各项中，符合会计职业道德“廉洁自律”的要求的有（ ）。

A. 树立正确的人生观和价值观

B. 自觉抵制享乐主义、拜金主义、个人主义

C. 严格划分公私界限，公私分明，不贪不占

D. 遵纪守法，不收受贿赂，不贪污钱财，保持清白

4. 会计职业道德“参与管理”的基本要求包括（ ）。

A. 努力提高业务技能　　B. 熟悉财经法规和相关制度

C. 熟悉本单位经营活动　　D. 积极主动地提供合理化建议

5. 自我修养的途径包括(   )。
A. 慎心,坚守心灵,不被诱惑 B. 慎独慎欲
C. 慎省慎微 D. 自警自励
6. 诚实守信的基本要求之一是“保守秘密,不为利益所诱惑”,其中的秘密包括(   )。
A. 国家秘密 B. 商业秘密 C. 诚实守信 D. 个人隐私
7. 会计职业道德观念教育的目的有(   )。
A. 树立会计职业道德观念
B. 了解会计职业道德对社会经济秩序的影响
C. 了解会计职业道德对会计信息质量的影响
D. 了解违反会计职业道德将会受到的惩戒和处罚
8. 下列各项中,符合会计职业道德“廉洁自律”的要求有(   )。
A. 树立正确的人生观和价值观
B. 严格划分公私界限,公私分明,不贪不占
C. 遵纪守法,不收受贿赂、不贪污钱财,保持清白
D. 自觉抵制拜金主义、个人主义
9. 会计职业道德的功能主要有(   )。
A. 指导功能 B. 评价功能 C. 处罚功能 D. 教化功能
10. 下列各项中,体现会计职业道德“爱岗敬业”的要求有(   )。
A. 工作一丝不苟 B. 工作尽职尽责
C. 工作精益求精 D. 工作兢兢业业
11. 会计职业道德的作用,主要包括(   )。
A. 实现会计目标的重要保证 B. 提高会计人员素养的内在要求
C. 会计法律制度的重要补充 D. 规范会计行为的基础
12. 廉洁自律的基本要求有(   )。
A. 公私分明、不贪不占 B. 遵纪守法、一身正气
C. 保密守信、不为利益所诱惑 D. 尽心尽力、尽职尽责
13. 下列各项中,体现会计职业道德“客观公正”的要求的有(   )。
A. 实事求是 B. 依法办事 C. 如实反映 D. 不偏不倚
14. 会计职业道德中强化服务规范对会计人员的基本要求包括(   )。
A. 树立服务意识 B. 保持应有的谨慎性
C. 提高服务质量 D. 努力维护会计职业的形象
15. 会计人员要做到廉洁自律,需要深刻认识(   )。
A. 人生观 B. 责任心 C. 价值观 D. 荣誉感
16. 某国有单位会计小胡,将在工作中接触到的公司新产品研发计划提供给在一家民营企业任董事长的哥哥,给小胡所在的公司造成一定的损失。小胡的行为违反了(   )的会计职业道德要求。
A. 爱岗敬业 B. 诚实守信 C. 客观公正 D. 廉洁自律
17. 单位会计人员泄露本单位的商业秘密,将可能导致的后果有(   )。
A. 损害会计人员自身信誉 B. 会计人员将承担法律责任

C. 损害单位的经济利益　　D. 损害会计行业声誉

18. 财政部门对会计职业道德情况实施检查的途径主要有（　）。

A. 将会计执法检查与会计职业道德检查相结合

B. 将会计职业道德建设与会计人员表彰奖励制度相结合

C. 将建立和完善内部控制制度与会计职业道德检查相结合

D. 将会计专业技术资格考评、聘用与会计职业道德检查相结合

19. 会计职业道德中提倡的爱岗敬业的基本要求包括（　）。

A. 忠于职守，尽职尽责　　B. 执业谨慎，信誉至上

C. 热爱会计工作，敬重会计职业　　D. 严肃认真，一丝不苟

20. 会计人员如果泄露本单位的商业秘密，可能导致的后果有（　）。

A. 会计人员的信誉将会受到损害　　B. 单位的经济利益将遭受损失

C. 会计行业声誉将受到损害　　D. 会计人员将承担法律责任

21. 会计职业道德中会计人员的"参与管理"主要体现在（　）。

A. 熟悉财经法规，为单位管理者提供专业支持

B. 努力钻研业务，为参与管理打下基础

C. 树立服务意识

D. 全面熟悉服务对象的经营活动和业务流程

22. 下列关于会计职业道德和会计法律制度性质不同的表述中，正确的有（　）。

A. 会计法律制度具有很强的他律性　　B. 会计职业道德具有很强的他律性

C. 会计职业道德具有很强的自律性　　D. 会计法律制度具有很强的自律性

三、判断题

1. 会计人员在工作中应主动就单位经营管理中存在的问题提出合理化建议，协助领导决策，这是会计职业道德中的爱岗敬业所要求的。（　）

2. 会计职业道德是对会计法律制度的重要补充，其作用是会计法律制度所不能替代的。（　）

3. 会计职业道德与会计法律制度相互借鉴、相互吸收，会计人员违反会计职业道德要求的行为必然也是违反会计法律制度的行为。（　）

4. 会计人员应当熟练掌握《会计法》、国家统一的会计准则制度及与会计相关的法律制度，这是坚持准则、遵循准则的前提。（　）

5. 会计职业道德是指在会计职业活动中应当遵循的，体现会计职业特征的，调整会计职业关系的职业行为准则和规范。（　）

6. 就会计职业而言，提高技能不仅包括会计理论水平、会计实务能力等正面技能，还要包括如何避税，如何隐瞒收入的反面技能。（　）

7. 会计人员遵循参与管理的职业道德规范要求，就是要积极主动参与企业管理工作中，对企业经营活动作出决策。（　）

8. 自我修养的途径为慎独慎欲、慎省慎微，自强自立。（　）

9. 会计行业的自律机制和会计职业道德的惩戒制度是由财政部门组织建立的。（　）

10. 将会计执法检查与会计职业道德检查相结合，是财政部门对会计职业道德进行监

督检查的途径之一。（ ）

11. 会计职业道德是调整会计职业活动中的各种利益关系的手段。（ ）

12. 会计职业道德教育是指为了促使会计人员正确履行会计职能，而对其施行的有目的、有计划、有组织、有系统的道德教育。（ ）

13. 聘任会计人员专业职务时，除必须具备同级专业技术资格外，也应考查其遵守职业道德的情况。（ ）

14. 坚持准则的要求是熟悉准则、遵循准则、敢于同违法行为作斗争。（ ）

15. 会计职业道德情感、会计职业道德意志和会计职业道德信念，要通过内在的自我教育才能实现。因此，有效开展会计职业道德教育的唯一途径就是依靠自我教育。（ ）

16. 实事求是，如实反映是体现会计职业道德规范的"诚实守信"原则的要求。（ ）

17. 会计职业道德中爱岗敬业要求会计人员依法办事，实事求是，如实反映。（ ）

18. 会计职业道德建设需要财政部门的推动、会计职业组织的行业自律以及社会各界齐抓共管。（ ）

19. 会计法律制度与会计职业道德在内容上相互渗透、相互转化、相互吸收和相互补充。（ ）

20. 会计职业道德中"强化服务"是非强制性要求，因此，会计人员可以根据实施情况选择是否遵守。（ ）

21. 会计职业道德教育的自我教育是相对于接受教育而言的，是一种通过自我学习，自身道德修养的行为活动，是内在教育。（ ）

22. 会计职业道德是从会计法律制度中逐渐提炼形成的。（ ）

23. 会计职业道德对会计人员的行为仅产生约束作用，主要还是依靠社会舆论和会计从业人员的自觉性。（ ）

24. 国家财政部门应当负起组织和推动本地区会计职业道德建设的责任，把会计职业道德建设与会计法制建设紧密结合起来。（ ）

25. 会计职业道德是会计人员在会计职业活动中应当遵循的职业行为准则和规范。（ ）

26. 会计监督可以分为单位内部监督、政府监督和社会监督。（ ）

27. 会计职业道德允许个人和各经济主体获取合法的自身利益。但反对损害国家和社会公众利益而获取违法利益。（ ）

28. 诚实守信是会计人员在职业活动中做到客观公正、坚持准则的基础，是参与管理的前提。（ ）

29. 我国会计职业道德规范的主要内容包括：爱岗敬业、诚实守信、办事公道、服务群众、奉献社会。（ ）

30. 实事求是、不偏不倚体现了会计职业道德规范的"诚实守信"的要求。（ ）

31. 如果说爱岗敬业是职业道德的出发点，那么，强化服务、奉献社会就是职业道德的归宿点。（ ）

32. 会计法律制度侧重于规范会计人员的外在行为和结果的合法化。会计职业道德不仅要求调整会计人员的外在行为，还要求调整会计人员内在的精神世界。（ ）

33. 对认真执行《会计法》，忠于职守，坚持原则，作出显著成绩的会计人员，应给予精神

的或者物质的奖励。（ ）

34. 参与管理要求会计人员积极主动地向单位领导反映本单位的财务、经营状况及存在的问题，主动提出合理化建议，积极参与市场调研和预测，参与决策方案的制订和选择，参与决策的执行、检查和监督，为单位领导的经营管理和决策活动当好助手和参谋。（ ）

四、案例分析题

（一）某国有企业因经济效益下降，亏损已成定局，董事长刘某授意财务科科长王某在年度财务会计报告中做一些技术处理，王某认为“对外报送的财务会计报告的真实性、完整性由单位负责人承担责任，我服从就行了”，便虚拟了几笔销售业务，使公司财务会计报告由亏变盈。经财政部门签字并作了相应的处理。

要求：根据上述资料，回答下列1～5问题。

1. 对董事长刘某可以给予的罚款范围是（ ）元。

A. 2 000～20 000　　B. 5 000～100 000
C. 3 000～50 000　　D. 5 000～50 000

2. 会计职业道德规范的主要内容有（ ）。

A. 廉洁自律、客观公正　　B. 参与管理、强化服务
C. 坚持准则、提高技能　　D. 爱岗敬业、诚实守信

3. 王某违反的会计职业道德规范主要是（ ）。

A. 爱岗敬业　　B. 强化服务　　C. 客观公正　　D. 参与管理

4. 对于公司伪造财务会计报告的行为，财政部门给予通报时可并处罚款（ ）。

A. 2 000～20 000元　　B. 3 000～30 000元
C. 5 000～100 000元　　D. 3 000～50 000元

5. 对直接责任人王某可能给予的法律制裁形式有（ ）。

A. 罚款3 000～50 000元　　B. 责令限期改正
C. 给予直接开除的行政处分　　D. 五年内不得从事会计工作

（二）A市某有限公司财务部在一次学习的讨论中，大家踊跃发言。

小张在议论会计职业道德概念时说“会计职业道德是规范从事会计职业的工作人员在社会交往和公共生活中，人与人、人与社会、人与自然的行为”。

老徐在谈到会计职业道德与会计法律制度关系时说“会计职业道德与会计法律制度只是作用范围不同，但性质和实现形式是一样的”。

老李在谈论会计职业道德教育途径时，认为“应通过会计学历教育进行”。周部长最后总结说“对我们会计人员职业道德的监督只能依靠政府财政部门”。

要求：根据上述资料，回答下列1～5问题。

1. 会计职业道德的功能包括（ ）。

A. 指导功能　　B. 教化功能　　C. 评价功能　　D. 惩戒功能

2. 关于会计职业道德与会计法律制度的关系，下列表述中，正确的有（ ）。

A. 两者目标相同
B. 两者调整对象稍有区别

C. 两者联系密切

D. 法律制度承担的责任大于会计职业道德

3. 下列说法中，正确的有（　）。

A. 小张的观点不正确。会计职业道德是指在会计职业活动中应遵循的、体现会计职业特征、调整会计职业关系的职业行为准则和规范

B. 老徐的观点不正确。会计职业道德与会计法律制度的性质不同；作用范围不同；实现形式不同；实施保障机制不同

C. 老李的观点不正确。会计职业道德教育途径包括：通过会计学历教育进行会计职业道德教育、通过会计继续教育进行会计职业道德教育、通过会计人员的自我教育与修养进行会计职业道德教育

D. 周部长的观点不正确。对会计人员职业道德的监督不但依靠财务部门，还要依靠会计行业组织的行业自律机制和奖罚制度，社会各界各尽其职，相互配合，齐抓共管以及社会舆论的监督

4. 关于会计职业道德含义的说法中，正确的有（　）。

A. 是会计职业活动中应遵循的

B. 体现会计职业特征

C. 调整会计职业关系的职业行为准则和规范

D. 会计职业道德是规范会计行为的基础

5. 根据会计职业道德的相关内容，关于小张对会计职业道德的观点，下列表述中，正确的有（　）。

A. 小张的观点不正确　　B. 小张的观点正确

C. 会计职业道德是职业行为准则和规范　　D. 会计职业道德调整会计职业关系

（三）某公司会计人员甲、乙、丙、丁在一次会计工作研讨会上对会计职业道德的概念、会计职业道德与会计法律制度的关系、会计职业道德规范的内容、会计职业道德教育及组织实施等各类问题进行了激烈的讨论。4个人对5个问题的主要观点摘录在下面的选项中，请根据所学知识选择最符合题意的选项。

1. 关于会计职业道德概念的表述中，正确的有（　）。

A. 甲认为，会计职业道德是会计人员在社会交往和公共生活中应当遵循的行为准则

B. 乙认为，会计职业道德是体现会计职业特征，调整会计职业关系的职业行为准则和规范

C. 丙认为，会计职业道德是会计人员在会计职业活动中应遵循的行为准则

D. 丁认为，会计职业道德涵盖了人与人、人与社会、人与自然之间的关系

2. 关于会计职业道德与会计法律制度关系的表述中，不正确的有（　）。

A. 乙认为，两者在性质、表现形式上都一样

B. 甲认为，两者在性质、表现形式上都不一样

C. 丙认为，两者在性质上一样，表现形式上不一样

D. 丁认为，两者在性质上不一样，表现形式上一样

3. 关于会计职业道德规范内容的表述中，正确的有（　）。

A. 甲认为,会计人员应该热爱本职工作、尽职尽责

B. 乙认为,会计职业是一项特殊的职业,整天与钱打交道,如果爱贪财爱占便宜,就容易走上犯罪道路,所以会计人员必须做到"常在河边走,就是不湿鞋"的境界

C. 丁认为,会计人员在办理业务时应当依法办理

D. 丙认为,会计人员的根本任务就是强化服务,应当无条件服从领导,贯彻领导的意图

4. 关于会计职业道德教育的表述中,正确的有( )。

A. 甲认为,会计职业道德教育的途径包括:会计学历教育、会计人员继续教育、会计人员自我修养与教育

B. 乙认为,会计职业道德教育需要内外结合

C. 丁认为,会计职业道德教育不能片面强调学历教育,无视或忽视会计人员继续教育和自我教育和修养

D. 丙认为,会计职业道德教育的唯一途径是依靠学历教育,只有这样才能培养会计职业道德的观念,强化会计职业道德情操

5. 关于会计职业道德组织实施,在对违反《会计法》的行为方面,表述正确的有( )。

A. 甲认为,根据违反的情况给予相应的处罚

B. 乙认为,应对相关责任人暂停从事会计工作

C. 丙认为,应指定相关人员参加一定学时的继续教育

D. 丁认为,应对相关人员在会计行业范围内通报批评

【分节习题必会】答案及解析

第一节 会计职业道德概述

一、单项选择题

1.【答案】 C

【解析】 狭义的会计职业道德,是指在一定职业活动中应遵循的、体现一定职业特征的、调整一定职业关系的职业行为准则和规范。

2.【答案】 B

【解析】 会计职业道德的功能主要有:指导功能、评价功能、教化功能。

3.【答案】 A

【解析】 选项B,会计职业道德具有一定的强制性;选项C,会计职业道德的功能包括指导功能、评价功能和教化功能;选项D,会计职业道德要求会计人员在职业活动中,发生道德冲突时把社会公众利益放在第一位。

4.【答案】 D

【解析】 会计职业道德与会计法律制度的区别有:①两者的性质不同;②两者的作用范围不同;③两者的表现形式不同;④两者的实施保障机制不同;⑤两者的评价标准不同。

5.【答案】 D

【解析】 职业道德是社会经济关系所决定的社会意识形态。

6.【答案】 D

【解析】 职业道德的基本内容，即“爱岗敬业、诚实守信、办事公道、服务群众、奉献社会”。而男女平等属于家庭美德，选项D错误。

二、多项选择题

1.【答案】 ACD

【解析】 会计职业道德与会计法律制度有着共同的目标、相同的调整对象，承担着同样的职责，两者联系密切。选项B错误，其他三个选项正确。

2.【答案】 ABD

【解析】 会计职业道德是调整会计职业活动中各种利益关系的手段。会计工作的性质决定了在会计职业活动中要处理各种经济关系，包括单位与国家、单位与单位、单位与投资者、单位与债权人、单位与职工、单位内部各部门之间及单位与社会公众之间等经济关系，这些经济关系的实质是经济利益关系。

3.【答案】 ABD

【解析】 职业道德的特征有职业性（行业性）、实践性、继承性和多样性等。

4.【答案】 ABCD

【解析】 会计职业道德与会计法律制度有着共同的目标、相同的调整对象，承担着同样的职责，两者在作用上相互补充、相互协调，在内容上相互借鉴、相互吸收。

5.【答案】 ABC

【解析】 会计职业道德的含义包括：是调整会计职业活动利益关系的手段，具有相对的稳定性和具有广泛的社会性。而具有一定的强制性和较多关注公众利益是会计职业道德的特征，不是会计职业道德的含义。

6.【答案】 AB

【解析】 会计职业道德是会计法律制度正常运行的社会和思想基础，会计法律制度是促进会计职业道德规范形成和遵守的重要保障。

7.【答案】 ABCD

【解析】 职业道德除了具有道德的一般特征之外，还具有职业性（行业性）、实践性、继承性和多样性等特征。

三、判断题

1.【答案】 ×

【解析】 会计法律制度是会计职业的最低要求。

2.【答案】 ×

【解析】 会计作为经济活动中的一种特殊职业，除具有职业道德的一般特征外，与其他职业道德相比还具有自己的特征：具有一定的强制性、较多关注公众利益等。

3.【答案】 √

4.【答案】 ×

【解析】 会计法律制度由国家强制力保障实施；会计职业道德主要依靠会计从业人员的自觉遵守，依靠传统习俗、社会舆论和内心信念来保障实施，具有很强的自律性。

5.【答案】 ×

【解析】 对于这种情况，应该是会计人员没有很好地遵守会计职业道德，但不能说其违反了会计法律制度。

第二节　会计职业道德规范的主要内容

一、单项选择题

1.【答案】 B

【解析】 出纳经常出现长短款违反了提高技能会计职业道德的要求。

2.【答案】 D

【解析】“严肃认真地对待，把好关，守好口”体现了“爱岗敬业”基本要求中的严肃认真，一丝不苟。

3.【答案】 B

【解析】 这句话说明“诚实守信”是会计职业道德的重要内容。

4.【答案】 C

【解析】 廉洁自律是会计职业道德的前提，这既是会计职业道德的内在要求，也是会计职业声誉的“试金石”。

5.【答案】 C

【解析】 客观公正要求执行会计准则、制度的人应按照事物的实际情况办事，公正地开展会计核算和会计监督工作；坚持准则是指会计人员在处理业务过程中，要严格按照会计法律制度办事，不为主观或他人意志所左右。因此，王会计的行为违反了客观公正、坚持准则的会计职业道德要求。

6.【答案】 B

【解析】 爱岗敬业是所有职业道德规范的共同要求。

7.【答案】 B

【解析】 强化服务的关键是提高服务质量。

8.【答案】 C

9.【答案】 C

【解析】 廉洁自律要求会计人员公私分明、不贪不占，做到“常在河边走，就是不湿鞋”、“理万金分文不沾”。

10.【答案】 C

【解析】 坚持准则要求会计人员熟悉国家法律、法规和国家统一的会计制度，始终坚持按法律、法规和国家统一的会计制度的要求进行会计核算，实施会计监督。很明显，钱某的行为违背了坚持准则的会计职业道德要求。

11.【答案】 A

【解析】 客观公正要求会计人员依法办事，实事求是，如实反映。

二、多项选择题

1.【答案】 ABCD

2.【答案】 ABCD

【解析】 这里的"技能"主要包括会计理论水平、会计实务操作能力、职业判断能力、自动更新知识能力、提供会计信息的能力、沟通交流能力以及职业经验等。

3.【答案】 ABCD

【解析】 四个选项的表述均不符合"强化服务"会计职业道德的要求。

4.【答案】 ACD

【解析】 参与管理要求会计人员在做好本职工作时努力钻研相关业务,全面熟悉本单位经营活动和业务流程,主动提出合理化建议,协助领导决策,积极参与管理。是"协助"而不是"代替"领导决策。

5.【答案】 ACD

【解析】 参与管理是指间接参加管理活动,为管理者当参谋,为管理活动服务。

6.【答案】 ACD

【解析】 诚实守信的基本要求有:①做老实人,说老实话,办老实事,不搞虚假;②保密守信,不为利益所诱惑;③执业谨慎,信誉至上。因此选项A、C、D正确。

7.【答案】 ABD

【解析】 公正包括三层含义:一是国家的会计准则、制度要公正;二是执行会计准则、制度的人应公正地开展会计核算和会计监督工作;三是注册会计师在进行审计鉴证时应进行公平公正的判断和评价。

三、判断题

1.【答案】 √

2.【答案】 √

3.【答案】 ×

【解析】 诚实守信是做人的基本准则,也是会计职业道德的精髓;爱岗敬业是会计职业道德的基础。

第三节 会计职业道德教育

一、单项选择题

1.【答案】 C

【解析】 会计职业道德警示教育通过对违反会计职业道德行为和违反会计行为的典型案例进行讨论和剖析,使会计人员从中得到警示,提高法律意识,加强会计职业道德观念和辨别是非的能力。

2.【答案】 C

3.【答案】 B

【解析】 "慎独",即一个人在单独处事、无人监督的情况下,也能自觉地按照道德准则去办事。

二、多项选择题

1.【答案】 ABC

2.【答案】 CD

【解析】 会计职业道德教育的接受教育途径可以分为岗前职业道德教育和岗位职业道德继续教育两部分。

3.【答案】 ABCD

【解析】 以上四项均属于会计人员的道德修养的内容。

4.【答案】 ACD

【解析】 会计职业道德教育的途径(形式)包括两大类——接受教育和自我修养:①接受教育的途径分为岗前职业道德教育和岗位职业道德继续教育;②自我修养的途径分为慎独慎欲、慎省慎微、自警自励。其中岗前职业道德教育又包括会计专业学历教育及从事会计工作前的职业道德教育。

5.【答案】 ABCD

【解析】 会计职业道德教育的内容包括:会计职业道德观念教育、会计职业道德规范教育、会计职业道德警示教育和其他教育。

三、判断题

【答案】 √

第四节　会计职业道德建设组织与实施

一、多项选择题

【答案】 ABCD

【解析】 财政部门组织推动会计职业道德建设采取的途径有:①采用多种形式开展会计职业道德宣传教育;②会计职业道德建设与会计专业技术资格考评、聘用相结合;③会计职业道德建设与《会计法》执法检查相结合;④会计职业道德建设与会计人员表彰奖励制度相结合。

二、判断题

【答案】 √

第五节　会计职业道德的检查与奖惩

一、单项选择题

1.【答案】 D

【解析】 财政部门是《会计法》的执法主体。

2.【答案】 B

【解析】 会计行业组织是对会计职业道德进行自律管理与约束的主要机构。

3.【答案】 B

【解析】 会计行业组织是对会计职业道德进行自律管理与约束的自律性组织。

二、多项选择题

1.【答案】 ABC

【解析】 选项D,不可能彻底杜绝。

2.【答案】 ABD

3.【答案】 ABD

【解析】 会计职业道德检查与奖惩机制包括：①财政部门的监督检查；②会计行业组织的自律管理与约束；③激励机制的建立。

4.【答案】 ABCD

【解析】 四个选项的表述都正确。

5.【答案】 ABD

【解析】 会计职业道德检查与奖惩的意义：促使会计人员遵守职业道德规范的作用；裁决与教育作用；有利于形成抑恶扬善的社会环境。

三、判断题

1.【答案】 ×

【解析】 会计人员违反会计职业道德不一定受到法律惩戒。

2.【答案】 √

3.【答案】 √

【解析】 这是《会计法》的明确规定。

【本章习题必练】答案及解析

一、单项选择题

1.【答案】 A

【解析】 诚实守信要求会计人员树立保密观念，做到保守商业秘密，对机密资料不外传、不外泄、守口如瓶。

2.【答案】 C

3.【答案】 D

【解析】 这句话体现了会计职业道德要求中的"坚持准则"要求。

4.【答案】 D

【解析】 会计职业道德规范教育是会计职业道德教育的核心内容，应贯穿于会计职业道德教育的始终。

5.【答案】 D

【解析】 客观公正要求会计人员端正态度，依法办事，实事求是，不偏不倚，保持应有的独立性。该董事长要求财务经理把年度财务会计报告编得漂亮点，没有做到会计职业道德实事求是的要求。

6.【答案】 C

【解析】 财政部门主管全国会计工作，而会计职业道德建设是会计工作的重要组成部分，必须发挥财政部门的政府主导作用，加强对会计职业道德情况的监督检查。

7.【答案】 B

8.【答案】 C

9.【答案】 C

【解析】 会计职业组织对发现违反会计职业道德规范的行为进行惩戒的方式是:根据情节轻重程度采取通报批评、罚款、支付费用、取消其会员资格、警告、退回向客户收取的费用、参加继续教育等方式。处以罚金属于刑罚措施。

10.【答案】 C

【解析】 选项A,坚持准则中的"准则"不仅指会计准则,还包括会计法律、会计行政法规、国家统一的会计制度以及与会计工作相关的法律制度;选项B,遵循准则即执行准则;选项D,会计人员应认真执行国家统一的会计制度,依法履行会计监督职责,发生道德冲突时,应坚持准则,对国家和社会公众负责。

11.【答案】 C

【解析】 会计职业活动与社会公众利益密切相关是会计职业的一个显著特征,会计职业的特殊性对会计职业道德提出了更高的要求,要求会计人员客观公正,当发生道德冲突时,要坚持准则,把社会公众利益放在第一位。

12.【答案】 C

【解析】 廉洁自律是会计职业道德的前提,也是会计职业道德的内在要求,这是由会计工作的特点所决定的。

13.【答案】 A

【解析】 会计职业道德除具有职业道德的一般特征外,还具有一定的强制性和较多关注公众利益的特征。

14.【答案】 B

【解析】 会计作为社会经济活动中的一种特殊职业,除具有职业道德的一般特征外,还具有一定的强制性和较多关注公众利益的特征。

15.【答案】 A

【解析】 虽然《会计法》规定单位负责人对本单位的会计工作和会计资料的真实性、完整性负责,但并不意味着会计人员可以不客观公正,不坚持准则,领导让干什么就不干什么的,因此选项B错误;会计人员应按照国家统一的会计准则制度记账、算账、报账,如实反映单位经济业务活动情况,这是诚实守信的基本要求,因此选项A正确;《会计基础工作规范》规定,"会计人员应当保守本单位的商业秘密。除法律规定和单位领导人同意外,不能私自向外界提供或者泄露单位的会计信息",因此选项C错误;会计工作主要是记账、算账,但是会计人员职业道德规范的内容里面还有一项"参与管理",即会计人员应积极主动地向单位领导反映本单位的财务、经营状况及存在的问题,主动提出合理化建议,为领导者的经营管理和决策活动当好助手和参谋,因此选项D错误。

16.【答案】 A

【解析】 狭义的职业道德是指在一定职业活动中应遵循的、体现一定职业特征的、调整一定职业关系的职业行为准则和规范。

17.【答案】 C

18.【答案】 C

【解析】 坚持准则就是要求会计人员熟悉国家法律、法规和国家统一的会计制度,始终按照法律、法规和国家统一的会计制度的要求实行会计核算。这里的准则不仅是指会计准则,而且还包括会计法律、会计行政法规、国家统一的会计制度以及与会计工作相关的法律制度。

19.【答案】 C

【解析】 爱岗敬业要求会计人员热爱自己的本职工作，安心于本职岗位，稳定、持久地在会计天地中耕耘，恪尽职守地做好本职工作。

20.【答案】 C

【解析】 会计职业道德修养的最高境界是做到慎独。即在一个人单独处事、无人监督的情况下，也能自觉地按照道德准则去办事，这体现的是一种职业信念和职业品德。

21.【答案】 D

【解析】 会计职业道德不仅要求调整会计人员的外在行为，还要求调整会计人员内在的精神世界。

22.【答案】 A

【解析】 会计职业道德的指导功能，指的是会计职业道德通过对会计的行为动机提出相应的要求、引导、规范、约束，使会计人员树立正确的职业观念，遵循职业道德要求，从而达到规范会计行为的目的。

23.【答案】 C

【解析】 忠于职守主要表现在忠实于服务主体、忠实于社会公众、忠实于国家方面。忠于职守是爱岗敬业的基本要求。

24.【答案】 C

【解析】 选项A、B、D属于违反会计职业道德的行为。

25.【答案】 D

【解析】 诚实守信是做人的基本准则，是人们在古往今来的交往中产生的最根本的道德规范，也是会计职业道德的精髓。

26.【答案】 D

【解析】 依据会计法等法律、法规，建立会计职业道德激励机制。

二、多项选择题

1.【答案】 ABD

【解析】 客观公正要求会计人员依法办事，实事求是，如实反映。

2.【答案】 BCD

【解析】 诚实守信的基本要求有：①做老实人，说老实话，办老实事，不搞虚假；②保密守信，不为利益所诱惑；③执业谨慎，信誉至上。

3.【答案】 ABCD

【解析】 廉洁自律要求会计人员树立正确的人生观和价值观，自觉抵制享乐主义、个人主义、拜金主义等错误的思想；公私分明、不贪不占；遵纪守法、一身正气。

4.【答案】 ABCD

【解析】 参与管理要求会计人员在做好本职工作时努力钻研相关业务，全面熟悉本单位经营活动和业务流程，主动提出合理化建议，协助领导决策，积极参与管理。

5.【答案】 ABCD

【解析】 自我修养的途径主要是慎心，坚守心灵，不被诱惑。具体包括：慎独慎欲、慎省慎微、自警自励。

6.【答案】 ABD

【解析】 秘密主要有国家秘密、商业秘密和个人隐私三类。

7.【答案】 ABCD

【解析】 会计职业道德观念教育是通过学习会计职业道德知识，树立会计职业道德观念，了解会计职业道德对社会经济秩序、会计信息质量的影响，以及违反会计职业道德将受到惩戒和处罚。

8.【答案】 ABCD

9.【答案】 ABD

【解析】 会计职业道德具有的功能主要有指导功能、评价功能、教化功能。

10.【答案】 ABCD

11.【答案】 ABCD

【解析】 会计职业道德的作用主要有:①规范会计行为的基础;②实现会计目标的重要保证;③对会计法律制度的重要补充;④提高会计人员职业素养的内在要求。

12.【答案】 AB

【解析】 廉洁自律的基本要求有:①树立正确的人生观和价值观;②公私分明，不贪不占;③遵纪守法，一身正气。

13.【答案】 ABC

【解析】 客观公正的基本要求有:①依法办事;②实事求是;③如实反映。

14.【答案】 AC

【解析】 强化服务，就是要求会计人员具有文明的服务态度、强烈的服务意识和优良的服务质量。强化服务对会计人员的基本要求是:树立服务意识与提高服务质量。

15.【答案】 AC

【解析】 廉洁自律，首先要求会计人员深刻认识人生观和价值观的内涵，它是世界观的一个主要组成部分，树立正确的世界观，用正确的世界观去观察和对待人生与人生价值问题，是奠定会计人员廉洁自律的基础。

16.【答案】 BD

【解析】 诚实守信要求会计人员应当做老实人，说老实话，办老实事，不泄露秘密;廉洁自律指会计人员应当公私分明，不贪不占，遵纪守法，尽职尽责。

17.【答案】 ABCD

【解析】 单位会计人员泄露本单位的商业秘密，将会损害会计人员自身信誉，损害单位的经济利益，并可能会损害会计行业声誉，情节严重的，会计人员还将承担法律责任。

18.【答案】 ABD

【解析】 财政部门对会计职业道德进行监督检查的途径主要有:①将会计执法检查与会计职业道德检查相结合;②将会计职业道德建设与会计人员表彰奖励制度相结合;③将会计专业技术资格考评、聘用与会计职业道德检查相结合。

19.【答案】 ACD

【解析】 爱岗敬业的基本要求包括:①正确认识会计职业，树立职业荣誉感;②热爱会计工作，敬重会计职业;③安心工作，任劳任怨;④严肃认真，一丝不苟;⑤忠于职守，尽职尽责。

20.【答案】 ABCD

【解析】 会计人员如果泄露本单位的商业秘密，其可能导致的后果是：会计人员的信誉将会受到损害、单位的经济利益将遭受损失、会计行业声誉将受到损害，同时，会计人员还可能因泄密而承担相应的法律责任。

21.【答案】 ABD

【解析】 选项A、B、D属于参与管理的基本要求；选项C属于强化服务的基本要求。

22.【答案】 AC

三、判断题

1.【答案】 ×

【解析】 会计人员在工作中应主动就单位经营管理中存在的问题提出合理化建议，协助领导决策，这是会计职业道德中的参与管理所要求的。

2.【答案】 √

3.【答案】 ×

【解析】 会计职业道德与会计法律制度相互借鉴、相互吸收，会计人员违反会计职业道德要求的行为不一定是违反会计法律制度的行为。

4.【答案】 √

【解析】 熟悉准则是坚持准则、遵循准则的前提。

5.【答案】 √

6.【答案】 ×

【解析】 就会计职业而言，职业技能包括会计理论水平、会计实务操作能力、职业判断能力、自动更新知识能力、提供会计信息的能力、沟通交流能力以及职业经验等。不包括违反国家统一会计制度要求的技能。

7.【答案】 ×

【解析】 “参与管理”要求会计人员在做好本职工作时努力钻研相关业务，全面熟悉本单位经营活动和业务流程，主动提出合理化建议，“协助”领导决策，而不是由会计人员对企业经营活动作出决策。

8.【答案】 ×

【解析】 自我修养的途径为慎独慎欲、慎省慎微、自警自励。

9.【答案】 ×

【解析】 由会计职业组织建立行业自律机制和会计职业道德的惩戒制度。

10.【答案】 √

【解析】 根据规定，将会计执法检查与会计职业道德检查相结合，是财政部门对会计职业道德进行监督检查的途径之一。

11.【答案】 √

12.【答案】 √

13.【答案】 √

14.【答案】 √

15.【答案】 ×

【解析】 会计职业道德教育途径应该包括三种：岗前职业道德教育，岗位职业道德继续教育和会计职业道德教育的自我教育和修养。

16.【答案】 ×

【解析】 实事求是，如实反映是体现会计职业道德规范的“客观公正”原则的要求。

17.【答案】 ×

【解析】 爱岗敬业指的是会计人员要热爱会计工作，专心致志地对待会计事业，安心本职岗位，忠于职守、尽心尽力、尽职尽责。而客观公正则要求依法办事，实事求是，如实反映。

18.【答案】 √

19.【答案】 ×

【解析】 会计职业道德与会计法律制度有着共同的目标、相同的调整对象、承担着同样的责任，两者联系密切。主要表现在：两者在作用上相互补充、相互协调；两者在内容上相互借鉴，相互吸收。

20.【答案】 ×

【解析】 会计职业道德中“强化服务”虽然是非强制性要求，但其直接影响专业胜任能力、会计信息质量和会计职业的声誉，因此会计人员也应遵守。

21.【答案】 √

【解析】 自我教育是相对于接受教育而言的，是一种通过自我学习，提高自身道德修养的行为活动。接受教育是教育的外在教育，自我教育是教育的内在教育。

22.【答案】 ×

【解析】 会计法律制度吸收了会计职业道德对会计职业行为的基本要求，会计法律制度是从会计职业道德中逐渐提炼形成的。

23.【答案】 √

【解析】 当人们对会计职业道德上的权利与义务发生争议时，并没有权威机构对其中的是非曲直明确作出裁定，或者即使有裁定，也是舆论性质的，缺乏权威机构对裁定执行的保障。

24.【答案】 ×

【解析】 各级财政部门应当负起组织和推动本地区会计职业道德建设的责任，把会计职业道德建设与会计法制建设紧密地结合起来。

25.【答案】 √

【解析】 会计职业道德是指在会计职业活动中应当遵循的、体现会计职业特征的调整会计职业关系的职业行为准则和规范。

26.【答案】 √

27.【答案】 √

【解析】 会计职业道德具有利益驱动性，会计职业道德允许个人和各经济主体获取合法的自身利益，但反对损害国家和社会公众利益而获取违法利益。

28.【答案】 ×

【解析】 提高技能是会计人员在职业活动中做到客观公正、坚持准则的基础，是参与管理的前提。

29.【答案】 ×

【解析】 我国会计职业道德规范的主要内容有：爱岗敬业、诚实守信、廉洁自律、客观公正、坚持准则、提高技能、参与管理、强化服务。

30.【答案】 ×

【解析】 客观公正的基本要求有：①依法办事；②实事求是；③如实反映。

31.【答案】 √

32.【答案】 √

【解析】 会计法律制度侧重于规范会计人员的外在行为和结果的合法化；会计职业道德不仅要求调整会计人员的外在行为，还要求调整会计人员内在的精神世界。

33.【答案】 √

【解析】 这是《会计法》的明确规定。

34.【答案】 √

四、案例分析题

（一）

1.【答案】 D

【解析】 《会计法》第45条规定，授意、指使、强令会计机构、会计人员及其他人员伪造、变造会计凭证、会计账簿，编制虚假财务会计报告或者隐匿、故意销毁依法应当保存的会计凭证、会计账簿、财务会计报告，构成犯罪的，依法追究刑事责任；尚不构成犯罪的，可以处5 000元以上5万元以下的罚款；属于国家工作人员的，还应当由其所在单位或者有关单位依法给予降级、撤职、开除的行政处分。

2.【答案】 ABCD

【解析】 会计职业道德规范的主要内容包括：①爱岗敬业；②诚实守信；③廉洁自律；④客观公正；⑤坚持准则；⑥提高技能；⑦参与管理；⑧强化服务。

3.【答案】 C

【解析】 客观公正的基本要求是：端正态度，依法办事，实事求是，保持独立性。

4.【答案】 C

【解析】 对于伪造、变造会计凭证、会计账簿或者编制虚假财务报告的行为，尚不构成犯罪的，县级以上人民政府财政部门予以通报，可以对单位并处5 000元以上10万元以下的罚款。

5.【答案】 ACD

【解析】 对伪造变造会计凭证、会计账簿或者编制虚假财务报告的行为，对其直接负责的主管人员和其他直接责任人员，可以处3 000元以上5万元以下的罚款；属于国家工作人员的，还应当由其所在单位或者有关单位依法给予撤职直至开除的行政处分；其中的会计人员，5年内不得从事会计工作。

（二）

1.【答案】 ABC

【解析】 会计职业道德的功能包括：指导功能、评价功能和教化功能。

2.【答案】 AC

【解析】 会计职业道德与会计法律制度有着共同的目标、相同的调整对象、承担着同样的职责，两者联系密切。

3.【答案】 ABCD

4.【答案】 ABCD

5.【答案】 ACD

【解析】 会计职业道德是指在会计职业活动中应遵循的、体现会计职业特征、调整会计职业关系的职业行为准则和规范。

（三）

1.【答案】 BC

【解析】 会计职业道德是指在会计职业活动中应遵循的，体现会计职业特征的，调整会计职业关系的职业行为准则和规范。其所调整的关系是经济利益关系，包括单位与单位、单位与国家、单位与投资者、单位与债权人、单位与职工、单位内部各部门之间及单位与社会公众之间等经济关系（不包括人与自然之间的关系），这些经济关系的实质是经济利益关系。因此，甲和丁的观点错误，乙和丙的观点正确。

2.【答案】 ACD

【解析】 会计职业道德与会计法律制度性质不同：会计法律制度通过国家机器强制执行，具有很强的他律性；会计职业道德依靠会计从业人员的自觉性，具有很强的自律性。会计职业道德与会计法律制度表现形式不同：会计法律制度是通过一定的程序由国家立法机关或行政管理部门制定、颁布和修改的，其表现形式是具体的、明确的、正式形成文字的成文条例；会计职业道德出自会计人员的职业生活和职业实践，其表现形式既有明确的成文的规定，也有不成文的规范，存在于人们的意识和信念中。因此，甲的观点正确，其他人的观点错误。

3.【答案】 ABC

【解析】 会计人员要树立服务意识，提高服务质量，但并不是无条件地服从领导，而是要始终坚持按法律、法规和国家统一的会计准则制度的要求进行会计核算，实施会计监督。因此丙的观点错误，其他人的观点正确。

4.【答案】 ABC

【解析】 会计职业道德教育的主要形式包括接受教育和自我修养。接受教育即外在教育，是指通过学校或培训单位对会计人员进行以职业责任、职业义务为核心内容的正面教导，以规范其职业行为，维护国家和社会公众利益的教育。目前接受教育的途径主要有岗前职业道德教育（包括会计学历教育中的职业道德教育、从事会计工作前的职业道德教育）、岗位职业道德继续教育。自我修养则是相对于接受教育而言的，是一种通过自我学习，提升自身道德修养的行为活动，是内在教育。因此，丙的观点错误，其他人的观点正确。

5.【答案】 ABCD

【解析】 会计职业道德检查可以与会计法执法检查相结合。如在检查中发现违法行为，应按《会计法》规定的法律责任进行惩罚；发现违反职业道德的行为，可以采取在会计行业范围内通报批评、责令其参加一定学时的继续教育课程、暂停从事会计工作、在行业内部的刊物上予以曝光等相应的道德制裁。因此，四个人的观点都正确。

参 考 文 献

[1] 高翠莲,胡晋青. 财经法规与会计职业道德[M]. 2版. 北京:高等教育出版社,2017.

[2] 何荣华. 财经法规与会计职业道德[M]. 北京:中国财政经济出版社,2016.

[3] 东奥会计在线. 财经法规与会计职业道德[M]. 北京:北京大学出版社,2016.

[4] 财政部. 财办会〔2016〕34号. 2016.

[5] 中华人民共和国会计法(根据2017年11月4日第十二届全国人民代表大会常务委员会第三十次会议《关于修改〈中华人民共和国会计法〉等十一部法律的决定》第二次修正,以中华人民共和国主席令第八十一号公布,自2017年11月5日起施行)